現存する中国最古の判決集，南宋の「名公書判清明集」十四巻は，当時の社会を知る恰好の史料である。
本書はその内の巻一・巻二の官吏門と巻三の賦役門・文事門の訳注で，
ここには，当時の地方官界の腐敗と堕落，税役の不正と不均衡，
学問に関わる施設や制度の実態とその是正への努力とが記される。

Annotated translation of “*Ming-kung shu-p’an ch’ing-ming chi*” vol. 1, 2, 3.

北海道大学大学院文学研究科
研究叢書

訳注『名公書判清明集』

官吏門・賦役門・文事門

高橋芳郎

北海道大学出版会

研究叢書刊行にあたって

北海道大学大学院文学研究科は、その組織の中でおこなわれている、極めて多岐にわたる研究の成果を、より広範囲に公表することを義務と判断し、ここに研究叢書を刊行することとした。

平成十四年三月

はしがき

本書は、明刊本『名公書判清明集』（以下『清明集』と略記）の巻一から巻三に収められた官吏門、賦役門、文事門の訳注である。先に巻四から巻九までの戸婚門の訳注を公刊したが（『訳注『名公書判清明集』戸婚門』創文社、二〇〇六年）、本書はその姉妹編である。本来であれば巻一から順次公刊されるのが自然だが、いくつかのやむをえない理由から順番が逆となってしまった。しかしそれによって訳注の意味が損なわれることはない。『清明集』は巻一から順に書かれたものでもなければ、巻数順に読まなければ理解できない性格の書物でもないからである。

すでに周知のように、清明集研究会の方々は明刊本『清明集』の巻十から最終巻たる巻十四までの人倫門、人品門、懲悪門の訳注を公刊されており（清明集研究会、一九九一～二〇〇五年、汲古書院扱い）、本書の出版によって明刊本『清明集』には全巻の訳注が出揃ったことになる。ただ言うまでもないことだが、訳注には内容と形式の双方において完全・完璧ということがない。内容すなわち書判の理解の当否はしばらく措くとして、訳文・訳語の表現をはじめ注釈の要・不要やその施し方に至るまで、訳注者によって体裁が異なるのは当然である。どこまでを訳注者の個性と見るかは意見が分かれるにせよ、訳注の原本『清明集』が漢文、すなわち具体的には十三世紀前半期の古典漢語で書かれた外国語の書物である限り、万人に納得のゆく表現と形式とは期しがたいと言ってよいであろう。

ただし、最も肝要な書判各条の内容理解、すなわち書判の論理構成や紛糾・事件の背景・原因・経過・結末等に対する理解の当否については、もとより訳注者として事前に言い訳をするつもりは毛頭ない。読者諸氏の忌憚のない批評と教示を襟を正して待ちたいと思う。それが本書公刊の目的だからである。

なお、本書巻三の賦役門の部分は、かつて『北海道大学文学研究科紀要』一一六号（二〇〇五年七月）に訳注稿として発表したもので、本書に収めるに際しいささか改訂を施し体裁を統一した。

目次

はしがき……i
書判目次……iv
凡例……viii
解説……一
名公書判清明集巻之一 官吏門 訳注……一三
名公書判清明集巻之二 官吏門 訳注……一〇五
名公書判清明集巻之三 賦役門 訳注……一六三
名公書判清明集巻之三 文事門 訳注……二三三
あとがき……二四九
索引

書判目次

卷之一　官吏門

申　儆

(1) 咨目呈兩通判及職曹官（眞西山）……一三
(2) 諭州縣官僚（眞西山）……二三
(3) 勸諭事件於後（眞西山）……二八

申　牒

(4) 監司案牘不當言取索（蔡久軒）……四五
(5) 州官申狀不謹……四七
(6) 朱僉判赴滁州、乞牒官交割……四九

獎　拂

(7) 立曹公先生祠（蔡久軒）……五〇
(8) 獎子兼僉……五一
(9) 旌賞監税不受賄賂……五二

儆　飭

(10) 官司預借、不為理折……五三
(11) 縣官無忌憚……五四
(12) 因吏警令……五六
(13) 呈知縣腳色……五七
(14) 慢　令……五八
(15) 貶知縣……五九
(16) 戒巡檢……六〇
(17) 追請具析巡檢……六二
(18) 杖趙司理親隨為敷買絲……六三
(19) 示幕屬……六五
(20) 狎　妓……六六
(21) 獄官不可取受（吳雨巖）……六八
(22) 公心書擬、不必避嫌……六九
(23) 官屬不許擅離任所（葉憲幸）……七〇
(24) 郡僚舉措不當輕脫（胡石壁）……七二
(25) 催苗、重疊斷杖（劉後村）……七三
(26) 具析縣官不留意獄事（胡石壁）……七五
(27) 細故不應牒官差人、承牒官不應便自親出……七六
(28) 責罰巡尉下鄉……七八
(29) 後據兩尉回府具析……八〇

(30) 責巡檢下鄉、縱容隨行人生事……八二
(31) 倉官自擅侵移官米……八三
(32) 次日押帖……八六
(33) 任滿、巧作名色、破用官錢……八七
(34) 懲戒子姪生事擾人……九〇
禁 戢
(35) 不許縣官寨官擅自押人下寨（吳雨巖）……九一
(36) 禁戢巡檢帶寨兵、下鄉催科等事……九三
(37) 禁戢攤鹽監租、差專人之擾……九四
(38) 約束州縣屬官、不許違法用刑（胡石壁）……九八
(39) 禁約吏卒毒虐平人（吳雨巖）……一〇〇
(40) 禁戢部民舉揚知縣德政（滄 州）……一〇二

卷之二 官吏門

澄 汰
(1) 縣令老繆、別委官暫權（胡石壁）……一〇五
(2) 汰去貪庸之官（吳雨巖）……一〇六
(3) 贓污狼藉、責令尋醫（胡石壁）……一〇七
(4) 縣尉受詞（馬裕齋）……一〇九
(5) 知縣淫穢貪酷、且與對移（陳漕增）……一一三
周 給
(6) 送司法旅襯還里（胡石壁）……一一四
頂 冒
(7) 冒立官戶、以他人之祖爲祖……一一六
(8) 冒解官戶、索眞本誥、以憑結斷……一一九
(9) 頂冒可見者三（吳雨巖）……一二一
鬻 爵
(10) 鬻爵人犯罪、不應給還原告……一二三
(11) 進納補官有犯、以凡人論（方秋崖）……一二五
(12) 免繳出身文字、斷僕訖、申曹司、併申部照會……一二七
借 補
(13) 郡吏借補權監稅受贓（范西堂）……一二八
權 攝
(14) 貪 酷（蔡久軒）……一三二
(15) 冒官借補、權攝不法（范西堂）……一三三
受 贓
(16) 虛賣鈔（蔡久軒）……一三七

(17) 贓污……一三八
(18) 巡檢因究實取乞（宋自牧）……一三九
對移
(19) 對移貪吏（蔡久軒）……一四七
(20) 對移司理……一四九
(21) 對移縣丞……一五〇
(22) 對移縣丞……一五〇
(23) 對移贓污……一五三
(24) 監税遷怒、不免對移……一五三
(25) 繆令……一五六
昭雪
(26) 縣吏妄供知縣取絹（吳雨巖）……一五八
舉留生祠立碑
(27) 取悅知縣、爲干預公事之地（蔡久軒）……一六〇
(28) 生祠立碑……一六一

卷之三 賦役門

財賦
(1) 財賦造簿之法（眞西山）……一六三
税賦
(2) 戒攬戶不得過取（胡石壁）……一六五
催科
(3) 重覆抑勒（蔡久軒）……一六六
(4) 巡檢催税、無此法（蔡久軒）……一六八
(5) 州縣不當勒納預借税色（劉後村）……一六八
(6) 州縣催科不許專人（劉後村）……一七一
(7) 頑戶抵負税賦（胡石壁）……一七三
(8) 不許差兵卒下鄉、及禁獄羅織（葉提刑筆）……一七五
(9) 已減放租、不應抄估吏人貲產、以償其數（葉提刑筆）……一七六
受納
(10) 革受納弊倖（方秋崖）……一七九
(11) 義米不容蠲除、合令照例送納（胡石壁）……一八二
綱運
(12) 綱運折閲皆稍火等人作弊（胡石壁）……一八五
差役

(13) 比並白腳之高產者差役（范西堂）……一八七
(14) 倍役之法（范西堂）……一九二
(15) 父母服闋、合用析戶……一九三
(16) 以宗女夫蓋役（范西堂）……一九五
(17) 借名避役（蔡久軒）……一九七
限田
(18) 限田外合計產應役（關宰瑨）……一九八
(19) 父官雖卑於祖、祖子孫衆而父只一子、即合從父限田法（擬　筆）……二〇〇
(20) 申發干照（建陽丞）……二〇二
(21) 章都運台判……二〇四
(22) 走弄產錢之弊（人　境）……二〇六
(23) 產錢比白腳一倍、歇役十年、理爲白腳……二〇九
(24) 乞用限田免役（范西堂）……二一二
(25) 歸併黃知府三位子戶……二一四
(26) 贍墳田無免役之例（范西堂）……二一六
(27) 須憑簿開析產錢分曉（范西堂）……二一七
(28) 使州判下王鉅狀（范西堂）……二一九
(29) 白關難憑……二二〇
(30) 限田論官品（范西堂）……二二一
(31) 提舉再判下乞照限田免役狀（范西堂）……二二五
(32) 限田外合同編戶差役（范西堂）……二二八
(33) 有告敕無分書、難用限田之法……二三一
卷之三　文事門
學校
(1) 學舍之士不應耕佃正將職田（胡石壁）……二三三
(2) 學官不當私受民獻（方秋崖）……二三五
書院
(3) 州學所塑陸文安公服色（葉提刑筆）……二三六
(4) 白鹿書院田（蔡久軒）……二三八
(5) 又　判……二四〇
祠堂
(6) 朱文公祠堂（蔡久軒）……二四二
(7) 洪端明平齋祠（蔡久軒）……二四二
科舉
(8) 戶貫不明、不應收試（胡石壁）……二四四
(9) 士人訟試官有私、考校有弊（王實齋）……二四七

凡　例

一、訳注の底本には、中国社会科学院歴史研究所宋遼金元史研究室が点校を施した中華書局本(一九八七年)を用い、中華書局本に附された校勘の注記もそのまま掲載しておく。校勘の注記に「上圖校勘本」と言うのは、上海図書館所蔵の明刊本(『四庫全書存目叢書』および『続修四庫全書』に景印所収)に誰かの手によって朱墨で書き加えられた校勘の記述を指している。本書ではこの校勘の記述を「原校」と言う。

二、断句すなわち句読点等の施し方はわが国の通例に従い、中華書局本の断句は一部私の考えで改めたところがある。その内やや大きな疑義・変更は原文の後の【校勘】の項に注記した。なお、本書において「原文」と言うのは本書に掲げた原文史料という意味である。

三、原文史料と【校勘】の引用原文には繁体字を用い、訳文と【注釈】には主にわが国の常用漢字を用いた。

四、各書判には巻ごとに便宜的に通し番号を振っておく。巻三は二門あり、各門ごとに通し番号を振った。

五、訴状や契約書あるいは供述などの引用部分はほぼすべて直接話法にしてカギ括弧(「　」)で示した。

六、引用史料や訳文に《　》で示したのは、本来原文が割注(小字二行書き)だったことを表す。

七、訳文や【注釈】中に＊印を附してある語句や訳文は、すでに前の箇所で説明済みであることを表す。初出の頁は巻末索引を参照されたい。

解説

《官吏門について》

官吏門は官吏に対する訓戒や奨励、処分や処罰を記した書判六十八条で占められる。その劈頭に置かれるのが真徳秀の三条のやや長文の訓辞で、それは編者の彼に対する尊敬、あるいは本書成立に果たした真徳秀の貢献の大きさを示唆するかのようである。また『清明集』の南宋末の初刻本においてもおそらく現存明刊本と同じく官吏門が冒頭に置かれていたと推測され、この構成自体も『清明集』という書物出版の意図を物語っているかのようである。すなわち本書は、地方官が取るべき官僚としてのあり方を学び、そうした自己規律に基づいていかに各種の政治課題を解決してゆくかという行政実務に密着した内容を持った参考書だったのであり、本書の読者としてはもとより地方官が想定されていたに相違ない。そうであれば、地方官が持すべき精神的な規律と下僚や庶民に対する行政実務上の措置、またそれに違反した場合の処分や処罰とを列挙した官吏門が、『清明集』の冒頭に配置されるのは当然のことではなかろうか(1)。

編者の意図に対する右のような推定の当否はさておき、官吏門では当時の南宋中末期社会における官僚や胥吏層の実態が露骨なまでに明らかとなる。そこに描き出されることの多くはそれ以降現在の中国社会にまでも共通する、一言で言えば腐敗と堕落のおぞましい側面であるが、しかし反面それを是正し行政と社会風俗をあるべき方向へと立て直そうとする判者の熱意と努力をも見ることができよう。そうしたせめぎ合いの中に浮かび出るのは、やはり言い古されたことではあるが「人治」と「法治」の問題である。法に抵触する悪事をはたらいた者に対して法律ではこういう処罰が規定されているぞと言い渡しながら、相手方が官僚・士人ならば、それは全くと言っていいほど適用されない。せいぜいが対移である。対移は一方にとっては職事官の低下であるが、それは行政処分であって刑罰ではない。いつも割を食うのは胥吏や衙役また幹人などの当事者の周囲にいた小物ばかりなのである。なぜそうなのか。それに対する本当の答えはもちろん書判には記されていないし、それに関わる歴史的な研究もない。官僚や士人の刑罰を免除軽減する表向きの理由はもとより数多く記され、それらはこれまでの功績、改過自新への期待、科挙受験など色々様々ではあるが、現在の私達から見れば不公平で偏向があるとしか言いようがない。例えば、本書巻二の(22)〈對移縣丞〉には「到任曾幾何時、已黨吏侮上如此。將來狥吏貪殘可知、便合按奏、以有親老、且從輕、對移本縣縣尉」という一節がある。年老いた親を持つ者は決して少なくないはずだが、そしてそれは官僚に限られるわけでもないが、官僚に対してはかくも姑息で優柔である。私が推測するに、その理由のひとつは、同類=士類に対する寛恕と同情、一言で言えば同類同属の意識であろう。同時に彼らの士として官僚としての面子・体面の保持への配慮があるだろう。

しかし記録の表面に現れないより大きな理由のひとつは、報復への恐れではなかったかと思われる。本書巻二の(8)〈冒解官戶、索眞本誥、以憑結斷〉に「李克義之非少卿嫡派、其大略已可槪見。……本合便行斷遣、又恐其於李少卿萬一少有瓜葛、亦不能無投鼠忌器之疑、且從輕、勘下杖一百」とあるのはその一例である。特に親しくない、あるいは素性を知らない官僚や士人を裁く側は、相手の背後にいかなる勢力・関係が存在するかを知らない。彼の背後や郷里に親属や推薦者・支持者として大官や勢力の大きな宦族が存在するとすれば、裁いた者の将来は決して安泰とは言えまい。あるいは裁いた者の子孫が裁かれた者やその子孫と遭遇する危険も排除できまい。本文に見るように、しばしば相手の履歴書（批書や脚色）の提出を要求するのもこれと関係があるのではないか。北宋代には新法党と旧法党との苛烈な闘争があった。南宋にもその名残はあった。彼らは官界で成功するには何が必要かを十分に心得ていたに違いない。極端に同類を攻撃しないこと、「情けは人のためならず」、これである。現実の力関係への配慮や官界における遊泳術といった文字には現れない官僚社会の裏面をも本書の官吏門から感得できるのではないかと思う。

さて、言うまでもなく報復は人治ゆえに発生する。私達は、仮に軽微な交通違反を犯したとして、警官の誰が反則切符を切ったかにはまず拘泥しないであろう。不運や不公平に憤ることはあっても、私達が犯したのは道路交通法という規則なのであって、それゆえ法によって反則金が徴収されると諦念するほかないのである。ところが反則切符を切るか切らないかが警官個々人によって異なるとすれば、私達は特定の警官個人を恨むことになろう。それは裁判官と被告の関係においても同様に当てはまる。そこでは問題は権力ある者とその犠牲者という構図になる。法に抵触した行為か、人倫として許される行為かといった問題の性質は二の次で、誰が誰を罰しあるいは罰しなかったか、どの程度に罰したかといった問題となる。そうであるならば処罰を受けた側の報復は容易に起こるであろうし、処罰した側の報復への恐怖あるいは警戒も容易に想定できるであろう。

次に考慮しなければならないのは、選人改秩や京官昇進の際の挙主（推薦人）の問題であろう。そして挙主の問題のみならず、官界における人間関係の構築こそは最も重視されるべき事柄であった、とはいまさら言うまでもない。そうした当時の官界の実際状況を見るには本書の官吏門は恰好の素材である。

なお、以下の注釈に関し特に断らない限り、主に依拠したのは、官制については、龔延明『宋代官制辞典』（中華書局、一九九七年）、梅原郁『宋代官僚制度研究』（同朋舎、一九八五年）、同氏『宋代司法制度研究』（創文社、二〇〇六年）に、胥吏に関しては、周藤吉之『宋代経済史研究』（東京大学出版会、一九六二年）第十一章「宋代州県の職役と胥吏の発展」、

前掲梅原二著書、佐竹靖彦「作邑自箴訳注稿（一）（二）（三）」（『岡山大学法文学部学術紀要』三三号・一九七三年、三五号・一九七四年、三七号・一九七七年）、同氏「『作邑自箴』の研究──その基礎的再構成──」（東京都立大学『人文学報』二三八号、一九九三年、同氏『宋代史の基礎的研究』朋友書店、二〇〇七年、に再録）である。

《賦役門について》

「本書」の巻三、賦役門は税役に関係する書判三十三条を収録する。一口に税役と言うが、関係する方面は多岐にわたる。本書中にも見ることができるが、税役の収取物や賦課方式、徴収組織、徴収方法、輸送や保管、そして免役特権等など。また原文中の「役」とは中国史上歴代見られる徭役の一種だが、宋代には土木工事や兵役といった単純な労働力の徴発ではなく、徴税や治安・事務処理といった行政補助的な職務が多く、一般に「職役」と呼ばれる。こうした問題に関して、宋代史にあっては前世紀以来国内外で多くの研究が蓄積されてきた。代表的なものとしては、曾我部静雄『宋代財政史』（生活社、一九四一年）、周藤吉之『宋代経済史研究』（東京大学出版会、一九六二年）、同氏『唐宋社会経済史研究』（同上、一九六五年）、漆俠『宋代経済史（上冊）』（上海人民出版社、一九八七年）、汪聖鐸『両宋財政史上・下』（中華書局、一九九五年）などが挙げられよう。そして何よりも和田清編『宋史食貨志訳注(1)』（東洋文庫、一九六〇年）以来、現在に至るも継続して公刊されている『宋史』食貨志の訳注作業（中嶋敏編『宋史食貨志訳注(2)・(3)・(4)・(5)・(6)』東洋文庫、一九九九～二〇〇六年）が、この問題の重要性と人びとの関心の深さを物語っている。こうした先学の努力によって宋代の税役制度の根幹はほぼ解明されている。(2)

それゆえ制度自体に関する限り、本書に収録される書判によって得られる新たな知見はほぼないと言ってよい。ただ本書には特定の地域における税役制度の個別具体的な運用実態が描き出されている。例えば、差役への充当をめぐって人びとがどう行動したか、官戸の子孫ないしそれを主張する者たちが免役特権をどのように維持しようとしたか、官司はそれらにどう対処したかといった問題が具体的に描写されている。こうした記述は、制度史料によって得られた知見に対して、あるいは制度史料には描かれない諸事情について、私達の想像力を刺激し、宋代社会に対する私達の認識を豊かにするに違いない。

《文事門について》

巻三には賦役門と文事門とが併録されているが、この二門が一巻に併録されたことに特別の理由はなく、単に文事門の分量が一巻分に満たず、また他の門に編入するにはそぐわないため巻三に附載したにすぎないのだと思われる。文事門はわずか九条あるにすぎない。ここには学校、書院、祠堂、科挙という類目が立てられているが、いずれも学問すなわち儒学の教育と教養、あるいはそのための施設と制度に関わる項目であり、「文事」とはそうした意味合いを持つ語句だったのである。書院に関する書判からは、例えば著名な白鹿書院といえども朱熹による書院再興からほぼ八十年後には土地管理が乱れつつあったことが窺われ、科挙に関する書判からは、受験地や考巻をめぐる地元の士人達の強烈な利害関係のありようがまざまざと見てとれる。

学校や書院、また科挙に関する研究も国内外に豊富な蓄積がある。最近の研究にも、宋代研究叢書・苗春徳主編『宋代教育』（河南大学出版社、一九九二年）、陳雯怡『由官学到書院』（聯経出版事業股份有限公司、二〇〇四年）、劉海峰・李兵『中国科挙史』（東方出版中心、二〇〇四年）、李兵『書院与科挙関係研究』（華中師範大学出版社、二〇〇五年）、陳高華・宋徳金・張希清主編『中国考試通史（宋遼金元巻）』（首都師大出版社、二〇〇六年）、何忠礼『科挙与宋代社会』（北京商務印書館、二〇〇六年）など多数がある。

以上を総じて、書判史料のおもしろさ、とりわけ訳注を施した本書の三巻三門の興味深いところとは、私達が漠然と認識し理解している官場の腐敗や賦役の不均、祠堂の設置や科挙の実態といった事柄に関して、本書中の個別具体例が、瞠目するような新たな知見を加えてくれるには至らないまでも、生々しい刺激として私達の注意と想像力とを再喚起してくれるところにあると言えるのではなかろうか。

【注釈】

（1）本書は地方官が地方行政を行う際のハンドブックとして編纂されたという考えは、拙論「名公書判清明集」（滋賀秀三編『中国法制史――基本資料の研究――』東京大学出版会、一九九三年、拙著『宋代中国の法制と社会』汲古書院、二〇〇二年、に再録）で述べた。

さらに、中国社会科学院歴史研究所編『中国社会経済史資料』第一輯（福建人民出版社、一九八五年）所収の「宋本《名公書判清明集》」には、点校者である王曾瑜・陳智超・呉泰の三氏によって楷書に書き改められた宋刊本の幔亭曾孫の序文があり、その末尾に、

……方今文士□出以所□□所施見於□□書判者特易事耳而余欲□重之毋乃以雕琢教玉人耶然人之有師官之有□□□□又烏可曰姑舍是景定歳酉日長至幔亭曾孫引

とある。北海道大学大学院文学研究科日本史学専攻の草書に堪能な同僚教授のご教示によれば、「余欲□重之」という箇所の不明な字は「令」あるいは「今」であろうという（文脈から私は「令」と見たい）。また「以雕琢教玉人」とは『孟子』梁恵王章句下の言葉を踏まえ、「素人が玉磨きの専門家に玉の磨き方を教える」という意味である。これらからあえて推測すれば、この一文は、

……方今文士□出、以所□□（与?）所施、見於□□書判者、特易事耳、而余欲令重之、毋乃以雕琢教玉人耶。然人之有師、官之有□、□□□、又烏可曰姑舍是。景定歳酉日長至、幔亭曾孫引。

と断句し、「現今文士が〔輩〕出し、〔地方官として〕（断ずる）所と施す所とを、（名公の）書判に見ることはきわめて容易なことと

なっており、私が書判を重視させたいと願っても、それは素人が専門家に教えるようなものではなかろうか。しかし人に師がおり、官に(範)があるということは(大事なことであり)、しばし捨て置くことなどできないのである。景定の歳は酉、日は長至、幔亭曾孫引言す」という意味ではなかろうか。

右が幾分か当を得ていれば、この序文からも本書がハンドブックとしての役割を期待されていたことが裏づけられよう。

(2)　黄繁光「南宋中晩期的役法実況――以《名公書判清明集》為考察中心――」(『淡江史学』一二期、二〇〇一年、また『宋史研究論文集』河北大学出版社、二〇〇二年、に再録)は、本書巻三、賦役門を用いた最近の南宋役法の研究である。

[参　考　表]

(1) 南宋地方行政組織表

中央政府のもとに路—府・州・軍・監—県—(鎮)が置かれる。監に通判は置かれず、その下に県も置かれない。

《路》

- 帥司《すいし》(経略安撫使・馬歩軍都総管等)……主に軍事
- 漕司《そうし》(転運使)……主に財政
- 憲司《けんし》・臬司《げつし》(提点刑獄公事)……主に司法
- 倉司《そうし》(提挙常平茶塩公事等)……主に経済

《府・州・軍・監》

(長官)
- 知府(知州・知軍・(知監))
  - 通判

(幕職官)
- 判官
- 推官
- (節度掌書記)
- (観察支使)

(諸曹官)
- 録事参軍(民政)
- 司戸参軍(財政)
- 司法参軍(司法)
- 司理参軍(訴訟)

- 州司兵官(都監、巡検等)
- 学官(府学・州学教授等)
- 監当官(場務等)

《県》

(長官)
- 知県(県令)

(佐官)
- 県丞—主簿—県尉

- 県司兵官(巡検等)
- 学官(県学教授等)
- 監当官(場務等)

(2) 南宋の文官と下級武官の官階

文階は淳熙以降、武階は紹興以降のものである。

文階

	官品	寄禄官名
朝官	従一品	開府儀同三司
	〃	特進
	正二品	金紫光禄大夫
	従二品	銀青光禄大夫
	〃	光禄大夫
	正三品	宣奉大夫
	〃	正奉大夫
	従三品	正議大夫
	〃	通奉大夫
	正四品	通議大夫
	従四品	太中大夫
	正五品	中大夫
	従五品	中奉大夫
	〃	中散大夫
	正六品	朝議大夫
	〃	奉直大夫
	従六品	朝請大夫
	〃	朝散大夫
	〃	朝奉大夫
	正七品	朝請郎
	〃	朝散郎
	〃	朝奉郎
	従七品	承議郎
	正八品	奉議郎
	〃	通直郎
京官	従八品	宣教郎
	〃	宣議郎
	正九品	承事郎
	〃	承奉郎
	従九品	承務郎
選人	従八品	承直郎
	〃	儒林郎
	〃	文林郎
	〃	従事郎
	〃	従政郎
	〃	修職郎
	従九品	迪功郎
未出官		通仕郎
		登仕郎
		将仕郎

武階

	官品	寄禄官名
(上層省略)		
大使臣	正八品	訓武郎
	〃	修武郎
小使臣	従八品	従義郎
	〃	秉義郎
	正九品	忠訓郎
	〃	忠翊郎
	〃	成忠郎
	〃	保義郎
	従九品	承節郎
	〃	承信郎
未入流	無品	進武校尉
		進義校尉
		以下六階(略)

(3) 南宋の刑罰——折杖法

折杖法とは、『宋刑統』に規定された五刑のうち、死罪を除き、流罪以下(加役流を含む)の刑罰を左表のように読み替えて執行する方法を言い、時に附加刑として編配(=編管・羈管と配軍)を組み合わせ執行されていた。

南宋時代の折杖法

律		配役	脊杖	臀杖	小杖
流	加役流	三年	二十		
	三千里	一年	二十		
	二千五百里	一年	十八		
	二千里	一年	十七		
徒	三年		二十		
	二年半		十七		
	二年		十五		
	一年半		十三		
	一年		十二		
杖	一百			二十	
	九十			十七	
	八十			十五	
	七十			十三	
	六十			十二	
笞	五十				十
	四十				八
	三十				七
	二十				六
	十				五

訳注『名公書判清明集』官吏門・賦役門・文事門

名公書判清明集巻之一　官吏門　訳注

申　儆

（1）咨目呈兩通判及職曹官　　　　眞西山

某猥以庸虛、謬當閫寄、朝夕怵惕、思所以仰答朝廷之恩、俯慰士民之望。惟賴官僚協心同力、庶克有濟。區區輒有所懷、敢以布于左右。蓋聞爲政之本、風化是先。潭之爲俗、素以淳古稱、比者經其田里、見其民朴且愿、猶有近古氣象、則知昔人所稱、良不爲過。今欲因本俗迪之于善、已爲文諭告、俾興孝弟之行、而厚宗族鄰里之恩、不幸有過、許之自新、而毋狃於故習。若夫推此意而達之民、則令佐之責也。繼今邑民以事至官者、願不憚其煩而諄曉之、感之以至誠、持之以悠久、必有油然而興起者。若民間有孝行純至、友愛著聞、與夫協和親族、賙濟鄉閭、爲衆所推者、請采訪其實、以上于州、當與優加褒勸。至於聽訟之際、尤當以正名分、厚風俗爲主。昔密學陳公襄爲仙居宰、教民以父義母慈、兄友弟恭、而人化服焉。古今之民同一天性、豈有可行於昔、而不可行於今。惟毋以薄待其民、民亦將不忍以薄自待矣〔一〕。此某之所望於同僚者也。然而正己之道未至、愛人之意不孚、則雖有教告、而民未必從。故某願與同僚各以四事自勉、而爲民去其十害。

何謂四事。曰律己以廉。凡名士大夫者、萬分廉潔、止是小善、一點貪汚〔二〕、便爲大惡。不廉之吏、如蒙不潔、雖有他美、莫能自贖。故此以爲四事之首。撫民以仁。爲政者當體天地生萬物之心、與父母保赤子之心、有一毫之慘刻、非仁也、有一毫之忿疾、亦非仁也。存心以公。傳曰、公生明。私意一萌、則是非易位、欲事之當理、不可得也。蒞事以勤、是也。當官者一日不勤、下必有受其弊者。古之聖賢猶且日昃不食、坐以待旦、況其餘乎。今之世有勤於吏事者、反以鄙俗目之、而詩酒游宴、則謂之風流嫺雅、此政之所以多疵、民之所以受害也、不可不審。

何謂十害。曰斷獄不公。獄者、民之大命、豈可少有私曲。聽訟不審。訟有實有虛、聽之不審、則實者反虛、虛者反實矣〔三〕、其可苟哉。淹延囚繫。一夫在囚、舉室廢業、囹圄之苦、度日如歲、其可淹久乎。慘酷用刑。刑者、不獲已而用、人之體膚、卽己之體膚也、何忍以慘酷加之乎。今爲吏者、好以喜怒用刑、甚者或以關節用刑、殊不思、刑者國之典、以代天糾罪、豈官吏逞忿行私者乎。不可不戒。汎濫追呼。一夫被追、舉室皇擾、有持引之需、有出官之費、貧者不免舉債、甚者至於破家、其可汎濫乎。招引告訐。告訐乃敗俗亂化之原、有犯者自當痛治〔四〕、何可勾引。今官司有受人實封狀與出榜召人告首陰私罪犯、皆係非法、不可爲也。重疊催稅。稅出於田、一歲一收、可使一歲至再稅乎。有稅而不輸〔五〕、此民戶之罪也。輸已而復責以輸、是誰之罪乎。今之州縣、蓋有已納、而鈔不給、或鈔雖給、而籍不消、再追至官〔六〕、呈鈔乃免、不勝其擾矣。甚者有鈔不理、必重納而後已、破家蕩產、鬻妻賣子、往往由之、有人心者〔七〕豈忍爲此。科罰取財。民間自二稅合輸之外〔八〕。一毫不當妄取。今縣道有行科罰之政〔九〕與非法科斂者、皆民之深害也、不可不革。縱吏下鄉。鄉村小民、畏吏如虎、肆吏下鄉、縱虎出柙也。弓手土兵、尤當禁戢、自非捕盜、皆不可差出。低價買物、是也。物同則價同、豈有公私之異。今州縣有所謂市令司者、又有所謂行戶者、每官司敷買、視市直率減十之二三、或不卽還、甚至白著、民戶何以堪此〔一〇〕。

某之區區、其於四事、敢不加勉。同僚之賢、固有不俟丁寧而素知自勉者矣、然亦豈無所當勉而未能者乎〔一一〕。傳曰、過而不改、是謂過矣。又曰、誰謂德難、勵其庶而、賢不肖之分在乎勉與不勉而已。異時舉刺之行、當以是爲準。至若十害有無、所未詳知、萬一有之、當如拯溺救焚、不俟終日、毋狃於因循之習、毋牽於利害之私。或事關州郡、當見告而商確焉〔一二〕、必期於去民之瘼而後已。此又某之所望於同僚者也〔一三〕。抑又有欲言者、夫州之與縣、本同一家、長吏僚屬、亦均一體、若長吏偃然自尊、不以情通于下、僚屬退然自默、不以情達于上、則上下痞塞、是非莫聞、政疵民隱何從而理乎。昔諸葛武侯開府作牧、首以集眾思、廣忠益爲先。某之視侯、無能爲役、然虛心無我、樂于聞善、蓋平日之素志。自今一道之利病、某之所當知者、願以告焉。某之所爲、有不合於理、有不便於俗者〔一四〕、亦願以告焉。告而適當、敢不敬從。如其未然、不厭反復、則湖湘九郡之民庶乎其蒙賜〔一五〕、而某也庶乎其寡過矣。敢以誠告、尚其亮之、幸甚。某咨目上府判職曹以下諸同官〔一六〕。

〔一〕 民亦將不忍以薄自待矣　《眞文忠公文集》卷四〇《潭州諭同官咨目》無「亦」字。
〔二〕 一點貪污　「污」、《眞文忠公文集》卷四〇《潭州諭同官咨目》作「訐」。
〔三〕 虛者反實矣　「者」、據《眞文忠公文集》卷四〇《潭州諭同官咨目》補。
〔四〕 自當痛治　「治」、《眞文忠公文集》卷四〇《潭州諭同官咨目》作「懲」。
〔五〕 可使一歲至再稅乎有稅而不輸　「乎有稅」三字、據《眞文忠公文集》卷四〇《潭州諭同官咨目》補。
〔六〕 再追至官　「追」、據《眞文忠公文集》卷四〇《潭州諭同官咨目》補。
〔七〕 有人心者　「人」、《眞文忠公文集》卷四〇《潭州諭同官咨目》作「仁」。
〔八〕 民間自二稅合輸之外　「二」、據《眞文忠公文集》卷四〇《潭州諭同官咨目》補。
〔九〕 有行科罰之政　「行」字原缺、據《眞文忠公文集》卷四〇《潭州諭同官咨目》補。
〔一〇〕 民戶何以堪此　「戶」字原缺、據《眞文忠公文集》卷四〇《潭州諭同官咨目》補。
〔一一〕 豈無所當勉而未能者乎　《眞文忠公文集》卷四〇《潭州諭同官咨目》無「所」字。
〔一二〕 當見告而商確焉　「確」、《眞文忠公文集》卷四〇《潭州諭同官咨目》作「榷」。
〔一三〕 所望於同僚者也　「也」、據《眞文忠公文集》卷四〇《潭州諭同官咨目》補。
〔一四〕 有不便於俗者　「有」、據《眞文忠公文集》卷四〇《潭州諭同官咨目》補。
〔一五〕 庶乎其蒙賜　《眞文忠公文集》卷四〇《潭州諭同官咨目》無「其」字。
〔一六〕 某咨目上府判職曹以下諸同官　《眞文忠公文集》卷四〇《潭州諭同官咨目》無此句。

【校勘】

（1）中華書局本が校勘の際に対照したのは『四部叢刊』所収の『真文忠公文集』と思われるが、対照漏れとして、原文後ろから二行目「而某也庶乎其寡過矣」が、文集では「而某也亦庶乎其寡過矣」とある。

（2）原文二十七行目、中華書局本は「勵其庶、而賢・不肖之分」と断句するが、ここは「勵其庶而、賢不肖之分」であろう。なお原校は「而」を「翼」に改める。

訓戒

「項目ごとに両通判および幕職諸曹官に呈す」　真西山（1）

私は能力がないにも拘わらず人事の間違いから安撫使に充てられたが、朝夕失敗がないようにと心が穏やかならず、仰ぎては朝廷の恩に答え、俯し見ては士民の望みにかなうようにと思っている。ただに官僚が心を合わせ力を同じくすることを頼みとするのみで、そうすればよく職務を遂行できるであろう。私には思うところがあって、あえて皆さんにご披露しようと思う。

およそ、為政の根本は風化（＝民衆の感化）が第一である。潭州の風俗はもとより古の純朴さを保っていると評価されているが、ちかごろその田里《ちいき》を巡り、民衆が質朴かつ善良で依然として古に近い気風があるのを見て、昔の人が評価したのはまことに過大評価ではなかったと知ったのであった。いまこの地の風俗の良さを基礎にこれを善に転化させようと思い、すでに文章を書いて告諭し、親に孝・兄に悌たる行いを興し、宗族隣里の恩愛を厚くし、不幸にして過ちがあれば改過自新を許し、昔からの因習に拘泥しないようにさせたい。もしもこの意向を推進しこれを民に達成させるとすれば、それは知県や佐官の責務である。次にいま県民で問題があって官司に到る者があれば、どうか煩わしさを顧みずにこの意向を諄々と説き聞かせ、至誠の心でこの意向に感動させ、この意向を長く持ちつづけさせれば、必ずや心の中にむくむくとわき起こることがあろうと思う。もし民間で孝行が至純、友愛が顕著、また親族と協和し、地元民を援助救済し、衆人が推挙する者がいれば、どうかその実態を実地調査して州に上申してほしい。州政府は厚く褒賞を与え推奨を行おう。

裁判の際には、最も名分を正し、風俗を厚くすることを中心とせねばならない。昔、枢密直学士の陳公襄が仙居県の知県であった時、民衆に父の義・母の慈、兄の友・弟の恭を教えたところ、人びとが感化されてそれに服したのであった。(2) 古今の民は天性を同一にしている。昔は行えたがいまは行えないということはないのだ。ただ民衆に対して薄情な態度を取らなければ、民衆もまた薄情な態度を取ることはないのである。これが私が同僚諸氏に望むところである。しかし、己を正す道にいまだ至らず、人を愛する気持ちを育まなければ、教え告げたにせよ民衆は必ずしも従うとは限らない。ゆえに私は同僚諸氏が各々四事をもって自ら努め、そして民衆のために十害を取り除くよう願っている。

四事とは何か。曰く、廉潔をもって己を律すること。およそ士大夫を名のる者は全く廉潔であっても小さな善であるにすぎず、一点の貪欲による汚職があればすなわち大悪と見なす。廉潔ならざる官吏が、もし不潔な行いを為せば、ほかに美点があっても自ら贖罪することはできない。ゆえにこれを四事の第一とする。

仁をもって民衆を慰撫すること。為政者は天地が万物を生み出した心と父母が赤子を保全する心とを体さねばならず、少しでも残酷なことがあれば仁ではなく、少しでも忿《いか》り疾《にく》めばまた仁ではないのである。

公をもって心を維持すること。伝えて言う、「公は明を生ず」と。(3) 私意がひとたび生ずれば是非は転倒し、物事が道理に沿うようにと思っても、そうはならない。

勤勉をもって事に臨むこと、(四事とは)これである。官たる者一日勤勉たらざれば、下の者は必ずその弊害を被る。古の聖賢は日中は食事をせず、(早朝には)坐して日の出を待っていた。ましてやその他のことなどしなかったのである。いまの世では仕事に対し勤勉な者がいると、逆に鄙俗なやつだと見なし、詩酒游宴は風流優雅と言っているが、これが政治が多くの欠陥を抱え民衆が損害を被る所以なのである。このことをしっかりと弁《わきま》えなければならない。

十害とは何か。曰く、裁判[4]の不公平。裁判とは民衆の大事な命運であり、少しも私心や曲解があってはならない。

審理が精確ではない。訴えには真実もあれば虚偽もある。これを審理する際に精確でないと、真実は逆に虚偽となり、虚偽は逆に真実となる。決していい加減であってはならない。

長く獄*に繋ぐこと。一人が留置所にいると一家が廃業する。留置所の苦しみは一日が一年のようである。決して長く留めてはならない。

残酷に刑罰を行う。刑というのはやむなく行うものである。人の体や皮膚はすなわち己の皮膚や体と同じである。どうして残酷な刑罰を加えられようか。いま吏人は喜怒にまかせて刑罰を行うのを好み、ひどい場合は賄賂(の額)で刑罰を行う。よいか、刑罰というものは国家の制度で、天に代わって罪を糺すものなのだ。官吏は怒りにまかせて私怨を晴らすようなことがあってはならない。よくよく戒めるべきである。

むやみに召喚する。一人が召喚されると一家が畏れおののく。(民の側には)文引[5]を持って行く呼び出し係の要求があり、官に出頭するための費用がかかり、貧しい者は借金を免れず、ひどい時には破産する。決してむやみに召喚してはいけない。

告発を呼びかける。告発は良俗を破り感化を乱す原因である。それを犯す者は痛烈に処罰せねばならず、告発された者を連行すべきではない。いま官司は人の封印した訴状を受けることがあり、また犯罪を告発するよう呼びかけることがあるが、これらはみな法律違反で、行ってはいけない。

重複して徴税する。税は田から生ずる。一年一収だから、決して一年に二度徴税させてはならない。税を輸納しなければ、それは民戸の罪である。輸納し終わってまた輸納させるのは誰の罪か。いまの州県はすでに輸納したのに受領書[6]を出さず、あるいは受領書を出しても帳簿は消さず、再度官に呼び出して受領書を出せば免ずるが、その煩瑣であることこの上ない。ひどい場合は受領書があっても取り合わず、必ず再度納入してやっと問題がなくなる。破産し尽くし妻や子を売るのは往々これが原因である。人の心がある者はそうすることを忍べようか。

罰として財物を取る。民間からは夏と秋の二回の徴税以外、少しも勝手に取り立てをしてはならない。いま県政府には罰金を科すというやり方と不法に税徴収するということがあるが、みな民衆の深刻な弊害となっている。しっかりと改めねばならない。

胥吏を郷に下すこと。郷村の小民は胥吏を畏れること虎のごとくで、胥吏を郷に下すことは虎を檻から放してやるようなものである。弓手・土兵[7]はとりわけ取り締まらねばならず、盗賊を捕らえるのでなければどんな場合も派遣すべきではない。

やすく物資を買うこと、(十害とは)これである。物が同じなら価格は同じであり、どうして公私の区別があろうか。いま州県にはいわゆる市令司[8]なるものがあり、またいわゆる行戸[9]なるものがあるが、官司が買い物をすると市場の価格に比べて二、三割安くし、あるいはすぐに支払いをせず、時にはただで取る。民戸はどうして我慢できようか。

私は取るに足らぬ者なので、四事に関してあえて無理強いはしないのだが、賢明なる同僚諸氏はもとより繰り返し言わずとも平素から自ら努めるということをご存じであろう。そうであれば努めるべきところなのにまだ達成できないことなどないはずである。伝えて言うには、「過ちて改めざる、これ過ちと言う」とある[10]。また、「誰が徳をなすは難しいと言うのか。しっかりと努力すればよいのだ」とある[11]。賢明なる者と不肖なる者との違いは、努力するかしないかという点にある。将来自己点検して悪を排するには、このことを基準とすればよい。十害の有無に関してはよく承知していないが、万一これがあればまさに溺者焚者を救うのと同じく時間をおかずに行い、悪習にとらわれてはならず、個人の利害に引きずられてはいけない。あるいは問題が州府に関係すれば、現に告げて相談し、必ず民衆の災難を取り去ることを期すのみである。これもまた私が同僚諸氏に望むところである。

そもそもまた言っておきたいことがある。州は県と本来一家のようなものであり、長官属官もまた等しく一体である。もし長官が安穏自尊で、下のことに精通せず、属僚も引き下がって何も言わなければ、事情は上部へ伝わらず、すなわち上下とも病気のごとく閉塞し、是非は伝達されず、政治の欠陥と民の痛苦とはどのようにして解決できようか。昔、諸葛武侯（孔明）は幕府を開いて長官となった時、最初に民衆から思いを聞き、忠義の気持ちを広めることが第一とした[12]。私は武侯に比べれば役には立たないが、しかし虚心無我をもって善事を聞くを喜びとすることが平素の思いである。今後一路の利害は私が承知しなければならないことであり、どうかお知らせ願いたい。私の行いにもし不合理なことがあり、風俗に良くないことがあれば、またどうかお知らせ願いたい。仰ることが適当であれば、そのとおりにしないことはありませんぞ。もしそうでなければ、繰り返し考えることを厭わず、そうすれば湖南の九州の民は政治の恩恵に与れましょうし、私もまた過ちが少なくなりましょう。あえて戒告しますが、どうか諒とされれば幸甚です。私は項目ごとに府の通判・幕職官・諸曹官以下の諸同僚にお伝えしました。

【注釈】

（1）真徳秀、字は希元、後に景希、西山は号。福建路建寧府浦城県の人で、慶元五年（一一九九）の進士。知泉州（嘉定十（一二一七）～十二年）、知潭州、知福州を経て、嘉定十五年（一二二二）に湖南安撫使・知潭州、紹定五年（一二三二）から六年まで再度知泉州（この時期に関し後掲年譜は誤り）、端平二年（一二三五）に卒す。『宋史』巻四三七に伝が、また『宋人年譜叢刊』に「西山真文忠公年譜」がある。この書判は湖南安撫使の時のもの。なお潭州は現湖南省長沙市。

（2）陳襄、字は述古、福州侯官県の人。『古霊集』巻一九、文、勧諭文（知仙居県日作）に、「為吾民者、父義《能正其家》、母慈《能愛其下》、兄友《能愛其弟》、弟恭《能敬其兄》」とあり、巻二五、附録、先生墓誌銘（孫覚撰）に、「移台州仙居県令、益務以礼法教其民、民愛楽之、莫肯犯」とある。彼が知仙居県だったのは巻二五の年譜によれば、慶暦七年（一〇四七）から皇祐三年

（一〇五一）までであった。

（3）『荀子』不苟篇に、「公生明、偏生暗」とある。

（4）原文「断獄」とは、裁判を言う。「獄」とは、わが国でも「疑獄事件」などと言うように案件や事案を意味する。なお「獄」という語は未決囚や証人などの身柄を拘束しておく場所や施設、すなわち留置所・拘置所を意味することもある。後出の「囹圄」や「牢」も獄に同じである。宋代には現今の刑務所のような懲役を科したり既決囚の身柄を拘束しておくような施設は存在しなかった。

（5）原文「引」とは、「文引」の略で官が発行する指令書、指示書を言う。およそ州県が何らかの指示を吏人や衙役に出す時はこの文引を用いる。

（6）原文「鈔」とは、税租鈔すなわち納税領収書を言う。詳しくは、周藤吉之『宋代史研究』（東洋文庫、一九六九年）第四章「宋代における税租鈔」（一九六六年原載）を参照。

（7）原文「弓手」とは、県尉の下に置かれた捕り手を言う。北宋では徭役の一種だったがやがて専業化した。原文「土兵」また「土軍」とは、巡検司の下に置かれた兵卒を言う。

（8）原文「市令司」とは、州県の買い付け係を言う。『宋史』巻一八六、食貨下、市易に、「淳熙元年、罷市令司。詔臨安府及属県交易儈保銭減十之五」とあり、同書、巻四三七、列伝、儒林七、真徳秀伝に、「（史）弥遠薨、上親政。以顕謨閣待制知福州、戒所部無濫刑横斂、無徇私黷貨、罷市令司曰、物同則価同、寧有公私之異」と見える。

（9）原文「行戸」とは、商人あるいは同業者の組合を言う。官司の物品購入に集団で応じる必要や、同業者の利益や福利のために組合組織が作られていた。詳しくは、宮澤知之『宋代中国の国家と経済』（創文社、一九九八年）第一部第三章「宋代の商工業者の組織化─行」を参照。

（10）『論語』衛霊公に見える言葉。

（11）『漢書』巻七三、韋賢伝に附された子の玄成伝に見える言葉。

（12）『三国志』巻三九、蜀書九、董和伝に、「亮後為丞相、教与群下曰、夫参署者、集衆思、広忠益也」とある。

（2）諭州縣官僚

眞西山〔一〕

某昨者叨帥長沙、嘗以四事勸勉同僚〔二〕、曰律己以廉、撫民以仁、存心以公、蒞事以勤。而某區區、實身率之、以是二年之間、爲潭人興利除害者〔三〕粗有可紀。今者蒙恩起廢、再撫是邦。竊伏惟念、所以答上恩而慰民望者、亦無出前之四事而已、故願與同僚勉之。蓋泉之爲州、蠻貊聚焉〔四〕、犀珠寶貨、見者興羨、而豪民巨室有所訟愬、志在求勝、不吝揮金、苟非好修自愛之士、未有不爲汚染者。不思、廉者士之美節、汚者士之醜行。士而不廉〔五〕、猶女之不潔、不潔之女、雖功容絶人、不足自贖、不廉之士、縱有他美、何足道哉。昔人有懷四知之畏而卻暮夜之金者、蓋隱微之際、最爲顯著、聖賢之敎、謹獨是先。故願同僚力修冰蘗之規〔六〕、各勵玉雪之操、使士民起敬〔七〕、稱爲廉吏、可珍可貴、孰有踰此、其所當勉者一也。先儒有云、一命之士、苟存心於愛物、於人必有所濟。且以簿尉言之〔八〕、簿勤於勾稽、使人無重疊追催之害、尉勤於警捕、使人無穿窬攻劫之擾、則其所濟、亦豈少哉。等而上之、其位愈高、繫民之休戚者愈大。發一殘忍心、斯民立遭荼毒之害、發一掊克心、斯民立被誅剝之殃。盍亦反己而思之〔九〕、針芒刺手、茨棘傷足、舉體凜然、謂之痛楚〔一〇〕、刑威之慘、百倍於此、其可以喜怒施之乎。虎豹在前、坑穽在後、號呼求救、惟恐不免、獄犴之苦、何異于此、其可使無辜者坐之乎。己欲安居、則不當擾民之居也。欲豐財〔一一〕、則不當朘民之財也〔一二〕。故曰、己所不欲、勿施於人。其在聖門、名之曰恕。强勉而行、可以致仁。矧當斯民憔悴之時、撫摩愛育、尤不可緩。故願同僚各以哀矜惻怛爲心、而以殘忍掊剋爲戒、則此邦之人、其有瘳乎。此所當勉者二也。公事在官、是非有理、輕重有法、不可以己私而拂公理、亦不可骫公法以徇人情。諸葛公有言、吾心有秤〔一三〕、不能爲人作輕重。此有位之士所當視以爲法也。然人之情每以私勝公者、蓋徇貨賄則不能公、任喜怒則不能公、黨親戚〔一四〕、畏豪强、顧禍福、計利害、則皆不能公。殊不思是非之不可易者、天理也、輕重之不可踰者、國法也。以是爲非、以非爲是、則逆乎天理矣。以輕爲重、以重爲輕〔一五〕、則違乎國法矣。居官臨民、而逆天理、違國法、于心安乎。雷霆鬼神之誅、金科玉條之禁、其可忽乎。故願同僚以公心持公道、而不汨於私情、不撓於私請、庶幾枉直適宜、而無冤抑不平之歎、此所謂當勉者三也。民生在勤、勤則不匱、則爲民者不可以不勤、業精于勤、荒于嬉、則爲士者不可以不勤。況爲命吏、所受者朝廷之爵位、所享者下民之膏脂、一或不勤、則職業隳弛、豈不上孤朝寄、而下負民望乎。今之居官者、或以酣詠遨遊爲高〔一六〕、以勤強謹恪爲俗〔一七〕、此前世衰弊之風也。盛明之時、豈宜有此。陶威公有言、大禹聖者、猶惜寸陰、至于眾人、當惜分陰。故賓佐有以蒱博廢事者、則取而投之於江。今願同僚共體此意、職思其憂、非休澣毋聚飲、非節序毋出遊、朝夕孜孜、惟民事是力、庶幾政平訟理、田里得安其生、此所當勉者四也。某雖不敏、請以身先、毫髮少渝、望加規警。在此官僚之間〔一八〕、或於四者未能無愧〔一九〕、願自今始、洗心自新。在昔聖賢、許人改過、故曰改而止。儻猶玩視而不改焉、誠恐物議沸騰、在某亦不容苟止也。蒞事之初、敢以誠告、幸垂察焉。

〔一〕眞西山　本篇原未署名、據《眞文忠公文集》卷四〇《諭州縣官僚》補。
〔二〕勸勉同僚　「勸」、《眞文忠公文集》卷四〇《諭州縣官僚》作「諭」。
〔三〕興利除害者　「害」、《眞文忠公文集》卷四〇《諭州縣官僚》「患」。
〔四〕鸞貊聚焉　「貊聚」、《眞文忠公文集》卷四〇《諭州縣官僚》作「舶萃」。
〔五〕士而不廉　「而」、據《眞文忠公文集》卷四〇《諭州縣官僚》補。
〔六〕力修冰蘗之規　「修」、《眞文忠公文集》卷四〇《諭州縣官僚》作「循」。
〔七〕士民起敬　「起」、《眞文忠公文集》卷四〇《諭州縣官僚》作「是」。
〔八〕且以簿尉言之　「簿尉言之」、據《眞文忠公文集》卷四〇《諭州縣官僚》補。
〔九〕盍亦反己而思之　「己」、據《眞文忠公文集》卷四〇《諭州縣官僚》補。
〔一〇〕謂之痛楚　「謂」、《眞文忠公文集》卷四〇《諭州縣官僚》作「爲」。
〔一一〕己欲安居則不當擾民之居也欲豐財　「也」、《眞文忠公文集》卷四〇《諭州縣官僚》作「已」。
〔一二〕則不當朘民之財也　《眞文忠公文集》卷四〇《諭州縣官僚》無「也」字。

〔一三〕　吾心有秤　「有」、《眞文忠公文集》巻四〇《諭州縣官僚》作「如」。
〔一四〕　黨親戚　「戚」、《眞文忠公文集》巻四〇《諭州縣官僚》作「昵」。
〔一五〕　以重爲輕　此四字據《眞文忠公文集》巻四〇《諭州縣官僚》補。
〔一六〕　以酣詠遨遊爲高　「遊」、《眞文忠公文集》巻四〇《諭州縣官僚》作「放」。
〔一七〕　以勤強謹恪爲俗　「謹」、《眞文忠公文集》巻四〇《諭州縣官僚》作「敏」。
〔一八〕　在此官僚之間　「在」、《眞文忠公文集》巻四〇《諭州縣官僚》作「前」。
〔一九〕　或於四者未能無愧　「於」原作「以」、據《眞文忠公文集》巻四〇《諭州縣官僚》改。

「州県の官僚に諭す」　真西山

私はさきごろ（その器でもないのに）忝なくも長沙に安撫使となったが、その際に、四事をもって同僚に努力するよう勧めた。すなわち、己を清廉に保つこと、仁心をもって民を慈しむこと、公平な心を維持すること、勤勉に物事に対処すること、である。私は実際自らこれを率先実行し、この二年間潭州の人のために利を興し害を除くこと、いささか記録に値するものがあった。現在再度ご恩を蒙ってこの地に安撫使となった。窃かに思うに、皇帝のご恩に報い民衆の願いを達成するには先の四事に尽きるのであり、ゆえに同僚諸氏とこれに励もうと思う。

およそ泉州は蛮族が集まり、犀角・珠玉といった宝貨は見る者に羨望の念を興させ、豪民・巨室は訴訟事があると勝訴のために金銭を惜しまず、道徳を重んじ自重する士人でなければ（こうした風潮に）汚染されない者はいない。よろしいか、廉潔は士たる者の美徳であり、汚染は士たる者の醜い行いである。士であって廉潔ならざるは女性の不貞なる者と同じで、不貞な女性は容貌が並はずれていようとも自ら不貞の行いを帳消しにはできず、廉潔ならざる士はたとえほかに優秀な点があっても全く言うに足りないのである。昔の人は四知の畏れを思い暮夜の金を退けたものである。[1]というのは隠れたり微細なところにこそ（悪事・過失は）はっきりと現れるもので、聖賢の教えは一人でいる時こそ身を慎むことを第一とするのである。ゆえに同僚諸氏が冰蘗の戒めを身につけ、各自玉雪の節操に励み、[2]士民に尊敬の念を起こさせ、廉吏と称えられ、世に稀で貴重な人材たること誰にも負けないようになってほしい。これが努力目標の第一である。

先輩の儒者が言っている、「一命の士が禽獣草木を愛する心を持っていれば、他人に対しても必ず恩恵となる」[3]と。しばしば主簿・県尉を例にこれを言えば、主簿は調べ事や計算に勤めて人が二重に取り立てに遭わないようにし、県尉は警察逮捕に勤めて人が盗みや略奪の災いに遭わないようにすれば、その人びとへの恩恵は少なくないのである。みな等しくこれを強化すれば、その位はいよいよ高くなり、民衆の禍福に繋がることもいよいよ大きい。ひとたび残忍な心を萌せば、民衆はたちまち苦しみに遭い、ひとたび厳しい取り立ての心を持てば、民衆はただちに誅求の災いを被る。自分の身に置き換えて言えば、針が手に刺さり茨棘《いばら》が足を傷つければ全身が震える。これを痛苦と言う。刑罰の酷さはこの百倍にも及ぶものであり、それを喜怒の感情にまかせて行ってよいはずがあろうか。虎豹が前におり、落とし穴が後ろにあれば、大声を出して助けを求めても逃れることはできない。獄舎に繋がれる苦しみはこれと同じで、どうして無辜の者を罰してよいことがあろうか。自分が安んじて暮らしたいなら民衆の暮らしを騒がせてはいけない。財産を豊かにしたいのなら民衆の財産を減らしてはならない。ゆえに、自分の望まないことを人にしてはならないというのである。これは孔孟の門にあっては恕と称する。努めてこれを行えば仁に至ることができる。ましてや民衆が憔悴している時には、慰撫し愛しみ育むことは、とりわけ緩めてはならないことである。ゆえに同僚諸氏は各々憐れみ同情することに心がけ、残忍や苛斂誅求を戒めとするならば、この地の人びとを癒すことができよう。これが努力目標の第二である。

公事《さいばん》が官にあれば、是非には理由があり、軽重には基準がある。私情でもって公理に背いてはならず、また公法を曲げて人情に従ってもならない。諸葛亮は言った、「私の心は秤のようで、人のために軽重を作為することはできない」と。(4)これは官位ある士が見て模範とすべきことである。しかし人の情は常に私が公に勝るものである。というのは賄賂をもらえば公平ではありえず、喜怒にまかせば公平ではありえない。親戚に与し、豪強を畏れ、禍福にこだわり、利害を計算すればみな公平ではありえない。よろしいか、是非を転倒できないというのは天理である。軽重を動かせないというのは国法である。是を非とし、非を是とすることは天理に逆らうことである。軽を重とし、重を軽とすることは国法に違うことである。官におり民に臨んで天理に逆らい国法に違えば、心は安んじていられるか。雷霆や鬼神の天誅、金科玉条の禁令は忽《ゆるが》せにできようか。ゆえに、同僚諸氏は公心でもって公道を持し、私情に乱されず、私請に惑わされないようにしてほしい。そうすれば曲直は適切となり、無実の罪に陥ったり不公正であるという嘆きはなくなるであろう。これが努力目標の第三である。

民衆の生活は勤勉さにこそあり、勤勉であれば乏しくはない。(5)そうであるから、民というものは勤勉たらざるをえないのである。「学業は勤勉であることによって精細となり、遊興によって粗漏となる」(6)のであるから、士たる者は勤勉でなければならない。ましてや朝廷に任命された官僚たる者は、朝廷の爵位を受け、民衆の膏脂を受け取っているのである。ひとたび勤勉でなければすなわち仕事は疎かとなり、上は天子の委任に背き、下は民衆の望みに背くことになる。いまの官におる者は酒を飲み詞歌を詠じて遊ぶことを高雅とし、勤勉で慎み深いことを低俗と見なしているが、これは前世の衰退疲弊した風潮である。国家が盛大で徳が現れている時はこんなことはありえない。陶威公(陶侃)は言った、「禹は聖人であったのになおわずかな暇も惜しんだのだから、一般の人間であればなおさらほんのわずかな暇も惜しむべきである。ゆえに、幕僚で博打のために職務を放り出している者がいれば、博打の道具を川に投げ込んでしまった」と。(7) いま同僚諸氏はみなこの意向を体し、仕事をする時は問題に頭を悩まし、休暇でなければ集まって酒を飲まず、節句でなければ遊びに出かけず、朝夕努力を傾けて民衆のことにだけ励んで頂きたい。そうすれば政治は公平となり訴訟は片づき、民衆は生活に安んずるであろう。これが努力目標の第四である。

私は不肖な者ではあるが、どうか自ら率先して行い、少しも前言に違うことなく、一層身を戒めて頂きたい。官僚の中にはあるいは四つのことに関して恥じ入る人もいよう。どうかいまから心を入れ替えて新たに出発してほしい。昔に聖賢は人が過ちを改めることを許した。それゆえ「改むれば而ち止む」と言うのである。(8) もしいい加減に考えて改めないのなら、世論は沸騰し、私もまたなおざりにすることができなくなろう。職務に臨むに当たって、あえて真情を告げたので、意のあるところを察して頂きたいと願う。

【注釈】

（1） 原文「四知」およびこの箇所は、『後漢書』巻五四、楊震伝に、「(楊震)四遷荊州刺史、東萊太守。当之郡、道経昌邑、故所挙荊州茂才王為昌邑令、謁見、至夜懐金十斤以遺震。震曰、故人知君、君不知故人、何也。密曰、暮夜無知者。震曰、天知、神知、我知、子知、何謂無知。密愧而出」とあるのを踏まえる。

（2） 原文「冰蘗之規」は白居易の「三年為刺史詩」に「三年為刺史、飲氷復食蘗」とあり、艱苦にあっても廉潔であることを言う。原文「玉雪之操」とは、玉雪のごとく潔白な行いを言う。

（3） 程頤『伊川文集』(『二程文集』巻一二)、明道先生行状に、「一命之士、苟存心於愛物、於人必有所済」とある。なお「一命之士」とは、周代に一命から九命までの官階を置き、その最低の階を一命と言ったが、後代には「一命の士」とは、一般に官職が低いこと、あるいは官位を与えられた者を言う。

（4） 『太平御覧』巻三七六、人事部一七、心、および同書巻四二九、人事部七〇、公平に、「諸葛亮書曰、吾心如秤、不能為人作軽重」とあり、また明・楊時偉『諸葛忠武書』巻九、遺事に、「張敬夫曰、貞観政要載孔明語曰、吾心如秤、不能為人作軽重」とある。

（5）『春秋左氏伝』宣公十二年に「欒武子曰、……（楚）君……訓之以若敖蚡冒篳路襤褸、以啓山林、箴之曰、民生在勤、勤則不匱。不可謂驕」とある。
（6）韓愈『昌黎先生文集』巻一二、雑著、進学解に、「業精于勤、荒于驕」とある。
（7）『晋書』巻六六、陶侃伝に、「常語人曰、大禹聖者、乃惜寸陰、至於衆人、当惜分陰。豈可逸遊荒酔。諸参佐或以談戯廃事者、乃命取其酒器蒱博之具、悉投之于江、吏将則加鞭扑」とある。
（8）『礼記』中庸に、「君子以人治人、改而止」とある。

（3）勸諭事件於後　　　　　眞西山〔一〕

當職入境以來、延訪父老、交印之後、引受民詞、田野利病、縣政臧否、頗聞一二。今檢擧在前任約束及今來合行事件、開具于後。

崇風敎

一、嘉定十年至、以五事諭民。其一謂人道所先、莫如孝弟。編民中有能孝於父母、弟於兄長、性行尤異者、所屬詳加採訪、以其實上於州、優加賞勸。或身居子職、有闕侍養、或父母在堂、則蓄私財、或犯分陵忽、不顧長幼之倫、或因利分爭、遽興骨肉之訟、凡若此者、皆有常刑。後據廂官申到、黃章取肝救母、吳祥取肝救父、各行支賞外、又承信郎周宗郎〔二〕割股以療親疾、延請赴州設宴、用旗幟鼓樂、送歸其家。晉江縣申到〔三〕、劉璣有母百歲、璣年七十、孝養彌謹、既加優禮、又立壽母坊以表之。進士呂洙女良子刲股救父、隨卽痊瘉、亦立懿孝坊、自爲之記。又據百姓吳十同妻愬子吳良聰不孝、審問得實、杖脊于市、髡髮居役。其他勸懲、大率類此。今請各縣知佐勤行訪問、如民間有孝友篤至之人、保明申州、特加褒表。其有悖逆父母、凌犯尊長、爲父兄所愬者、宜以至恩大義諄諄勸曉、苟能悔過、姑許自新、教之不從、卽加懲治。甚者解州施行、庶幾可儆愚俗。

一、當職昨在任日、遇親戚骨肉之訟、多是面加開諭、往往幡然而改、各從和會而去。如卑幼訴分產不平、固當以法斷、亦須先諭尊長、自行從公均分。或堅執不從、然後當官監析。其有分產已平而妄生詞者、卻當以犯分誣罔坐之。今請知佐每聽訟、常以正名分厚風俗爲先、庶幾可革媮薄。

一、學校風化之首。訪聞、諸縣間有不以教養爲意者、贍學之田、或爲豪民占據、或爲公吏侵漁、甚至移作他用、未嘗養士。其間雖名養士、又或容其居家日請錢米、未嘗在學習讀、或雖住學、而未嘗供課、或雖供課、而所習不過舉業、未嘗誦習經史。凡此皆有失國家育材待用之本意。今請知佐究心措置、學田所入、嚴加鉤考、毋令滲漏、計其所入、專以養士。仍請主學官立定課程、每旬一再講書、許士子問難、再講之日、各令覆說前所講者。舉業之外、更各課以經史、使之紬繹義理、講明世務、庶幾異時皆爲有用之才、所補非淺。

一、溫陵人材之淵藪、名德聞望、相繼不絕。近入郡境、士友投書頗多、其間蓋有議論懇至、深切事情、益知此邦士風之盛、誠非他處可及。今恐諸縣管下有懷材抱藝而沈淪不偶、守道安貧而不苟求者、宜以禮延請、致之學校、使後進有所師法。仍以其姓名申郡、併當加之賓禮。

清獄犴

一、獄者、生民大命、苟非當坐刑名者、自不應收繫。爲知縣者每每必須躬親、庶免冤濫。訪聞、諸縣間有輕寘人囹圄、而付推鞫於吏手者、往往寫成草子、令其依樣供寫、及勒令立批、出外索錢、稍不聽從、輒加箠楚、哀號慘毒、呼天莫聞。或囚糧減削、衣被單少、饑凍至於交迫。或枷具過重、不與湯刷、頸項爲之潰爛。或屋瓦疏漏不修、有風雨之侵。或牢床打併不時、有蟣蝨之苦。或坑廁在近、無所蔽障、有臭穢之薰。或因病不早醫治、致其瘐死。或以輕罪與大辟同牢。若此者不可勝數。今請知縣以民命爲念、凡不當送獄公事、勿輕收禁、推問供責、一一親臨、飯食處時時檢察、嚴戢胥吏、毋令擅自拷掠變亂情節。至于大辟、死生所關、豈無纖毫或至枉濫。明有國憲、幽有鬼神、切宜究心、勿或少忽。

一、昨因臣僚申請、勘獄先經縣丞、蓋慮知縣事繁、不暇專意獄事、亦州郡先付獄官之意也。竊慮屬縣有悉付其事於丞、不復加意者、有縣丞憚於到獄、徑取上囚徒、就廳鞫問者。凡此皆有失申明本指。今仰知縣、以獄事爲重、專任其責、雖與縣丞同勘、卽不許輒取罪囚出外、以致漏泄情款、引惹敎唆。或丞老而病、且乏廉聲、亦不宜使之干預。

平賦稅

一、前在任日曾約束、輸納二稅、自有省限、官司先期催納、在法非輕、至於預借稅租、法尤不許。若公吏私借者、準盜論。今聞屬縣有未及省限、而預先起催者、有四年而預借五年之稅、五年而預借六七年之稅者、民間何以堪此。仰自今爲始、須及省限、方行起催、仍只催當年及遞年未納稅賦、不許更行預借。所有公吏私借之弊、併委知縣嚴行覺察、務令盡絕。

一、前在任日、應官民寺觀輸納稅米、並令自量自槩、上又槩下三升爲耗、諸縣亦一體施行。今聞諸縣受納更不照前約束、甚至取及二三㪷者。自今仰並照州倉交納體例、令納戶自行量槩、毋致少有過取。其案吏倉㪷非理乞覓、一切除罷、受納官宜以身率下、庶幾可革蠹弊。

一、昨來節次約束、遞年逃閣之數當與除豁、不許勒令保長代輸。其就州納者、州鈔下縣、縣吏不得藏匿、立請主簿銷註。其就縣納者、卽與印鈔給還、仍對銷官簿、不許重疊追催、及以呈鈔爲名、輒行追擾。今來訪聞、諸縣於前數弊、色色有之、人戶不勝其苦、爲保長者尤所不堪、甚至保正副本非催科之人、亦勒令代納、違法害民、莫此爲甚。仰諸縣截自日下、並行革去。

一、昨宋大卿在任、剏令第五等戶產錢一文、納見錢七文足、應干縻費已併在中。今來訪聞、諸縣公吏於七文之外、又取縻費、或反多於正錢、殊失前政寬恤之意。今仰悉從革去、正錢之外、不得增添分文、反爲下戶之困。

禁苛擾

一、前在任日、曾作條行下諸縣、應文引只付保司、不許差人下鄉。如諸色公吏輒帶家人下鄉搔擾者、並從條收坐、自後犯者懲治非一。又鄉書等人每遇鄉民收割、輒至鄉村乞麥乞穀、因人戶有訴、已將犯者編配。鄉村人戶亦屢曾懲治、是時田里間無一吏跡。今聞數年以來、此弊復作、官司未有一事、便輒差人下鄉、縱橫旁午、爲害最甚。仰諸縣截自日下、不許仍循前弊。兼本州既不專人下縣、則縣邑亦豈應專人下鄉。若公吏非承縣引、而私往村鄉乞覓、委自知佐、嚴加覺察、務令盡絕。

一、昨曾行下、在州官及縣知佐、不許出引令公吏保司買物。及因南安縣丞廳出引、付保司募役人買布、因而妄行科配、致人陳訴、已將犯人斷罪刺環、及將縣丞取問。今來訪問、聞諸縣仍有此弊、仰知佐廳、日下一切杜絕、不許責令公吏保司買物、以致科擾人戶。

一、前在任日、曾有約束、聖節錫宴在近、竊慮、諸縣循習成風、或於行鋪科買物件、不依時價支錢、或於寺院科配錢物、幷措借器皿幕帟之屬、因而乾沒、或妄追鄉村農民、充樂社祗應、或勒令良民婦女、拘入妓籍、如違、許人陳訴。後因惠安人戶陳訴、縣吏令粧束喬鼓、祗應筵會、已將犯人重斷勒罷。又因永春人戶陳訴、縣吏因上元放燈、科買油、不還價錢、亦將犯人重斷勒罷監還、並牒諸縣、今後上元放燈、不許白科鋪戶油燭等物。今來並照前來約束、如有犯者、並從重坐。

一、昨晉江縣爲造軍期船、敷買人戸桐油赤籐等物、不還價錢、遂將承吏斷配、仍約束自今不許並緣軍期、輒有科配。今來訪聞、諸縣因本州拋下赤籐麻皮等物、輒科保正副收買、更不依時値還錢、甚者分文不支、致令保正陪錢買納。入納之時、公吏又有需乞、爲保正者其何以堪。仰諸縣今後遇有軍期行下、宜從長區處、務令不擾而辦、毋容縣吏並緣廣行科配、及抑令保司陪備。

一、昨因晉江重修縣衙、出引監諸寺院納修造錢、其承引人輒將三植院佃戸打縛取者。已將犯人斷刺、仍帖縣鎭、自今非甚不獲已、毋輒興土木之功、其不急興修並仰住罷。所有合修去處、須管以見錢置場、依時價召人中賣、不許出引敷率。今恐屬縣或因修造、輒有敷配、仰日下除罷。

一、昨曾約束、民間爭訟、官司所當明辨是非、如果冒犯刑名、自合依條收坐。今聞、屬縣乃有專事科罰者、遂使富民有罪、得以幸免、貧者被罰、其苦甚於遭刑。日下各仰除罷。今恐屬縣有因公事而科罰民財者、截自日下、並令除罷。

一、昨來約束、人戸分析、當從其便。訪聞、諸縣乃有專置司局、勒令開戸者、但知利其醋錢、不顧有傷風教。自今惟法應分析、經官陳請者、卽與給印分書、不許輒有抑勒。今聞、諸縣仍復有此、甚者差吏下鄕、勒令開析、豈有此理。仰截自日下、並行住罷。

一、昨嘗約束、保正長以編民執役、官司所宜存恤。訪聞、諸縣知佐科率多端、公吏取乞尤甚、致令破蕩財產。自今除本役外、不許妄有苛擾。其初參得替繳引展限之需、官員到任滿替供應陪備之費、並與除免。今聞、諸縣循習前弊、又復甚焉、非當管幹公事、勒令管幹、不當令出錢者、勒令出錢、其害不可勝計。由此畏避、不肯充承、寧賂吏輩求免、是致都分有無保正去處。仰知佐諸廳、自今於保正長等人、務加寬恤、除煙火盜賊及合受文引外、不許稍有苛擾。如官司已存恤保正長、而保正長卻募破落過犯人代役、在鄕騷擾、卽當究治施行。

一、昨來約束、寺院乃良民保障、所當寬養其力。訪聞諸縣科率頗繁、致令重困、浸成不濟。自今除依法供輸外、自餘非泛需索、並與除免。今聞、諸縣視前加甚、若使管下寺院不濟者多、則均敷之害必及人戶。自今照上項約束、毋致違戾。

右開具在前。照得、廉仁公勤四者、乃爲政之綱領、而崇風教、淸獄犴、平賦稅、禁苛擾、乃其條目。當職於此、不敢不勉。亦願諸縣知佐、以前四事及今四條揭之坐右、務在力行、勿爲文具。其逐縣公吏有犯上項約束、致招民詞、當擇其尤者、懲治一二外、餘並許之自新、人戶亦不必論愬。自今約束下日爲始、少有分毫違背、斷不相容、黥流斷刺、必無輕恕。帖諸縣知佐石井監鎭知委、並榜本州及七縣市曹曉示。

〔一〕眞西山　本篇原未署名。據《眞文忠公文集》卷四〇《泉州勸孝文》參對、當爲眞德秀所作、《眞文忠公文集》無本篇。

〔二〕承信郎周宗郎　「郎」、《眞文忠公文集》卷四〇作「强」。

〔三〕晉江縣申到　「江」、原作「家」、據後文「晉江縣」改。

【校勘】

（1）「禁苛擾」の原文十行目「並措借」の「並」は、明刊本では「幷」。明刊本に従う。

（2）「禁苛擾」の原文十一行目、中華書局本は「惠安人戶陳訴縣吏、令粧束喬鼓」とするが、文脈から本文のように断句した。

（3）「禁苛擾」の原文十二行目「亦將犯人重斷身監還」は、明刊本では「亦將犯人重斷□監還」。原校は空欄に「勒罷」とある。原校に従い、本来「亦將犯人重斷勒罷監還」であったと見ておく。

「一件ごとに後に書いて励まし諭す」　真西山

私は（紹定五年（一二三二））泉州の境内に入るや父老を招き訪ね（て教えを請い）、職務引継の後には民衆の訴状を受け取り、農村部の利害や県政の良否については一、二のことを熟知した。いま前任の際の取り決めと今後やるべき事柄とを後に書き記すことにする。

風教を尊ぶこと。

一、嘉定十年(一二一七)に到任した時、五事をもって民に訓諭した。その一に、人道の第一として孝悌に勝るものはない。編民中に父母に孝、兄長に悌で、行いが最も優れている者は管轄政府(=県)が詳しく調査をし、事実を州に上申し、優遇して褒賞する。あるいは子息でありながら親の面倒を見ず、あるいは父母が生きているのに私財を蓄える、あるいは分を超えて軽んじ侮り長幼の秩序を顧みない、あるいは利益のために争い兄弟で訴訟を起こすなど、およそこうしたことにはみな定まった刑罰がある、と言った。その後廂官(1)の中文では、黄章が肝を切って母の病を救ったこと、呉祥が肝を切って父の病を救ったことがあり、各々褒賞したが、そのほか承信郎(2)の周宗郎が太腿を切り取って親の病気を治療したと言うので、招聘して州へ来させ宴を設け、旗を立て楽器を演奏してその家に送り返させた。晋江県(3)の中文では、劉璣に百歳になる母がおり、璣は七十歳だが、親孝行であることいよいよ篤いので、すでに優礼を加え、また寿母坊(4)を立ててこれを表彰したこと、進士の呂洙の娘良子が腿を割いて父を救ったところすぐに病が癒えたので、また懿孝坊を立て、私自らこれに記録したこと、また百姓の呉十と妻が息子の呉良聡の不孝を訴えたので、審問して事実を明らかにし、目抜き通りで脊杖にし、髪をそいで懲役としたこと、があった。その他の褒賞と懲罰とはおおむねこうした類である。いま各県の知県・佐官に調査をお願いし、もし民間に孝・友が至って篤い人がいたら保証をつけて州に上申させ特別に褒賞したい。父母に悖り逆らい、尊長に危害を加え、父兄に訴えられる者がいたら、父母尊長の大きな恩義と人倫の大義をもって諄々と説き聞かせ、それで悔悟すればしばし自新を許すが、もしも教誨に従わなければただちに懲罰する。甚だしい者は州に護送して措置する。こうすれば愚俗を戒めることとなろう。

一、私は以前に在任していた時、親戚・肉親の訴訟を経験したが、多くは面と向かって諭すと往々すぐに心を改めて各々和解して帰って行ったものである。もし卑幼《めしたの者》が家産分割が不公平だと訴えれば、もとより法律で裁くのだが、まずは尊長《めうえのもの》を諭し、彼らに公平に均分を行わせるべきである。あるいは頑固に従わなければ、その後に官の面前で強制的に分割させる。家産分割が公平に行われても妄りに訴え出る者があれば、分を犯し誣告していることで罪に当てる。いま知県・佐官には、裁判の時には常に名分を正し、風俗を厚くすることを第一としてほしい。そうすれば軽佻浮薄な風潮を改革できるであろう。

一、学校は風化の筆頭である。調査してみると、諸県には間々教養を意に介さないものがある。学校を援助する田は豪民に占拠され、あるいは公吏に侵し取られ、ひどい場合には別の費用に流用されて士人の養育に使われたことがない状態である。中には、士人を養育するという名目にはなっているが、あるいは家にいて毎日銭米を請求し、これまで学校で勉強したことがない者、あるいは学校に住んではいるがこれまで授業に来たことがない者、あるいは授業には出るが勉強が科挙受験のことだけで、これまで経学・史学を学んだことがない者がいる。およそこうしたことはみな国家の人材を育て有用な人材を用いるという意味を失っていることである。いま知県・佐官は懸命に措置し、学田の収入は厳しく検査をしてほかに漏れ出さないようにし、収入を計算して専ら士人の養育に充ててほしい。なお主学官には課程を立て、十日ごとに繰り返し講書を行い、士人の質問を許し、二度目に講書する時に各人に先に講じたところを再度説明させてほしい。科挙のための勉強の外、さらに経学・史学を課し、義理を知る端緒とし、国家のためになすべきことを講釈すれば、将来みな有用な人材となり、貢献するところは少なくないであろう。

一、温州は人材の宝庫で、名望が高く徳行の優れた者が次々と輩出している。最近州内に入ると士友の投書がとても多く、その中にはおよそ懇切な議論や深刻な事情が記してあって、益々この地の士風は盛んであり、まことに他地の及ぶところではないことを知った次第である。いまおそらくは諸県の管轄下に才芸がありながらよい待遇を受けず、学問を続け貧困に甘んじて軽々に仕官を求めない者がいるであろうから、そうした者には礼をもってお願いし、学校にお出で頂き、後進を教育してもらいたい。なおその姓名を州に上申し、併せてこれに賓礼を加えるべきである。

獄舎を整理し清潔にすること。

一、獄*なるものは生民の大命であり、いやしくも刑罰に当てられる者でなければ自ずと繋ぐべきところではない。知県たる者は毎度必ず自ら訪れるべきで、そうすれば冤罪がはびこるということはないであろう。調査してみると、諸県には間々軽々に人を獄に入れ、訊問を胥吏に任せて彼らに往々供述草稿を書かせ、それを本に供述書を作り、さらには批文《しじ》を書いて獄から出して金銭を出させ、やや言うことを聞かないと妄りに鞭で打ちすえ、痛み喚いて天にも届くような声を出しても止めない。あるいは囚人の食料を削減し、衣類も一枚きりにし、飢えと寒さがこもごも至るようにする。あるいは枷《かせ》を過重につけ湯で洗い流させず、首がそのために潰爛することになる。あるいは牢屋の瓦が壊れても修理せず、風雨がしみいることがある。あるいは床掃除をきちんとやらず、蚤虱の苦しみがある。あるいは便所が近くにあっても蔽いや隔てがなく、臭くてたまらない。あるいは病気になってもすぐには医療を行わず、痩せ衰えて死ぬことがある。あるいは軽罪の者を殺人犯と同じ牢に入れることがある。こうしたことは枚挙に暇がない。いま知県は民衆の命を思いやり、およそ獄に送るべきではない事件では、軽々に収禁してはならず、訊問や供述を取る際には一々自ら現場に臨み、食事も時々に臨検し、胥吏を厳しく取り締まり、勝手に拷問を加えることで事情を曲げさせてはならない。殺人事件に至っては、死生がかかっており、ほんの少しでも事実を曲げ加えてはならない。この世には国の法律があり、あの世には鬼神がいるのだから、徹底して事実を追求し、少しも忽せにしてはならない。

一、さきごろ官僚の申請で、裁判はまずは県丞のところで行うことにした。というのは知県は仕事が多く、裁判沙汰に専念する暇がなく、また州府もまずは獄官に担当させているということに倣ったのである。しかし考えてみると属県には裁判沙汰をすべて県丞に附託して知県が意を加えないところがあり、県丞は獄に至ることを憚って、ただちに囚人を連れ出して自らの庁舎で訊問する者もいる。およそこうしたことはみな申明指揮(5)の本旨を失うものである。いま知県に命じて獄事を重視し、専らその責に任じ、県丞と一緒に審問するとはいえ、妄りに罪囚を外に連れ出し事情を外部に漏らして教唆を呼び起こすようなことは許してはならない。あるいは県丞が年老いて病気ならば、さらに清廉であるという声望がなければ、また彼に干与させるべきではない。

課税を公平にすること。

一、以前に在任した時にかつて取り決めたことだが、両税を納入するには自ずと省限《きげん》があり(6)、官司が期限前に納入させるのは法律上軽罪では済まず、税租を前借りすることは法が最も許さないことである。もしも公吏が勝手に借りれば盗罪に準じて罰するのである。いま聞くに属県にはまだ省限が来ていないのに先んじて徴税するところがあり、四年に五年の税を預借(7)し、五年には六年、七年の税を預借する者があるというが、民間ではどうしてこんなことに堪えられようか。命じて、今後省限に至って初めて徴収を開始し、なおただ今年分とこれまで未納であった租税を徴収することとし、さらに預借を許さず、問題の公吏が勝手に借りるという弊害は、すべて知県に委ねて厳しく取り締まりを行い、努めて全廃せよ。

一、先に在任していた時に、あらゆる官民・寺観が税米を輸納する時には自ら計量し、上限はまた枡ごとに三升を耗米《めべり分》とし、諸県は一律にこれで行うこととした。いま聞くに、諸県は受納する際に以前の取り決めに従わず、ひどい時には二、三斗を取っているという。いまより命じて州の倉庫の受領の規定に従って、納入の戸は自分で計量し、官側は少しでも余分に取ってはならない。その担当吏人・倉斗(8)が不当に要求すれば一切クビにし、受納の官は自ら下の者を率いるように。そうすれば悪弊を改めることができよう。

一、さきごろ何度かにわたって取り締まったことだが、これまで逃亡者の税や徴収免除した税数は徴収分から取り除き、保長[9]に強制して代納させてはならない。州の倉庫に納めたものは、州の受領書を県に下し、県吏はそれを隠し立てしてはならず、すぐに主簿に頼んで支払い済みを記入してもらえ。県の倉庫に納めたものは、すぐに受領書に官印を押して納税者に与え、なお官の帳簿と突き合わせて支払い済みとし、二重徴収したり、受領書を見せろということを口実にして人戸を呼び出し困らせてはならない。今回調査してみると、諸県では先に指摘した弊害すべてが生じていた。人戸はその苦しみに堪えず、保長となった者は最も堪えられず、ひどい時には保正・副保正といった本来徴税する人でない者まで代納させられている。法に違って民を害することこれより甚だしいことはない。命じて、諸県はただちにすべて改め廃止せよ。

一、さきごろ宋大卿(鈴)[10]が在任していた時に、初めて第五等戸[11]の産銭[12](＝夏税)一文につき現銭七文を納入させたが、あらゆる雑費はすでにその中に含まれていた。今回調査してみると諸県の公吏は七文の外にさらに雑費を徴収し、ある時には逆に正式な税金よりも多く、とりわけ前任者の人戸に寛恕を与えるという意向を失っている。いま命じて、ことごとく改め廃止して、正式の税金の外は一文も増収して逆に下戸《ひんみん》の苦しみとしてはならない。

苛擾(＝手荒なやり方)を禁止すること。

一、以前に知州であった時、箇条書きにして諸県に命じ下し、あらゆる文引*は保司[13]に与えるだけとし、人を派遣して郷に下してはならない、もし色々な公吏が家人を連れて郷に下り騒がせたならば、法律で処罰する、とした。その後に犯した者で懲罰を受けた者は少なくなかった。また郷書手[14]等がいつも郷民が収穫するに際し、勝手に郷村に行き麦穀を要求し、それで人戸が訴えるということがあり、すでに犯行に及んだ者を編配[15]とした。郷村の人戸もまたしばしば懲罰に処したが、その時田里には一吏の足跡もなかった。いま聞くに、数年以来こうした弊害が再度出来し、官司の側には一事もないのにすぐに人を郷に派遣し、至る所で問題を発生させ、害をなすこと最もひどい。命じて、諸県はたったいまから、これまでどおりに弊害をなすことを許さない。兼ねて本州では専人[16]を県に下すことをしていないのであるから、県でも専人を郷に下してよいはずはない。もし公吏が県の文引がないのに勝手に郷村に行って要求をすれば、知県・佐官に委ねて厳しく調査をし、努めて根絶してもらいたい。

一、さきごろ命令を下し、州の官僚や知県・佐官は文引を出して公吏・保司に買い物をさせてはならない、とした。南安県の県丞庁が文引を出し、保司に与えて役人《えきじん》を募り布を買い、そこで妄りに科配《わりあて》を行って、人が訴え出るという事態に至った。すでに犯人を断罪して刺環《いれずみ》とし、県丞にも問い合わせをした。いま諸県を調査すると、なおこうした弊害が残っている。知県・佐官の庁舎に命じ、すぐさま一切停止し、公吏・保司に買い物をさせて人戸を痛め騒がせてはならない。

一、以前に知州であった時に次のように取り締まった。聖節錫宴[17]がもうじきあるが、諸県では慣習に則って、あるいは行鋪《くみあい》に物件を割り当てながら時価で銭を払わず、あるいは寺院に銭物を割り当て出させ、また器皿・カーテンの類を借りながら返さずにわが物とし、あるいは郷村の農民を呼び出して歌舞のチームに充て、あるいは良民の婦女を芸者の籍に入れるといったことをしているが、もしこうしたことがあれば人が訴え出ることを許す、と。後に恵安県[18]の人戸が、「県吏が私たちに扮装して妓楽をさせ、宴会に侍らせました」と訴え出たことにより、すでに犯人を重く懲罰して免職にした。また永春県[19]の人戸が、「県吏が上元節の観燈の時に[20]、油を割り当て、価銭を支払いません」と訴え出たことから、犯人を重く懲罰して免職にし、強制して自分で金を支払わせた。また諸県に牒文を出して、今後上元観燈の時には店舗にただで油や蠟燭等の物を割り当てることを許さない、と命じた。今回以前の取り決めどおりとし、もし違反があればならびに重く罰することにする。

一、さきごろ晋江県が軍期船[21]を建造するために人戸に桐油・赤籐《ほぬの》等のものを割り当てたが価銭を支払わず、結局担当胥吏を配軍*刑に処し、なお今後軍期によって妄りに科配を行ってはならないと取り決めた。今回調査すると、諸県では本州が赤籐・麻皮等のものを調達させたことによって、妄りに保正・副保正に買わせたが、時価で銭を支払わず、ひどい時には一文も支払っておらず、保正に銭を支払わせ買い納めさせた。納入の時には公吏がまた手付けを要求するが、保正となった者はどうしてそれに堪えられようか。命じて、諸県は今後軍期の命令があったならば、よろしく緩慢なやり方でそれに対処し、努めて騒がせずに調達するようにし、県吏がそれに乗じて広く科配を行ったり、さらに保正に強制して自弁させてはならない。

一、さきごろ晋江県が県庁を建て直したことから、文引を出して諸寺院に修繕費を出させた際に、文引を与えられた者は妄りに三植院の佃戸《こさくにん》を縛り上げ(銭を)奪い取ったということがあった。すでに犯人を入れ墨の刑罰に当て、なお県・鎮に帖文を出し、今後甚だやむをえないこと以外は勝手に土木工事を行ってはならず、不急の工事は停止せよと命じた。あらゆる修繕すべき箇所は、現金を用意して取引所を設け、時価で人を招いて入札で取り引きし、文引を出して割り当て徴収してはならない。私はいま属県で増改築により勝手に割り当て徴収を行うのではないかと心配している。命じて、たったいまから除き止めさせよ。

一、さきごろ以下のように取り締まった。民間の訴訟沙汰は官司が当然是非を明確に弁別し、もし本当に刑法に抵触するのなら自ずと条文に従って罪に当てるべきである、と。いま調査するに、属県にはなお罰に当てることを専門にする者がおり、結局富民は罪があっても免ぜられ、貧者は罰せられることになり、そうした苦痛は刑罰よりも甚だしいものがある。すぐに各々命じて止めさせよ。いま属県では裁判によって民衆の財産を罰として取り上げる者がいるのではないかと心配している。たったいまからすべて除き止めさせよ。

一、さきごろ以下のように取り決めを行った。人戸が家産分割する時はその便宜に従わせる。調査するに、諸県では専門の部局を置いて家産分割を強いて登録させており、それはただにその醋銭(手数料)を得るためだけであり、風教を損なうことを顧慮していない。今後、法に定めるとおりに家産分割して官に届けて登録を願い出る者は、ただちに家産分割書に官印を押して与え、妄りに難癖をつけて押さえ込むことを許さない、と。いま聞くに、諸県では再びこうしたことが行われ、甚だしい場合は胥吏を郷に下して家産分割させているという。こんな道理があろうか。命じて、たったいまからこうしたことはすべて停止せよ。

一、さきごろ以下のように取り決めを言い渡した。すなわち、保正・保長は民衆を役に充てているのであり、官司は慰撫すべきものである、と。調査するに、諸県の知県・佐官は(保正等への)割り当て取り立てが色々な方面に及び、公吏の不当な財物要求が最も甚だしく、破産させるに至っている。今後本来の役務以外妄りに虐め乱すことを許さない。彼らの初任、満期交替、文引受領、(役務未了ゆえの)期限延長の費用や、官員の赴任、満期交替の際の接待や各種負担の費用はすべて免除とする。いま聞くに、諸県では以前の悪習に従い、さらにこれに輪をかけており、保長等が担当すべき仕事ではなくとも担当させ、銭を出させるべきではないのに無理矢理銭を出させるなど、その害は数え切れないほどであるという。これがために畏れ避けてあえて役を引き受けず、むしろ吏輩に賄賂を贈って免役にしてもらい、その結果ある都では保正がいないところが出現している。命じて知県・佐官の官庁では、保正・保長等の人には努めて慰撫を加え、火事や盗賊および(彼らが職責上当然)受けるべき文引以外は、いささかもひどく虐めることを許さない。もし官司がすでに保正・保長を慰撫していながら、保正・保長が逆にならず者や前科者に代役させて郷村で問題を起こせば、厳しく取り調べて処罰する。

一、さきごろ以下のように取り決め言い渡した。すなわち、寺院は堅気な人びとの拠り所であり、その資力を広く涵養させるべきものである。調査するに、諸県では寺院への割り当て徴収がすこぶる多く、経営がひどく困難な状況となり、次第に維持できなくなってきているので、今後法律に定める納税の外、その他の規定外の徴収はすべて免除せよ、とした。いま調査するに、諸県は以前に比べてさらに甚だしく取り立てており、もし管轄下の寺院で維持できないものが多くなれば、割り当ての害は必ず人戸に及ぼう。命じて、今後先の取り決めどおりに行い、違反することがないようにせよ。

右、前面に書き連ねた。次のように考える。廉、仁、公、勤の四者は為政の綱領であり、風教を尊崇し、獄舎を清浄にし、賦税を公正にし、苛擾を禁止することは、すなわちその(具体的な)条目である。私はこのことに関して強く勉励する。また願わくは、諸県の知県・佐官が先の四事およびいまの四条を座右に掲げ、それを強く推進することに努力し、具文とすることがないようにして頂きたい。各県の公吏が先の取り決めに違反し、人戸の訴えを引き起こせば、特に悪質な者一、二名を処罰し、その他の者は自新を許せば、人戸もまた必ずしも訴え出ることがなくなろう。

今後この取り決めが下された日を始めとして、少しでも些細な違反があれば断じて容赦せず、入れ墨のうえ流配とし、全く減刑寛恕することはない。諸県の知県・佐官・石井監鎮官[22]に帖文を出して周知させ、ならびに本州および七県の繁華街に榜文を出して人びとに通知させよ[23]。

【注釈】

(1) 原文「廂官」とは、大きな都市をいくつかの廂という行政区画に分け、その廂内で防火や防犯に充たる官員を言う。詳しくは、加藤繁『支那経済史考證』上巻（東洋文庫、一九七四年第三版）三二二頁以下、曾我部静雄『中国および古代日本における郷村形態の変遷』（吉川弘文館、一九六三年）第五章「都市区画制の成立」を参照。

（2）原文「承信郎」とは、武階官で従九品。

（3）原文「晋江県」は、泉州の附郭（＝州の治所所在）の県。

（4）原文「坊」とは、ここでは牌坊（牌楼）のこと。人物や行為を顕彰する目的で立てられた、わが国の鳥居に似た門楼である。なお本書の巻十、人倫門、孝の「孝於親者当勧、不幸於親者当懲」に、この部分と一部重複する真徳秀の書判がある。

（5）原文「申明本指」の「申明」とは、詔勅や皇帝が裁可した上申などの中から重要なものをそのままの形で再録し、また時に解説をつけ加えた刑統や勅の補足・部分修正の法典である。多く「申明指揮」と記されるが、「指揮」とは、尚書省および各部が下級機関に出す法律の解釈や法令に則った指示・命令を言う。

（6）『慶元条法事類』巻四七、賦役門一、拘催税租の雑格に、諸州が催納する二税の日限が見える。なお、「二税」とは両税法に基づいて徴収される夏税と秋苗を言う。

（7）『慶元条法事類』巻四八、賦役門二、預買紬絹に、「諸州県輒預借人戸税租《和預買紬絹銭物同》、徒一年、若公吏於人戸処私輒借者、准盗論、五十匹、配本城、仍許被借人戸越訴」とある。

（8）原文「倉斗」とは、倉庫の管理や穀物の出納を行う下級役人の名で、倉子、斗子の併称。「㪷」は「斗」に同じ。

（9）ここで南宋の戸数編成の農村行政組織を説明しておく。南宋では二百五十戸で一都ないし一都保とし、そこに保正と副保正を置いた。その下に一大保＝二十五戸の責任者たる大保長、一保＝五戸の代表である保長が各々置かれた。主に治安を担当したが、後に徴税業務も担った。

（10）原文「宋大卿」とは宋鈞、字は茂洪、莆田県の人で紹熙四年（一一九三）の進士。『莆陽文献伝』に伝がある。宋鈞は真徳秀が知泉州の初任を終えた後、嘉定十二年（一二一九）から嘉定十五年まで知泉州の職にあった。李之亮『宋福建路郡守年表』（巴蜀書社、二〇〇一年）一一〇頁以下を参照。

（11）原文「五等戸」とは、宋代に徭役や役銭の徴収を行うために農民の戸を資産に応じて五段階に格付けしたが、その第五等の戸という意味。

（12）原文「産銭」とは、家業銭すなわち課税対象となる家産の銭立評価額を言う。なお時に税銭すなわち夏税産銭を指すことがある。
(13)原文「保司」とは、保長や大保長を言う。
(14)原文「郷書手」とは、戸籍簿、税役簿に関わる書類や行政関係文書の代書など、郷レベルでの行政に関わる書類を扱う者で、北宋では職役(=徭役)であったがやがて専業化した。詳しくは、梅原郁「宋代の郷司――その位置づけをめぐって――」(『劉子健博士頌寿紀念宋史研究論集』同朋舎、一九八九年)、王棣「宋代郷書手試探」(『宋代歴史文化研究』人民出版社、二〇〇〇年)などを参照。
(15)原文「編配」とは、編管・羈管と配軍を言う。「編管」とは、指定された遠隔州への追放刑であり、追放先で戸籍に編入し、定期的に官司へ出頭する以外は他の住民と同じく自由に自活させる。「羈管」とは、編管と同じく追放刑だが編管よりは監察の程度が軽いもののようである。「配軍」とは地方軍たる廂軍への配属を言う。その際顔に入れ墨をするか否かで刺字と不刺字に区別される。廂軍は能力、装備、待遇ともに劣悪で、地方官衙の警備や各種の雑役に従事した。廂軍には労役の軽い順から本城軍、牢城軍、重役軍の三種類があり、配せられる距離と環境によって本州、隣州、五百里、千里、二千里、三千里、遠悪州などに区別され、配軍の際はそのいずれかが指定される。なお編管につき詳しくは、辻正博「宋代編管制度考」(『東洋史研究』六一―三、二〇〇二年)を、宋代の刑罰全般については、滋賀秀三『中国法制史論集――法典と刑罰――』(創文社、二〇〇三年)第三章「刑罰の歴史」を参照。
(16)原文「専人」とは、特定の任務を帯びて派遣される専門の担当者を言う。
(17)原文「聖節錫宴」とは、皇帝の誕生祝いの宴。「錫宴」とは、本来皇帝主催の宴会を言う。
(18)原文「恵安県」は、泉州の北東部に位置する県。
(19)原文「永春県」は、泉州の北西に位置する県。
(20)原文「上元」とは、正月十五日の上元節、「放燈」とは提灯を飾る風習で、「観燈」とも言う。
(21)原文「軍期船」とは、軍令によって建造される船。
(22)原文「石井監鎮」とは、『福建通志』巻八六、各県衙要、泉州府晋江県に、「安海鎮在治南六十里、宋建炎四年置石井鎮。紹興二十六年、海寇奄至、鎮官自鎮」と見える。「監鎮」とは、監鎮官を言う。
(23)原文「暁示」とは、周知する、知らせるという動詞に用いる場合と、その際に用いる文書を指す場合とがある。ここは前者。

なお本書には「牒」、「帖」、「申」、「関」、「榜」など各種の文書が出てくるが、「牒」「牒文」とは、統摂関係にない官庁間での平行文書、「帖」「帖文」とは、統摂関係にある官庁間での下行文書、「申」「申文」とは、統摂関係にある官庁間での上行文書、「関」「関文」とは、枢密院と中書省の間や同一長官の統摂下にある各機構の間での往復文書、「榜」「榜文」とは、地方官庁が民衆に対して出す告示・指示文書の一般名称で、右の「暁示」を含む。これらの形式については、『慶元条法事類』巻一六、文書門一、文書、文書式を参照。

申　牒

（4）監司案牘不當言取索　　蔡久軒

照得、各司案牘、除經朝廷及臺部取索外、其同路監司止有關借之例、卽無行下取索、如待州縣下吏之理。本職自去冬入境、應訴婚田、念其取使司遙遠、間與受狀、不過催督州縣施行而已。其間有不得已結絕者、皆是前政追人到司、久留不經、出于弗獲已、非敢僭也。然公朝設官分職、同是爲民、豈有見其焚溺、而不之救者。昨承使司取索邵元昱事理、本司爲見台判異常、卽已具因依遞上。再準行下索案、又卽促吏牒解。但區區賤跡、係國家建置司存、卻不可以某之資淺望輕、而頓廢公朝之事體。蓋嘗太息而言曰、督贊、侍讀、判部尚書之尊、不當下兼運司之職、若兼運司之職、不當上廢朝廷之法。除已具申督贊尚書外、併牒報運司。

【校勘】

（1）原文三～四行目「邵元昱事理」は、明刊本では「邵元昱事祖」。原校が「事理」に改める。

（2）原文四行目「但區區賤跡」は、原校では「但區區賤職」。訳文は原校に従う。

中文と牒文*

「監司間の公文書に関しては、強制提出と言うべきではない」

蔡久軒(1)

次のように判断する。各官庁の公文書は、朝廷および御史台の強制提出命令を除き、同じ路の監司間では借り出し閲覧という事例があるだけで、命じて強制提出させるということ、例えば州県が吏人を派遣して強制執行をするといったような道理《やりかた》はないのである。

私は昨冬に赴任してから、婚田《みんじ》の訴えに関しては、転運司が遙かに遠いところにあることを慮って(2)、時に訴状を受け付けてきたが、それも州県が問題を処理することを催促督励するためにすぎない。中にはやむなく私が決着をつけたものもあるが、みな前任者が関係者を提刑司に呼び出しておきながら長い間決着しなかったもので、やむなくそうしたのであって、決して僭越なことをしようとしたのではない。しかしながら、朝廷が官を設け職を分かっているのはともに民のためであり、現に身体に火がついたり溺れている者を見て、(管轄外だとして)これを救わないということがあろうか。

さきごろ転運司から邵元昱の事件(に関する書類)を強制提出せよとの要請を受けた際に、本司は転運使の指示が常とは異なっていたのでただちに因依《じじょう》を書いて送り届けた。再度命令が来て一件書類の送附を要求してきたので、またただちに吏人を督促して牒文で送附した、ということがあった。

私は取るに足らない低い官職の者ながら国家の官僚機構に身を置くこととなっているが、しかし私のような官位も低く人望もない者の身であるからといって、朝廷の体制をたやすく廃すべきではないのである。かつてため息をついて言ったことがある、「都督府参賛軍事(3)、侍読(4)、判部尚書(5)といった高位の方は転運司の職を兼ねるべきではなく、もし転運司の職を兼ねたとしても、上は朝廷の法を廃すべきではない」と。すでに督賛・尚書に具申したが、併せて転運司にも牒文を送れ。

【注釈】

(1) 蔡杭、字は仲節、久軒は号。福建路建陽県の人で、紹定二年(一二二九)の進士。『宋史』巻四二〇に伝がある。本書中の多くは江南東路提点刑獄公事の時の判と思われる。李之亮『宋代路分長官通考』(巴蜀書社、二〇〇三年)一六〇六頁以下によれば、蔡杭が江東提刑だったのは淳祐五年(一二四五)から七年、淳祐十年から翌年にかけてであった。なお、『宋史』および本書では「蔡抗」と記すが中華書局本『名公書判清明集』附録七の陳智超氏の考証に従う。

(2) 当時江東提刑司の治所は饒州(現江西省鄱陽県)に(嘉定十四年序刊の王象之『輿地紀勝』巻二三、饒州の条、および『宋人年譜叢刊』所収の劉克荘の年譜による)、転運司は建康府(現南京市)に置かれていた。

(3) 原文「督賛」とは、軍職の差遣名で都督府参賛軍事を言う。侍従官(翰林学士、六部尚書・侍郎、中書舎人、給事中等)以上の官をもって充てた。

(4) 原文「侍読」とは、宋初の翰林侍読学士を言い、元豊の新制で侍読に改めた。皇帝に経史を講読・解説する。

(5) 原文「判部尚書」とは、例えば判戸部尚書事のごとく、判某部尚書事を指す。両制(翰林学士・中書舎人)官および朝官を充てるのが通例。

(5) 州官申狀不謹

何季十一打死何亞願事、只有張通判與僉廳官僉銜、卻無本府申上之文判府台銜書押。此係大辟公事、非特古來聖賢之所深謹、聖主所警示天下者、尤不輕也。不知此申是通判不敢呈上、初不經本府耶。或已經台覽、而不屑僉押耶。本職昨叨節江東、吳尚書陳侍郎知太平、趙樞相知建康。一係正任侍從、一係樞使督府、每有大辟申案、必明具銜位、親書諱字、今案牘可考也。當職每敬其審謹刑名、愛重民命、務存國家體統、而仰奉聖主欽恤之盛心者如此。今來慶元雖係侍郎領郡、然審明洞達、必不重爵位、輕民命、循吏訣、廢事體。不惟本司不應含糊、亦恐外觀窺測相業之淺深、而亦非所以盡誠協恭、相與責善之意。兼所申情理舛繆、而筆畫十字九乖、想不徹鈴閣之覽、只憑承吏具文。人命所係、豈應輕率如此。牒張通判監承吏別具申、限一日、仍牒府照會。

【校勘】

(1) 原文二行目「此申是通判不敢呈上」は、明刊本では「此申是判不敢呈上」。原校が「通」字を補う。

(2) 原文四行目「今案牘可考也」は、明刊本では「今案牘可攷也」に作る。

「州官の上申文がいい加減である」

何季十一が何亜願を殴り殺した事件に関しては、張通判と僉庁官の署名・肩書きがあるだけで、当該府の上申文と判府(1)の肩書き・押字《かきはん》がない。これは殺人事件なのであって、古来聖賢が深く慎重を期しただけでなく、皇帝陛下が天下に戒め諭したところのもので、最も重大なことである。この上申は通判があえて知府へ呈上せず、全く知府の裁決を経ていないのではないか。あるいは裁決は得たが、署名・押字などどうでもよいと思っているのか。

私はさきごろ忝なくも江南東路の提点刑獄公事となったが、その時呉尚書と陳侍郎(2)が知太平州に、趙枢密使(3)が知建康府であった。一方は正任の侍従であり、一方は枢密使督府であったが、彼らは上申する殺人案件があるごとに必ずしっかりと職位を書き、諱字《なまえ》を親書しており、そのことはいまでも書類で確認できる。私は、(こうした方々が)かくも慎重に刑事事件を審理し、人民の生命を愛し重んじ、努めて国家の支配体制を存続させ、皇帝陛下の民を憐れむ大いなる御心を仰ぎ奉じていることに常に敬意を払ってきた。

いま慶元府は侍郎が知府となっているが(4)、しかし判断は明瞭で洞察は深い方なので、爵位を重んじ、民命を軽んじ、胥吏の諂《へつら》いに従い、肝心なことを廃する、といったことはあるはずがない。ただ担当部局がけしからぬことにいい加減なだけでなく、外から同僚の仕事ぶりを窺い見て、一生懸命に協力して仕事をし、お互いに最善を尽くしているというわけではないのであろう。そのうえ上申してきた事情や道理には齟齬があり、字画も十に九は間違っている。思うに知府の裁決をしっかり取らずに、ただ担当胥吏の文章をそのままにしたのであろう。人命が関係する事柄をどうしてかくもいい加減にできようか。張通判に牒文を出し、担当胥吏に強制して別途具申させよ、一日以内に。なお知府に牒文を出して照会する。

【注釈】

（1） 原文「判府」とは、中央の高官（尚書左・右僕射、使相以上）が知府・知州となった際の尊称。

（2） 李之亮『宋両江郡守易替考』（巴蜀書社、二〇〇一年）によれば、「呉尚書」とは呉淵、「陳侍郎」とは陳塏である。陳塏は淳祐七年（一二四七）五月から淳祐八年まで、呉淵はその後淳祐九年一月まで知太平州（現安徽省当涂県）であった。なおこの書判には判者名がないが、時期からすれば前条と同じく蔡杭のものであろう。

（3） 原文「趙枢相」とは、この判が蔡杭のものとすれば趙葵であろう。『南宋制撫年表』によれば、淳祐七年（一二四七）から翌々年にかけて趙葵は枢密使をもって知建康府となった。

（4） 原文「慶元府」は、当時（江南東路）明州とも呼ばれ、現在の浙江省の寧波市。原文「侍郎」とは、李之亮『宋両浙路郡守年表』（巴蜀書社、二〇〇一年）二九一頁によれば、淳祐八年（一二四八）から十一年まで知慶元府であった章大醇である。

（6） 朱僉判赴滁州、乞牒官交割

大制閫需才、惟恐來之遲、新使君求助、又恐去之速。此非本司所能決、牒軍徑自區處、併牒報。

「朱僉書判官[1]が滁州[2]へ赴くので、官に牒文を送り、任地替えできるようお願いする」

制置大使[3]が才能ある者を求めても、（その者が）赴任して来るのは遅く、新任の官が有能な官員の助力を必要としても、すでに任地を離れていることがある（というように、官員の人事は思うにまかせないものだ[4]）。人事は本司が決定できることではない。（南康?・）軍に牒文を送ってすぐに措置させ、併せて（滁州に）牒文で連絡しよう。

【注釈】

（1）原文「僉判」とは、「簽書判官庁公事」の略称。府・州・軍・監に置かれた幕職官で、京官を充て、従八品。

（2）原文「滁州」は、当時の淮南東路滁州、現在の安徽省滁州市。

（3）原文「大制閫」とは、制置大使を言う。南宋に置かれた軍職差遣名で路や府・州の軍事長官を言う。官秩が高い者や重要な地方の制置使には「大」字を附した。

（4）『芸文類聚』巻三〇、人部一四、怨に、「漢董仲舒士不遇賦曰、嗚呼嗟乎、遐哉邈矣、時来曷遅、去之速矣。屈意従人、悲吾族矣」と見える。

奬　拂

（7）立曹公先生祠　蔡久軒

建立曹公先生祠堂、及本縣給帖、補曹先生姪光弼、充游義齋論、歳時奉祀事、奉台判、本縣所爲、皆可以厚風化。信乎、作邑之不可無儒者也。

奨　励

「曹公先生[1]の祠堂を立てる」　蔡久軒

曹公先生の祠堂を建立し、さらに当該県が帖文を出し、曹先生の姪《おい》の光弼を游義斎諭[2]に任命して毎年の祭祀の仕事を行わせることに関し、裁決を頂いたところ、「当該県が行おうとしていることはみな風化を厚くすることになる」とあった。まことに県行政には儒者が不可欠である。

【注釈】

（1）原文「曹公先生」は、未詳。蔡杭（久軒）は江東提刑だったから、あるいは南康軍都昌県出身の曹彦約（一一五七～一二二八）を指すか。彦約、字は簡甫、号は昌谷。朱熹の門に学び、官は兵部尚書に至る。『昌谷集』二二巻があり、『宋史』巻四一〇に伝がある。

（2）原文「游義斎」とは、三十人を基準とする県学の寄宿舎の名称、「斎諭」とは、学生の生活を指導監督する係で、斎長の下に各斎に置かれた役職名。

（8）奬子兼僉

呂兼僉乃東萊大愚二先生嫡派、明敏剛潔、通練曉暢、眞足爲本司之助。今委以留司事件、卽非泛泛之委。牒請一面供職、仍備牒新任言侍讀講照應。候當職交事之際、又當力述才美也。

【校勘】

（1）標題の「子兼僉」は、後文によれば明らかに「呂兼僉」の誤りである。

「子（呂）兼僉[1]を推奨する」

呂兼僉は呂東萊・呂大愚二先生[2]の嫡派で、頭脳は明敏、性格は剛潔、物事に通暁熟練しており、まことに本司にとって助力となっている。いま留司[3]の仕事を委託したのは、いい加減な委託ではない。牒文を出して仕事に尽力してもらうよう依頼し、なお牒文に詳しく書いて新任の言侍官・読講官[4]に周知して頂こう。なお私が任務交替の日に、再度彼の才能のすばらしさを力説することにする。

【注釈】

（1）原文「兼僉」とは、『宋史』巻一六七、職官志、幕職官に、「凡諸州減罷通判処、則升判官為簽判兼之。……嘉定二年、臣僚言、監司有幹官、州郡有職官、以供簽庁之職、或非才不勝任、則按刺易置可也。今乃差兼簽庁者輒三両員、或四五員、其為冗費、与添差何異。乞将諸州郡所差兼簽庁官、並行住罷。従之」とあるように、選人である幕職官が京官のポストである簽庁官すなわち僉（簽）書（節度）判官庁公事を兼職する際の呼称である。

（2）原文「東萊」「大愚」とは、呂祖謙と呂祖倹の兄弟。祖謙、字は伯恭、東萊は号。金華の人で隆興元年（一一六三）の進士。『皇朝文鑑』を編纂し、朱熹と並び称された。祖倹、字は子約、大愚は号。兄に師事した。韓侂冑にそねまれ韶州に流される。

（3）原文「留司」とは、南宋では皇帝不在時の臨安府や建康府の行宮に置かれた官職名で、宮城の管理や治安を担当する。ここは建康府行宮留司を指すのであろう。

（4）原文「言侍読講」とは、皇帝側近の言事官たる御史や講読官であろう。

（9）旌賞監税不受賄賂

近日羅監税下郷體究公事、聞有饋克絲一端・絲一把・雞二隻、皆卻而不受、郷人無不歎伏久之。若是東尉出來、除此常例之外、更須要革織數端。一廉一貪、於此可見、合略加旌賞、以示勸戒。特送官會一百貫・酒二瓶。

「監税[1]が賄賂を受けなかったことを褒め称える」

最近羅監税は農村部へ赴いて自ら公務を執り行った際に、克絲一端[2]、絲一把[3]、鶏二羽を贈られたが、すべて断って受け取らず、ゆえに地元民はみな感嘆すること久しかった、と聞いている。もし東尉[4]が出かけたとすれば、こうした通例の贈答品の外、さらに革織数端を要求していたに違いない。一方は清廉で一方は貪婪であることが、ここにはっきりと見てとれる。取りあえず(羅監税を)表彰し、行いの励ましと戒めにすべきである。特別に会子一百貫、酒二瓶を送り届ける。

【注釈】

(1) 原文「監税」とは、商税徴収のために鎮や州県など各所に置かれた監当官名。

(2) 原文「克絲」とは、後出の「革織」と同じで、絹地に各種の色糸で模様をつけた高級織物を言い、原文「端」とは、反物の長さを数える量詞で二丈(一説では一丈八尺)を表す。

(3) 原文「絲」とは、生糸(絹糸)を言い、原文「把」とは、手でひとつかみを表す量詞である。

(4) 原文「東尉」とは、治安が悪かったり広域である場合、県に二人の県尉(警察職の長)が置かれることがあり、その一方を言う。他方は「西尉」と呼ばれる。

儆 飭

(10) 官司預借、不爲理折

預借官會米稻、已非善政、又不爲理折還鈔、百姓將何所從出。知縣何其不知痛癢如此。仰速印鈔給還。

【校勘】

(1) 原文一行目「痛癢」は、明刊本では「痛痒」。ただし意味は全く同じ。

戒め糾す

「官庁が租税を前借り[1]しながら、納付済み[2]としない」

会子や米稲を前借りすること自体ほめたやり方ではないのに、そのうえ納付済みとして鈔*(=領収書)を出さないとあれば、民衆はどのようにして供出に応じられようか。知県はなぜにかくも民衆の苦しみが分からないのか。命じて、ただちに領収書に官印を押して発給せよ。

【注釈】

(1) 原文「預借」とは、租税の前借り、期限前徴収を言う。南宋代には特に頻繁に行われた。詳しくは、曾我部静夫『宋代財政史』(生活社、一九四一年、再版、大安、一九六六年)第一篇「宋代の財政一般」六〇頁以下を参照。

(2) 原文「理折」とは、「計算して引き当てる」「納入する」という意味だが、ここでは預借分を次年度以降の租税に引き当てて納付済み扱いにするという意味であろう。「理折」の用例として、例えば『建炎以来繫年要録』巻一七一、紹興二十六年二月乙亥条に、「(鍾世明)乞下四路転運司覈実、如借及一年者、分作四料、及二年者、分作八料理折、庶寛民力、州県亦不闕乏歳計支用。自後輒敢預借、及不与民戸理折者、並令按劾、仍許越訴」と見える。

(11) 縣官無忌憚

小民求趁、本自可念。李大秀既碎於千四饅頭動使、毋怪於千四夫妻抱幼女登其門、而理取也。抱女上門、不爲無心。李大秀不知自反、又從而打之。阿陳忿忿之心、不顧其女、遂以當李大秀之棒。既死之後、李大秀之罪安而辭哉。蕭主簿受囑、更不體究、及本司行下究驗、而主簿乃敢以假和狀申繳、本司追推吏、又只解廳子、而以推吏逃走爲說、其無忌憚如此。人命至重、豈可不討分曉。今改委段縣尉、仍舊權縣事、躬親從公指實體驗申。蕭主簿候對移、蘇萬王昌各從杖一百、釘錮押下、監追司、仍牒州照會、餘照擬行。

【校勘】

（1）　原文五行目「監追司」は、本来「監追本司」ではなかったか。

「県官は忌憚がない」

小民が訴え救済を求めてくれば、当然思いを致すべきである。李大秀は於千四の饅頭を作る道具[1]を壊しているのだから、千四夫婦が幼女を抱いて李の門に到り、代価の弁償を要求したのは怪しむに足りない。娘を抱いて門に来たというのは、何も思惑がなかったというわけではない。李大秀は反省するどころか、そこでさらに打ちすえた。阿陳の心は怒りで娘を顧みる余裕を失い、結局娘は李大秀の棒に当たってしまった。娘が死んだ以上、李大秀の罪は逃れうべくもない。

粛主簿は賄賂を受けていっこうに自ら事実究明を行わず、本司が調査究明を命じても主簿はにせの和解書を上申して寄こし、本司が推吏[2]を召喚すると今度はただ庁子[3]を送り寄こしただけで、「推吏は逃走しました」と言い訳している。こうまでも忌憚がない。

人命は至って重い。事実を明確にしないわけにはゆかない。いま(粛主簿に)替えて段県尉にお願いし、以前のように県の仕事を代理してもらい、自ら公正に事実を実地に調査して上申してもらう。粛主簿は対移[4]の処分を待たせ、蘇万・王昌[5]は各々杖一百、枷項して護送し、本司に拘禁する。[6]なお州に牒文を送って照会し、その他のことは原案どおり行え。

【注釈】

（1）　原文「動使」とは、器具や道具を言う。

（2）原文「推吏」とは、胥吏の中で獄訟を扱う吏人の名称。李心伝『建炎以来朝野雑記』乙集巻一四、官制二、諸県推法司に、「旧制、諸県不置推法司。吏受賕鬻獄、得以自肆。紹熙間議者始請万戸以下県、各置刑案推吏両名、五千戸以下一名、専一承勘公事、不許差出、及兼他案」と見える。後出の「推司」に同じ。
（3）原文「庁子」とは、官庁の衙役（使い走り）の名称。
（4）原文「対移」とは、「両易」「対易」などとも言い、官員が親嫌や職務不適格、また犯罪によって軽い処罰を受けた際などに他の官員と任務を交換することを言う。本書では多く降格処分を意味する。
（5）この二名が推吏なのであろう。
（6）原文「監追」とは、本書中にいくつか用例があるが、身柄を拘束、拘禁すること。この部分、校勘（1）に記したように本来は「監追本司」だったと思われ、また「本司」とは、「牒州照会」とあることから路の官署と思われる。

（12）因吏警令

此等死事、本縣自今留意。今不但淹留日久、詳詞人所訴、全是吏人世界、知縣所知何事、而令官府如此。帖問知縣、仍先追推司典押兩名赴司、従杖一百。如更悠悠不結絕、及將血屬困餓、定將知縣索批書對移、莫道不曾説來。

「吏人のことで知県を警告する」

こうした殺人事件に関して、当該県は今後留意するように。現在長期間事態の解決が滞っているのみならず、原告の訴えをつぶさに見てみると、すべて吏人が事柄を取り仕切っており、知県はどのように事態を把握して官庁をこのような状態にしているのであるか。

知県に帖文で問い質すことにするが、まずは推司[1]と典押[2]の両名を召喚して本司の担当部局へ赴かせ、杖一百に処す。

もしこれ以上漫然と解決をせず、（容疑者の）血族が（拘留によって）飢えに苦しむような事態になれば、必ず知県に批書(3)を出させて対移する。「そんな話はこれまで聞いておりません」とは言わせないぞ。

【注釈】
（1）原文「推司」とは、州県で獄すなわち裁判を扱う吏人を言う。「推吏*」に同じ。
（2）原文「典押」とは、帳簿係の「押司」や「録事」と衙役を管理する「主典」など、県の吏人の汎称。
（3）原文「批書」とは、書き込みをした「印紙」を言う。印紙とは吏部の銓選や考課に用いる官歴や政績を記した文書。『慶元条法事類』巻六、職制門三、批書、式、考課式に書式が見える。

（13）呈知縣腳色

七月二十七日行下狀詞、今已半年、更無回申、可見縣道廢弛。呈知縣腳色、先入黑匣、追承吏、一日。

「知県の履歴書(1)を提出させる」

七月二十七日に訴状を送ったが、現在半年を過ぎても全く返答がなく、県行政が機能していないことを示している。知県の履歴書を提出させてまずは黒匣(2)に入れておき、担当胥吏を呼び出せ、一日以内に。

【注釈】
（1）原文「脚色」とは、最初に入仕した際には、官僚個人の家庭状況（家族員数、祖宗三代とその官職）や本籍、年齢、経歴等を記し、入仕・改官後は挙主や官僚としての過失・犯罪等をも記したいわば履歴書を言う。趙昇『朝野類要』巻三、入仕に、「脚色。初入仕、必具郷貫・戸頭・三代名銜・家口・年歯・出身履歴。若注授転官、則又加挙主、有無過犯」とある。

（2）原文「黒匣」とは、詳細は不明。本書には「黒匣」のほか「錫匣」など色分けされた文書を入れる箱（＝匣）が現れる。黄震『黄氏日抄』巻七九、江西提刑司、交割到任日鏤榜約束の中の専人に、「大凡監司州郡非不知専人之害、良由散帖不応、故入牌箇、牌箇不応、故入匣子、黒匣不応、緑匣又不応、方怒而遣専人。不知其不応者、正由繳納有重費、罪本不在下也」とあり、『州県提綱』巻二、立限量緩急に、「……是以信牌之類不可常出、常出則人玩。惟上司緑匣追会、及太辟強盗時、出而用之」とあり、さらに本書中の黒匣・錫匣の用例を参照すれば、事案の緊急性と重要性を文書を入れる箱によって区別したと思われ、その程度の低い順から黒匣、緑匣、錫匣であったかと考えられる。

（14）慢　令

此事首尾兩月、本縣既不結絶、更無一字回申、可謂慢令之甚。送縣再限五日、違追承吏。據稱縣道不明、無可告訴、爲百里父母、亦可以自反矣。

「命令を蔑《ないがし》ろにする(1)」

本件は都合二箇月経っているが、当該県はまだ決着をつけていないのみならず、全く一字の回答すらない。きわめて命令を蔑ろにしている。県に指示を出し再度五日以内に決着をつけさせ、もしこの命令に違ったならば担当の胥吏を呼び出す。「県政は道理が通らず、訴えができない」と言う者がいるが、知県(2)は反省せねばならぬ。

【注釈】
（1）原文「慢令」とは、『論語』尭曰に、「慢令致期、謂之賊」とあるのを踏まえる。
（2）原文「百里父母」とは知県（主に京朝官を充てる）、県令（主に選人を充てる）を言う。中国古代に諸侯が君主に代わってあずかる国（後の県）は百里四方を標準としていることから県を百里と言い、また県の長官は民衆に対して父母のような立場にあることから、主に宋代以降県(明代以降は州・県)の長官を父母官と言うようになる。

(15) 貶知縣

知縣不能了事、以本司爲推手之地。且如張琪係詞人、全不責問的實、項辛一係停賭席之人、豈有不知引之至者。又如邵辛二乃被論人、全不曾與詞主對實。今將枝蔓人一例具解、纍纍而前、可見謬政。案責付原解人管押、改委趙縣丞、請著起精神、將要切人逐一對實、其無干礙人卽與著家。知縣毋得泛擾、限十日了絶、違追承吏。

【校勘】

(1) 原文一行目「停賭席」は、明刊本では「停阿席」に作る。

「知県を降格処分にする」

知県が問題を処理できず、本司を推手[1]の天下にしてしまった。張琪のごときは原告なのに、全く彼を訊問して事実確認しておらず、項辛一は賭博場を提供した者なのに、どうしてそこに引き入れた者を知らないなどということがあろうか。また邵辛二のごときは被告だが、これまで全く原告と事実関係をめぐって弁論したことがない。

いま関係者をひっくるめて連行させたところ、多くの者が次々と進み出てきたが、いい加減な政治のやり方が見てとれる。担当係[2]はもと連行してきた者にきっちりと彼らの身柄を管理拘束させておき、(知県に)替えて趙県丞に委任し、気持ちを引き締めて中心的な人物一人一人を訊問し、問題がない者は自宅謹慎[3]とするよう要請する。知県は邪魔だてしてはならず、十日以内に決着をつけ、この命令に違ったなら担当胥吏を当方に召喚する。

【注釈】
（1）原文「推手」は、未詳。おそらく「推吏」か「推司」の誤記と思われる。
（2）原文「案」とは、ここでは「案吏」や「承吏」と同じく本件担当の吏人という意味。「案」には事件、机、関係書類といった意味もあるが、いずれも案件が生じた際に机を囲んで協議したり、書類を作成したりすることから派生した意味であろう。
（3）原文「著家」とは、「著家知管」の省略形で、自宅謹慎、自宅足止めの意味。

（16）戒巡檢

本司昨以石佛久缺正官、辟江巡檢者、爲本寨設也。乃不安本職、經營權攝、所至需索鵝酒、滃滃泚泚、欺惑州官、以某官是其親戚、某官是其故舊。其州無見識、與之結交、恣爲民害。當職今以將去、不欲見之簡書、姑從所申、帖還本任。如能改過自新、克守冰蘗、固當職之所望、亦巡檢一生之所係。如仍前不改、則上有監司、下有州郡、今日可免、後日其可免乎。牒州、今後毋謂係是本司差辟、而凡事寘之不問、仍牒兩通判併本州僉廳及知縣。

「巡検[1]を戒める」

本司はさきごろ石仏寨[2]が長らく正官のポストが空いていたので江巡検という者を任命したが、それは当該寨のためにしたことである。ところが彼は本職に安んぜず、別の(代理)職務[3]を得ようと画策し、至る所で鵝酒[4]を要求し、懸命におべっかを使い、「誰それは私の親戚、誰それは私の友人です」と言って州官を騙し惑わせた。州官は見識に欠け、これと一緒になって好き勝手に民を害した。

私はいま任を去ろうとしているので、このことを弾劾書に書き表したくはない。[5]しばし上申書に従い、帖文で本来の巡検職に戻すことにする。もしも過ちを改めて立ち直り、清廉潔白に過ごす*ことができれば、それは私の望むところであり、巡検にとって一生の要点である。もしも以前のまま改めなければ、上には監司があり下には州司があり、いまは罪を免れても将来は免れられないのだぞ。州に牒文を出し、今後「(巡検は)路の提刑司が指名し任命した者なので、(州では)あらゆることはお構いなしにする」と言ってはならない。なお(本件に関し)両通判(6)ならびに当該州の僉庁および知県に牒文を出せ。

【注釈】

(1) 原文「巡検」とは、地位のやや高い路や州の巡検使、あるいは供奉官以下の府、軍、監、県、鎮、寨、駅亭等の巡検を言う。ここは後者。警察や捕盗、専売品の取り締まり、消防や下級兵員の訓練を行った。

(2) 原文「石仏」とは、当時の江南東路信州鉛山県内南方に位置する寨の名。『明史』巻四三、地理志四、江西、広信府に、「鉛山府南、元鉛山州。……洪武初、降為県、遷於今治。……西南有石仏寨巡検司、後遷善政郷湖坊街」とあり、嘉靖『鉛山県志』巻六、関隘にも「石仏寨」が見え、「去県治七十里、山高地埈、洞如峡口、接邵武府界。山澗中有恠石、如仏、故名。今設巡検司」とある。現在の鉛山県には太源畲族郷で陳坊河に合流する川の中流に「仏寨」という地名があるが、おそらくここであろう。

(3) 原文「権摂」とは、位階・資序が低い者が正官を代理することを言う。

(4) 原文「鵝酒」とは、鵝鳥の幼鳥のように淡黄色であることから「鵝黄」とも呼ばれる酒で、名酒とされていた。因みに、わが国の東京国立博物館には北宋末から南宋の人王升の「頒恵鵞酒帖」と題する尺牘が所蔵されている。

(5) 原文「簡書」とは、一般には手紙だが、ここでは「諫書」すなわち弾劾書であろう。

(6) 原文「両通判」とは、当時広域あるいは仕事が繁劇な府・州に複数の通判が置かれることがあったので、信州にも二人の通判が置かれていたのであろう。本巻(1)の標題にも見える。

(17) 追請具析巡檢

鴈汊一鎮、最爲横逆。近日采石解頭子錢赴本司、亦爲所奪拘下。以一路監司之錢、猶恐如此、則其劫奪民財、恣無忌憚、江面之被其害可知矣。今乃敢有所挾、以凌侮本司、其無狀益甚。巡寨正係本司鈐束、若不少懲、何以立綱紀。入錫匣、牒州、追請趙忠翊、赴司具析、限一日。仍請本州別差清强官、權巡檢及監務、併限一日、申。

【校勘】

(1) 原文一行目「亦爲所奪拘下。以一路監司之錢、猶恐如此」の箇所はよく読めない。本来は「亦爲所奪拘。上以一路監司之錢、猶恐如此」であったか。あるいは「亦爲所奪。拘下以一路監司之錢、猶恐如此」と断句すべきか。

「召還して巡検を詳しく調べる」

鴈汊鎮[1]は最も横暴で反抗的である。近日采石鎮[2]から頭子銭[3]を本司に送ってきたが、(鴈汊鎮で)奪い取られるところとなった。一路監司の銭ですらこうであるとすれば、民衆の財物を強奪することは憚るところなくやりたい放題で、長江沿岸での損害は推して知るべしであろう。いましかるに(陰の)権勢を笠にして本司を侮り凌ぎ、その悪逆は益々ひどい。巡寨は本司の統率下にある。もし少しく懲罰しなければどのように綱紀を守れようか。錫匣*に入れ、州に牒文を出して趙忠翊[4]を呼び出し、担当部局へ赴かせ取り調べよ、一日以内に。なお本州に請い、別途清廉で堅強な官を派遣し、巡検および監務[5]の代理をさせる。併せて一日以内とし、(首尾を)上申せよ。

【注釈】

(1) 原文「鴈汊」は、『清史稿』巻五九、地理六、安徽、池州府に、「東流……雁汊鎮昔有巡司、今皆裁廢」とあり、また『慶元条法事類』巻三六、庫務門一、商税、随勅申明、厩庫、淳熙五年四月二十六日勅にも「池州雁汊」と見えるから、池州(東流県)

内に置かれた鎮名である。なお、飯田敦子「明代景徳鎮の欽限瓷器の陸運ルートに関する一考察――江西省景徳鎮市から安徽省東至県への実地調査を経て――」(『山根幸夫教授追悼記念論叢　明代中国の歴史的位相』下巻、汲古書院、二〇〇七年)に、鴈汊の歴史的な役割と現状とが記されている。

(2) 原文「采石」は、当時の太平州当塗県内の鎮名。

(3) 原文「頭子銭」とは、北宋熙寧年間に免役銭を徴収する際に千文ごとに五文を徴したことに始まる附加税。以後税銭徴収の際に附加され、次第に税率も増加する傾向にあった。

(4) 原文「忠翊」とは、武臣の階官名で忠翊郎の略、武階五十二階の第四十八階、正九品。

(5) 原文「監務」とは、「監某々商税務」や「監某々酒税務」などの省略形であろう。商税や専売だった酒税を徴収するための機関が税務で、その監官が監務である。

(18) 杖趙司理親隨爲敷買絲

時官不依市價買絲、乃大秤抑勒牙人敷買、既買入宅、數日後又復訊打退還。仕宦如此、亦可恥矣。彭德爲時官親隨、乃與牙人周言入店飲酒、又教本官以貼耗退絲、又將牙人撊打吊縛。親隨如此、主人可知矣。乃敢搔擾、及敢討六貫。周昌爲廳吏、乃敢執大秤秤絲。三名並勘杖八十。周言所訴乞覓多虛、勘杖八十、封案。前輩居官、不買官物。趙司理宗室氣習、宜其不識此、且免具析、牒府照行。

【校勘】

(1) 原文二行目「乃敢搔擾」は、明刊本では「乃敢搔搔」。原校が「乃敢搔擾」に改める。

(2) 原文三行目、明刊本・中華書局本ともに「三名」とするが、原校は「二名」に改める。文脈から訳文は原校を採用する。

「趙司理[1]の親随[2]が絲*を割り当て買ったので杖罪にする」

現役の官が市場価格で絲を買うことなく、すなわち大秤[3]で牙人[4]に強制して割り当て、すでに買って自宅へ入れた後、数日経って今度は(牙人を)拷問して絲を引き取らせた。仕官している者がこんなことをするとは恥ずべきことである。彭徳は現役官僚の親随で、牙人周言と店で酒を飲み、また本官(＝趙司理)に消耗分は補塡したという理由で絲を返すよう教え、また牙人を殴打し縛り吊した。親随がこうであれば、主人も推して知るべしである。(主従は)あえて騒ぎを起こし、あえて六貫文を要求した。周昌は庁吏[5]だが、あえて大秤を手に絲を秤った。二人はすべて杖八十を科す。周言が訴えているところの不当な金品要求というのは多くは根拠がないので、杖八十とし、封案[6]する。前輩は官についている時は官物を買わなかった。趙司理は宗室《こうぞく》の習性からしてこれを知らないのも無理はないので、しばし取り調べを免じ、府に牒文を送り、この判決どおりに措置させよ。

【注釈】

(1) 原文「司理」とは、司理参軍の略称。州の裁判や刑獄を扱う司理院の長。上州では従八品、中・下州では従九品。通常は一人が置かれるが、仕事が繁多な州では左、右二人を置いた。
(2) 原文「親随」とは、官僚の警護や指令に供する随員を言う。
(3) 原文「大秤」とは、官定の秤よりも目盛りを大きく取った秤を言う。
(4) 原文「牙人」とは、売買取引の仲買人、仲介人を言う。詳しくは、宮澤知之『宋代中国の国家と経済』(創文社、一九九八年)第一部第四章「宋元時代の牙人と国家の市場政策」を参照。
(5) 原文「庁吏」とは、官庁の胥吏の一般名称。
(6) 原文「封案」とは、一件書類を封印するという意味から転じて、執行を猶予するという意味になった。猶予を取り消して実行することを「拆断(開封して執行する)」と言う。詳しくは、宮崎市定「宋元時代の法制と裁判機構——元典章成立の時代的・社会的背景——」(一九五四年原載、同氏『宮崎市定全集』第一一巻、岩波書店、一九九二年、所収)一七六頁以下、愛宕松男「封案～拆断の制――宋代における執行猶予刑について――」（『東方学界創立二十五周年記念東方学論集』東方学会、一九七二年）を参照。

（19）　示幕屬

本司乃九州刑獄所在、關繫匪輕。中間外官入僉廳、不知事體徇人情、壞法度、書信絡繹、甚至賫傳箇牌、入僉廳囑託訟事、遂使僉廳爲市易關節之地。昨嘗屢以此意拜聞、已蒙聽信、但日子既久、又恐解弛、更望堅守勿踰。又當職每蒙程右司見諭云、本司僉廳見諭某事、已行訖。當職自反、未嘗託僉廳懇州郡以事、不知何爲有此。此外又欲諸位於每日入僉廳之時、只須帶穩實廳子一名當直、卻令都吏、別差一名貼司、在僉廳一聽候。如討案牘、只換貼司、告報案分取討、不可令廳子擅入案中、聽探動息、庶幾本司事體不至敗壞、區區末路、實藉保全。切冀矜體。

【校勘】

（1）　原文四行目「只換貼司」は、文脈からして「只喚貼司」の誤記であろう。

「幕僚に示す」

本司は九州(1)の刑獄があるところであり、関係するところは軽くはない。そこで外部の官を僉庁に入れることがあれば、よろしいか、物事は人情に従い、法律や制度を壊し、書翰がやり取りされ、甚だしい場合には命令書を持ってきたり、僉庁に入って訴訟事に対する頼み事までし、結果として僉庁を取引や賄賂授受の場所とすることになる。さきごろ何度かこうした事情を皆さんに申し上げ、すでにお聞き入れ頂いたが、ただしすでに時間が長く経過し、綱紀が弛んできたのではと案じ、改めて綱紀を堅守し違反なきように望む。

またいつも私は程右司(2)に次のように言われている。「本司の僉庁は現在某事を言い渡し、すでに行い終わっております」と。私は自ら省みるに、これまで僉庁に頼み事をし、州郡に物事を懇請したことがないので、なぜこう報告されるのか分からない。

この外また皆さんが僉庁に入る時には、ただ信頼できる庁子*一名を帯同して当直とし、都吏(3)に命じて別に一名の貼司(4)を差し向けさせて僉庁で待たせることとする。もし書類を持ってこさせる時にはただ貼司を呼んで担当係に報じて取り求めることとし、庁子に勝手に事務室に入らせ動きを悟らせてはならない。そうすれば本司の事態は綱紀が乱れることなく、私の将来も保全されることとなろう。以上のことを体現されるよう切に希望する。

【注釈】

(1) 原文「九州」とは、通常はかつて中国を九つの国に分けたという伝説によって中国を言う。しかしここは、判者が依然として蔡杭であるとすれば、江南東路に置かれた九つの州軍という意味かも知れない。そうとすればここで言う僉庁とは、江東提刑司が置かれた饒州の僉庁である。

(2) 原文「右司」とは、通常は尚書省で兵部・刑部・工部を管轄する右司郎中(正六品)か右司員外郎(従六品)を言うが、ここでは程姓の人が右司理参軍であったことから略称としてこう呼ぶのであろう。

(3) 原文「都吏」とは、胥吏頭を言う。

(4) 原文「貼司」とは、見習い的な吏人の職名で、簿籍記入等の事務を行った。

(20) 狎妓

弋陽縣官、其不狎妓者、想獨知縣一人耳。帖具析縣尉、仍淸謹守官箴、毋違宦業之累。限一日、解李宏赴司。黃權簿者係何人、累招詞訴、牒州契勘。如是本州土著人冒攝、卽專人解赴本司、併限一日。

【校勘】

（1）原文一行目、中華書局本は「帖具析、縣尉仍清謹守官箴」と断句するが、本巻(17)に「具析巡檢」とあり「具析」は目的語を取ることがあるので、文脈から原文のように改めた。

「妓女に戯れる」

弋陽県(1)の官員で妓女《げいしゃ》(2)に戯れなかったのは、思うに知県一人だけであった。帖文を出して県尉の所業を調査させるが、県尉はなお身を慎んで官僚としての規律を守り、官僚としての将来に害を及ぼさないようにせよ。一日以内に李宏(胥吏か?)を本司に送って寄こせ。権主簿(3)の黄とはどんな人物であるか。しばしば告訴を受けており、州に帖文を出して調査させる。もしも本州居住者が規定に反して(4)主簿職についているのであれば、ただちに専人*を派遣して本司に身柄を送らせる。前の件と併せて、一日以内に措置せよ。

【注釈】

（1）原文「弋陽県」とは、当時の江南東路信州、現在の江西省上饒地区にある県。

（2）宋代には官庁付きの妓女＝官妓がいた。詳しくは、曾我部静雄『宋代政経史の研究』(吉川弘文館、一九七四年)第九章「宋代の公使銭と官妓」を参照。

（3）原文「権簿」の「権」とは、原則上、位階・資序が職事官より一級低い場合に附される肩書きで、二級低ければ権発遣と呼ばれるが、必ずしも厳密ではなかったという。詳しくは、梅原郁『宋代官僚制度研究』(同朋舎、一九八五年)第三章「差遣—職事官の諸問題」を参照。なお「権」字は、一字で「権摂」と同じく正官を代理するという意味も持つ。

（4）ここに言う「規定」とは回避の法を言う。当時官僚は本籍がある地方(基本的に府・州の範囲)、一定年限以上居住している地方、また田産がある地方へ官として赴任できなかった。詳しくは、苗書梅『宋代官員選任和管理制度』(河南大学出版社、一九九六年)第三章第四節「回避制度」を参照。

（21）獄官不可取受　　呉雨巖

縣尉若謂蠅矢之玷旣磨、蛇杯之疑可釋、此擬未敢聞命、原案特歸過於下耳。本司所以不欲盡行者、爲見縣尉筆端才氣儘有餘、一眚難以累其終身、今從所乞、牒報還印紙。獄貨非寶、惟府辜功、今爲獄官、切望深以爲戒。前輩謂擲金者不如不顧者之爲優。當時縣尉留會於几格間、續方推出、便使不曾取受、此亦何啻瓜田李下。前程萬里、敢以巡規、請本州備示。

「獄官は金銭を受け取ってはならない」　呉雨巌(1)

県尉がもしも「問題点を糾し(2)、疑心暗鬼の疑いを釈く(3)」と言おうとも、この判決原案は（知県の）許可を得ておらず、もとの案件に関してはただ咎を下の者に帰そうとしているだけである。本司が徹底的に処分を行おうとしないのは、県尉の筆端才気がやや優れており、一度の過ちで一生を台無しにしがたいからであって、いまは請うところに従って牒文で報告し印紙*を返還する。

「獄貨を宝とせず、ただ罪状を集める(4)」と言うように、いま獄官であるからにはこの言葉を深く戒めとするよう望む。前輩が言うには「金銭を擲つ者は、優秀さという点で金銭を顧みない者には及ばない」と。当時県尉は会子を事務室に留めておき、ついで初めてそれを取り出した時に、安易に授受に関わっていなかったならば、これはまた「瓜田に履を納《い》れず、李下に冠を正さない(5)」ということ以上の細心さだったであろう。前途は長い、あえて規則に従い、本州に指示を請う。

【注釈】

（1）呉勢卿、字は安道、雨巌は号。福建路建州建安県の人で、淳祐元年（一二四一）の進士。知処州、浙西転運使等を歴任。書判中に現れる地名には江南東路の信州、寧国府、南康軍がある。李之亮『宋代路分長官通考』(巴蜀書社、二〇〇三年)によれば、淳祐七年から九年まで江南東路提点刑獄公事の職にあったので、本書中の多くの書判はこの時期のものかと思われる。

(2) 原文「蠅矢之玷」とは、「蠅糞点玉」に同じく、蠅の糞が白玉を汚染すること、すなわち完璧なものが損壊を受けることを言う。

(3) 原文「蛇杯之疑」とは、「蛇影杯弓」あるいは「杯弓蛇影」のことで、漢の杜宣が杯の中に映った蛇影を見ながら酒を飲んで病になったが、後に壁の弓が映っていたと知り全快したという故事。漢の応劭『風俗通』巻九、怪神に見える。疑心暗鬼を生ずる喩え。

(4) 原文「獄貨非宝、惟府辜功」とは、『尚書』周書、呂刑に見える言葉。

(5) 原文「瓜田李下」とは、あまりに人口に膾炙しているが、嫌疑を未然に防ぐことを言う。『楽府詩集』巻三二、君子行に、「君子防未然、不処嫌疑間、瓜田不納履、李下不正冠」とある。

(22) 公心書擬、不必避嫌

尋常公介官員、多將官員囑事私書、或粘入案、或釘於門、以愧恥之、此法又失於已甚。當職尋常不拒絶私書、公事自公事、書但收倒、到得斷事時、都不記得。若纔有書便避嫌、則當職又不知要如何避諸、公心書擬、不得推托。

「公平な判断をしていれば、(私信は)憚り避ける必要はない」

通常、公平で潔癖な官員は、多くの場合官員が頼み事をする私信を、ある時は一件書類に貼り入れ、ある時は門に貼り付けてこれを恥としているが、こうしたやり方もまた度を超している。

私は通常私信を拒絶しない。公務は自ずと公務であり、私信は受領するのみで、決定を下す時にはすべて記憶に留めてはいないのである。もし憚り避けるべき私信があったとしても、私はいかにそれを避けるべきか知らないし、公平な判断をしていれば、(他人が)頼み事をすることはできないのである。

(23) 官屬不許擅離任所　　葉憲宰〔一〕

畔官離次、王制所誅、擅離任所、令甲有禁。南安軍教授方修職領袖生徒、職掌規矩、輒因送客、遐棄厥官、何所稟承、乃爾輕脫。近世蘇文忠公守杭、道出南京、陳后山以徐州教授越境見之、尚不免劉元城所劾。今世固無陳后山、亦未見堪爲東坡役者、教授豈欲效顰邪。事屬干犯、本合具奏、緣昨見盧直院、頗稱教授之賢、必非放曠、特出不思耳。姑從闊略、帖卽日還任。仍報本軍、今後官屬毋令請假出境、併牒諸州束約。

〔一〕「葉憲宰」三字原在篇名之上、今移於下。

【校勘】

(1) 原注〔一〕は、明刊本では標題に「葉憲宰官屬……」とあり、原校は「牒憲宰官屬……」に改めており、判者名とはしていない。

(2) 原文四行目「束約」は、「約束」の誤記ではないか。

「官にある者は勝手に任所を離れてはいけない」　葉憲宰(1)

官を離れ任務を離れることは王制が罰するところであり(2)、勝手に任所を離れることは法律が禁ずるところである(3)。南安軍(4)教授方修職郎(5)は生徒を指導し規則を司る職にありながら、安易に客を送るためにその職務を放棄した。どうして押し頂いた職務をかくも軽々しく離脱するのか。

近世では、蘇文忠公(軾)が知杭州に赴任する途中、道すがら南京(6)に立ち寄った時に、陳后山(師道)は徐州の教授であったが越境して彼に会いに行き、なお劉元城(安世)の弾劾を免れなかったということがある(7)。現在言うまでもなく陳后山はおらず、また蘇東坡ほどの仕事ができる人物もいないというのに、教授はどうしてかの顰《ひそ》みに倣おうとするのであるか。事は法に抵触しており上奏弾劾すべきことではあるが、さきごろ廬直院(8)にお会いした折にすこぶる教授の賢明さを褒めていたので、きっと職務を疎《おろそ》かにしたのではなく、ただに不注意だっただけなのであろう。しばらくは大目に見て、帖文を出して即日任務につかせることにする。なお当該の軍に牒文を送り、今後官にある者は休暇を取って境外に出ることがないようにさせ、併せて(管下の)諸州にも牒文を出して取り締まれ。

【注釈】

(1) 原文「葉憲宰」は、未詳。

(2) 原文「畔官離次」および後出の「遐棄厥官」は、ともに『尚書』夏書、胤征に見える言葉。

(3) 『慶元条法事類』巻九、職制門、擅離職守、職制勅に、「諸在官無故亡《擅去官守、亦同亡法》、計日、軽者、徒二年。有規避或致廃闕者、加二等。主兵之官、各加一等。云々」と見える。

(4) 原文「南安軍」とは、当時の江南西路、現在の江西省大余市。

(5) 原文「修職」とは、選人の階官「修職郎」で、従八品。

(6) 原文「南京」とは、北宋時代の南京応天府、現在の河南省商丘市。後出の原文「徐州」は、南京応天府から直線距離で百キロメートルほど東に位置する当時の京東西路徐州、現在の江蘇省徐州市。

(7) 『宋史』巻四四四、文苑六、陳師道伝に、「元祐初、蘇軾傅尭兪孫覚、薦其文行、起為徐州教授。又用梁燾薦、為太学博士。言者謂、嘗在官越境出南京見軾、改教授潁州」とあり、弾劾は太学博士就任以降のことのように思われるが、陳師道の太学博士就任は元祐四年(一〇八九)七月丙子以降のこと(『続資治通鑑長編』巻四三〇)、蘇軾の知杭州赴任は元祐四年三月丁亥(同書巻四二四)であるから、やはり徐州教授の時のことであろう。『宋史』は時間の順序を無視して記述したのであろう。なお、「言者」が劉安世であるという記事は他の史料で裏づけがとれない。

(8) 原文「直院」とは、南宋時代の貼職である直集賢院の略称。

(24) 郡僚擧措不當輕脱　胡石壁

判官爲郡僚之長、本府趨走之吏、皆當屏息以聽命。李允福一推吏也、如何屢呼不至。今日蔑視郡僚、則他日必蔑視郡守、紀綱體統皆掃地矣、所係豈不重歟。勘杖八十。但追呼吏人走卒事也、判官何必親造其家。若官司追人、必待躬行而後可獲、則居官者不亦勞乎。昏暮叩人之門戸、無乃非所以示觀瞻乎。此蓋出一時血氣之怒、殊欠三思耳。今後擧措切宜自重。劉陶與李允福有何干預、而乃爲之解紛。若是士人、固不應冒然而前、自取羞辱。果是茶食人、又曾經斷、則必是姦猾矣。追問。

「府の官僚は挙措を軽々に逸脱させてはならない」　胡石壁(1)

(簽書)判官は府の幕僚の長であり、本府の使い走りの胥吏はみな息をひそめて命令に従っている。李允福は一推吏*であるが、どうしたことか何度呼んでもやって来なかった。今日府の官僚を蔑視すれば、将来は必ず知府を蔑視するに違いなく、紀綱や統治秩序は地に落ちてしまおう。関係するところは重大である。杖八十を科す。ただし、吏人・走卒を呼び出すだけのことなのに、判官はなんで自らその家まで行くことがあろうか。官司が人を呼び出す時には、必ず(吏人が)自ら行って後その身柄を確保するのを待てばよいのであって、官におる者は身を労することなどないではないか。暗くなってから人の門を叩くのは、威風を示そうとでもいうことか。これはおそらく一時の血気にはやった怒りのゆえで、とりわけ思慮を欠いたことである。今後挙措は切に自重されたい。劉陶は李允福とどんな関わりがあって調停《とりなし》をしたのか。もしも士人ならぬけぬけと出て来て恥さらしな真似をすべきではない。本当に茶食人(2)で、そのうえかつて刑罰を受けた者とすればきっと悪賢い者に違いない。召喚し訊問せよ。

【注釈】

（1）胡穎、字は叔献、石壁は号。荊湖南路潭州湘潭県の人で、紹定五年（一二三二）の進士。知平江府兼浙西提点刑獄公事、湖南提点刑獄公事兼提挙常平等事、広東経略安撫使等を歴任し、咸淳年間（一二六五〜七四）に没す。『宋史』巻四一六に伝がある。『清明集』中の書判は湖南地方に関わるものが多い。李之亮『宋代路分長官通考』（巴蜀書社、二〇〇三年）一五三二頁では淳祐八年（一二四八）から九年まで両浙西路提点刑獄公事、一六七〇頁では淳祐九年から十年まで湖南提点刑獄公事兼提挙常平等事、二二二六頁では淳祐八年から十年までが提挙湖南常平等事とあって、就任年には一、二年のずれが見られる。

なお、本条はおそらく胡穎が府州の長官時のものと思われる。さらに本書所収の書判のほとんどはその内容からして、胡穎が知府州であった時のものと見るのが自然で、いくつかの書判に出てくる地名その他からは、胡穎は一時期荊湖南路宝慶府（旧邵州）の長官職にあったことを強く示唆する。ただし彼がいつ知宝慶府であったかは他の史料によってまだ確認できていないが、進士及第の紹定年間以降淳祐年間の間と推定される。なお邵州が宝慶府と改められたのは『輿地紀勝』巻五九、荊湖南路、宝慶府によれば、宝慶元年（一二二五）である。また、前の訳注（『訳注『名公書判清明集』戸婚門』創文社、二〇〇六年）八一頁では、胡穎の書判は湖南提点刑獄の時のものが多いと記したが、やはり知邵州の時のものと訂正すべきであろう。

（2）原文「茶食人」とは、わが国江戸時代の公事宿のような簡易宿泊所の主人を言い、身元保証や保釈預かり、また明清代の訟師のような役割も演じたようである。詳しくは、高橋芳郎『宋代中国の法制と社会』（汲古書院、二〇〇三年）第七章「務限の法と茶食人——宋代裁判制度の一側面——」を参照。

（25）催苗、重疊斷杖　劉後村

縱是吏卒、亦不當於濕瘡上鞭撻〔一〕、況吏人之子乎。又五日而兩勘杖乎。具析申、據趙主簿具析到公狀、奉判、人無貴賤、身體髮膚、受之父母、一也。先賢作縣令〔二〕、遣一力助其子云、此亦人之子也、可善遇之。主簿似未知此樣意思、只如三月二十七日斷杖、四月初八日復決、豈非濕瘡上再決乎〔三〕。似此催科、傷朝廷之仁厚、損主簿之陰騭。當職以提點刑獄名官、不得不諄諄告誡、今後不宜如此。

〔一〕亦不當於濕瘡上鞭撻　「濕」、原作「溫」、據《後村先生大全集》卷一九二《太平府通判申追司理院承勘僧可諒身死推吏事》

改。
〔二〕先賢作縣令　「令」、據《後村先生大全集》巻一九二補。
〔三〕豈非濕瘡上再決乎　「濕」、原作「溫」、據《後村先生大全集》巻一九二改。

【校勘】

（1）原文一行目、「五日」は、後に三月二十七日と四月八日とあって間隔が十二日あり、また「五」は「十二」に似るから、「十二」の誤記であろう。

「税徴収に関し、二度杖で打つ」　劉後村(1)

吏卒であっても傷口が塞がらないうちに重ねて鞭打つべきではない。ましてや吏人の息子ではないか。また十二日の内に二度も鞭打つとはなんたることか。詳しく調査した上で上申させたところ、趙主簿が詳細に書いた公状がやって来た。

以下命ずる。人に貴賤となく「身体髪膚はこれを父母から受けたものである(2)」ことに変わりはない。先賢が県令となった時、一人の者を遣わしてその子を助けさせ、「これまた人の子である、しっかりかまってやりなさい」と言った(3)。主簿はこうした善意を知らないかに見える。三月二十七日に杖で打ち、四月八日にまた打っているが、どうして傷口が治っていないうちにまた打つことがあろうか。こうした税の徴収は朝廷の仁厚《いつくしみ》を傷つけ、主簿の陰騭を損なうものである。私は提点刑獄という官名であり、諄々と戒めないわけにはゆかない。今後はこうしたことをしてはならない。

【注釈】

（1）劉克荘（一一八七～一二六九）、字は潜夫、後村は号。福建路興化軍甫田県の人で、恩蔭で出仕し（＝蔭補）後に同進士出身を与えられる。『後村先生大全集』に淳祐四年（一二四四）から翌年にかけて江東提点刑獄公事の時の書判二巻が収録されており、多くは本書と重複する。

（2）原文「身体髪膚、受之父母、（不敢毀傷孝之始也）」は、『孝経』開宗明義章に見える章句。

（3）『南史』巻七五、隠逸上、陶潜伝に、「後為鎮軍・建威参軍、謂親朋曰、聊欲絃歌、以為三径之資、可乎。執事者聞之、以為彭沢令、不以家累自随、送一力給其子、書曰、汝旦夕之費、自給為難、今遣此力、助汝薪水之労、此亦人子也、可善遇之」とある。

【補説】

本条は原文の注記にあるように、四部叢刊本『後村先生大全集』巻一九二にも標題を変えて収録されており、それには右条の前に次のようにある。ただし左条の標題に合致する内容は「以為不守三尺之戒」までであり、「当職按」以下が右条と連結する内容である。したがって『後村先生大全集』に引用された条文は二つの書判が、何らかのミスで一条に合体したものと思われる。

太平府通判申追司理院承勘僧可諒身死推吏事

設若詳覆公事、皆自本州断遣而後申照会、則格目亦本州書塡可也。司理対移繁昌主簿、牒通判、将推司決脊杖十五・編管建康府、以為不守三尺之戒。当職按、饒州兼僉・楽平趙主簿催苗重畳、断杖一事（以下本条に同じ）。

（26）具析縣官不留意獄事　　胡石壁

伊尹謂一夫不獲、時予之辜、孔明謂匹夫有死、皆亮之罪。聖賢用心、眞是如此。吾儕幼學壯行、果爲何事、而乃以獄事爲等閑、以六七無辜之人、纍纍然械繫於吏卒之手、淹時越月、押上押下、以飽誅求、以厭捶楚、仁人君子其忍之乎。于公治獄、恐不如是。帖權縣、具因依狀申、併解承吏來。

【校勘】

（1）原文一行目、中華書局本は「一夫不獲時、予之辜」と断句するが、原文のように改めた。

「県官が獄事に留意しなかったことを子細に調査する」　　　　　　　　　　胡石壁

伊尹は「一人の男でも応分の生活ができなければ、これは私の罪である」と言い、(1)（諸葛）孔明は「匹夫の死でも、すべて私の罪である」と言った。(2)聖賢の心配りとはまことにこのようなものである。わが同僚は幼い時に学んだことを壮年になって実行するということは、いったいどんなことだと考えているのか、獄事《さいばん》を蔑《ないがし》ろにし、六、七人の無辜の人を累々と吏卒の手によって枷に繋がせ、時を経て月を越し、官司に連行したり地元に連行したりして財物を要求し、満足するまで打ちすえている。仁人君子はこうした事態を忍ぶことができようか。于公が裁判を担当していた時は、おそらくこうしたことはなかった。(3)権知県に帖文を出し、理由を書いて上申させ、併せて担当吏人の身柄を送らせよ。

【注釈】

（1）この言葉は、『尚書』商書、説命下に「一夫不獲、則曰時予之辜」と見える。

（2）この言葉は、『三国志』巻三五、蜀書、諸葛亮伝第五に見える。

（3）原文「于公」とは、漢の人で丞相于定国の父。官は郡の決曹で裁判の公正をもって聞こえた。『漢書』巻七一、于定国伝に見える。

(27)　細故不應牒官差人、承牒官不應便自親出

照得、彭四初狀所訴彭五四等閑爭事、初無甚計利害、縱便是實、不過杖以下、本保戒約足矣、本保追究足矣、何至便牒巡檢。既承帖、亦當審量輕重、斟酌施行。縱使不免專人、走一介足矣、何至便差三人下鄉、又何至便自出、遂致一家之四人無辜而被執、一鄉之內、四鄰望風而潛遁。只觀巡檢所申李拱所供、其罪狀之不可揜者已如此。弓手土軍一

到百姓之家、如虎之出林、獺之入水、決無空過之理、其爲搔擾、不待根究而後知。李拱等自反不縮、委曲求和、輒行議狀、相與爲期、其情尤爲姦猾。李拱唐旺李高、各勘杖一百。周巡檢日來妄作漸著、因催科事、引惹民詞、當職已不能無投杼之疑。今觀此訟之興、特田野小唇舌細故、此等訟州縣無日無之、卽非盜賊殺傷公事之比、而乃至差人、便至親出、便至親執其兄弟、便至驚散其鄰里。若事有大於此者、則兇聲氣焰又當如何。未欲遽行案劾、且對移駐泊都監、限一日起發。

【校勘】

（1） 原文二行目の「承帖」は、標題にあるように「承牒」の誤記であろう。

「些細なことは官員に牒文を出して人を派遣すべきではなく、牒文を受け取った官員は自ら出かけるべきではない」次のように判断する。彭四が最初の訴状で訴え出た彭五四等の小さな争い事は、重大な利害関係が全くなく、たとえ事実としても杖罪以下にすぎず、所属の保が訓戒すればそれで足り、所属の保が究明すれば十分なのである。どうして巡検*に牒文を出すことがあろうか。牒文を受けた以上は軽重を調べはかり、勘案して措置すべきである。たとえ専人*を免れないにせよ一介の人足を出せば十分で、どうして三人も郷村に派遣する必要があろうか。またどうして勝手に自ら出かけて行き、ついには一家四人の無辜の者を捕らえたのであろう。一郷の中、近所の者は様子を窺って逃げ隠れてしまったのであった。

巡検の上申と李拱の供述とを見ると、その罪状の覆い隠せないものはこのようである。弓手・土軍*がひとたび百姓の家に到るや虎が林を出たごとく、川獺《かわうそ》が水に入ったごとくとなり、決して何もせずに通り過ぎることなどなく、彼らが騒がし乱すことは調べなくとも知れたことである。李拱等は反省することなく、不満ながらも和解を求め、勝手に和議状を出し、お互いに（和解の）約定とした。その心情は最も狡賢いものである。李拱・唐旺・李高は各々杖一百を科す。周巡検は日頃から妄りに漸著[1]をなし、徴税のことで民に訴えられており、私とて嫌疑を抱かないわけにはゆかない。

いまこの訴訟が起こったのを見ると、ただに田野の小さな言い争いで、こうしたもめ事は州県内では毎日あることで、盗賊や殺傷といった裁判の比ではなく、なのに人を派遣するとなればすなわち自ら出かけ、到れば自らその兄弟を引っ捕らえ、近所の者達を驚かせ逃げ惑わせる。もしも問題がこれ以上大きいことなら、すなわち凶声・気炎はいったいどれほど大きくなるであろうか。急ぎ弾劾するつもりはなく、しばし駐泊都監[2]と対移*する。一日以内に出発せよ。

【注釈】

（1）原文「漸著」は、未詳。

（2）原文「駐泊都監」とは、禁軍・廂軍が臨時に州に駐泊する際に置かれた士官の名称で、正式には某州駐泊兵馬都監。禁軍は中央政府直属の正規軍。廂軍は地方政府に隷属し、夜盗盗賊や小規模の反乱・騒擾に対処するとともに地方政府が必要とする土木工事等にも従事した。装備待遇は一般に劣悪で、犯罪者に対する刑罰として送り込む組織でもあった。

（28）責罰巡尉下鄕

巡尉下鄕、一行吏卒動是三五十人。逐日食用、何所從來、不過取之於百姓而已。所過之處、雞犬皆空、無異盜賊、況有出於雞犬之外者乎。當此農務正急之時、尤非巡尉下鄕之日。當職初來、鏤牓約束、非不甚嚴、今以五日京兆視之、官吏不復忌憚、殊不知其去之日、如始至也。今兩尉乍得一官、全不識事體、若不稍稍示懲、終不能使之革心易慮。照得、昨來提刑寺丞建臺之初、亦嘗有巡尉不許下鄕之禁、今合行申提刑司、乞將兩尉對移鄰州指使或監當閑慢職事、卻別選差老成人、前來攝職、仍専人追回兩尉、聽候行下、併追承吏。先委馮巡轄權西尉、彭校尉權東尉。

「巡検・県尉が郷村に行くことを罰する」

巡検・県尉が郷村に行くと、一行の吏卒はややもすれば三十人から五十人にもなり、毎日の食料・費用は出所もないから、これを百姓から取り立てるよりほかはない。彼らが通過したところは鶏や犬までもがいなくなり、盗賊と異なるところがない。ましてや(百姓のところには)鶏や犬のほかにいったい何があろうか。農作業が繁忙な時は、最も巡検・県尉が郷村に行くべきではない時である。私が初めて赴任した時、立て札に書いて禁止をし、厳格に取り締まった。いま私が間もなく離任すると見て(1)、官吏は憚るところがないが、よいか、私は去る時でも全く来た時と同じようにするのだ。

いま二人の県尉は一官を得たばかりで、全く事情を理解していない。もし少しく懲罰を加えなければ、結局彼らを反省させることはできないであろう。

次のように判断する。さきごろ提刑寺丞(2)が赴任された当初に、やはり巡検・県尉が郷村に行くのを禁止されたことがある。いま提刑司に上申し、二人の県尉を対移し、隣の州の下働きに充てるかあるいは暇な仕事を担当させ、別に老成した人を選び派遣してもらって県尉の職に充てよう。なお専人*を派遣して二人の県尉を呼び戻し、命令を待たせ、併せて担当胥吏を召喚する。まずは馮巡轄(3)に頼んで西の県尉を代理し、彭校尉(4)に頼んで東の県尉を代理してもらおう。

【注釈】

(1) 原文「五日京兆」とは、『漢書』巻七六、張敞伝に、京兆尹であった張敞が弾劾によって間もなく罷免されると考えた部下が「今五日京兆耳」と言って命令に従わなかったという故事を承け、任職時間が長くないことを喩える。

（2）原文「提刑寺丞」とは、かつて太常寺等の九寺の寺丞職にあった者が提刑の職についたことを示す。
（3）原文「巡轄」とは、巡轄馬逓鋪官の略称で、府州軍監内の駅逓を巡回して管理する官。武臣の大使臣・小使臣が充てられた。
（4）原文「校尉」とは、進武校尉または進義校尉の略称。ともに武階名で無品武階八階の第一と第二に位置する。

（29）後據兩尉回府具析

當職以末學晩生、濫玆假守、凡在同僚、自一命以上、無問文武、未嘗敢以長屬之分臨之、此固人之所共知者也。今已僥倖及瓜、趣裝俟代、豈不能與同僚全始終之誼、而故欲操下急如束濕哉。蓋念兩年任千里蒼生之寄、政平訟理、曾不足以望萬一於古人、獨有不輕委巡尉下鄉、不妄差吏卒下縣、叫囂隳突之撓罕見、故歎息愁恨之聲粗亡耳。田里之間、方以一狗不夜吠、民不見吏爲幸、而兩尉乃遽發求民間、連月不絕、鳴鼓而聚之、擊木而召之、譁然而駭、雖雞犬不得寧焉、遂使當職徒勞撫字之心、不免小民惟曰怨咨之口、雖欲含忍、其可得乎。令出惟行、本不可反、但昨晩府判親屈別乘、請至再三、又不容堅執不已、姑免具申憲臺、且請閑坐兩月、聊示薄罰、廳吏卻須解來。

【校勘】
（1）原文四行目「方以一狗不夜吠」は、明刊本では「方一狗不夜吠」。原校が「以」字を補う。

「後に両尉の身柄を府に寄こして詳細に調査する」

私は未熟な若輩者で、分不相応にここに職務を得たが、およそ同僚の中で官職を持つ者に対しては、（その地位がどれだけ低くとも）文官武官を問わずいまだかつて上官として相対したことはなく、これはもとより人びとがみな知っていることである。いまは幸いなことに任期を満了し旅装を整えて後任が来るのを待っているところである。どうして同僚達との誼《よしみ》を全うせずにことさらに部下を操って虐めることなどあろうか。

思うに私は二年間知府の職にあり、政治を行い訴訟を裁いたが、古の賢人の足元にも及ばなかった。しかし軽々しく巡検や県尉を郷に差し向けたり、妄りに吏卒を県に派遣したりはしなかったので、郷村を乱し騒がせることはなく、人びとが嘆き憂うこともなかった。郷村では犬が夜吠えず、また吏卒を見ないことを幸福なこととしている。(1)しかるに東・西の両尉はにわかに人びとの金銭を要求すること毎月のこととなり、太鼓を叩いて民衆を集め、(2)木を打ち鳴らして民衆を召し寄せ、騒がし驚かせて犬や鶏ですら休まることがない有様であった。そしてついには私のこれまでの撫民の心を徒労に帰せしめ、小民はただ怨みの言葉を口にすることになる。私は我慢しようにもできないのである。

命令が出れば実行するのみであって、(3)もとより背くことはできない。ただ昨晩府の通判が自ら乗り物でやって来て(4)再三(処分をしないよう)懇請し、これ以上この(処罰するという)考えに固執するわけにもゆかないので、しばし提刑司に上申することは免じ、謹慎二箇月とし、少しく軽い罰を与える。庁吏*はしかし身柄を送り寄こせ。

【注釈】

(1) 原文「狗不夜吠、民不見吏」は、『後漢書』巻七六、循吏列伝、劉寵伝に見える。

(2) 原文「鳴鼓而聚之」とは、『論語』先進に、「季氏富於周公而求也。為之聚斂而附益之。子曰、非吾徒也。小子鳴鼓而攻之、可也」とあるのによる。

(3) 原文「令出惟行」とは、『尚書』周書、周官に、「王曰、嗚呼、凡我有官君子、欽乃攸司、慎乃出令、令出惟行、弗惟反、以公滅私、民其允懐」とあるのによる。

(4) 原文「別乗」とは、別駕に同じであろう。別駕とは漢代の制度で刺史の佐吏を言い、刺史が出巡の際に別の馬車に乗ることからそう呼ぶが、ここは(佐吏である通判の)乗り物を指すと思われる。巫仁恕『品味奢華――晩明的消費社会与士大夫――』(中央研究院、二〇〇七年)六九頁以下によれば、南宋以降轎子が流行したとあるから、別乗とは乗轎《かご》の意味であろう。

（30）責巡檢下鄉、縱容隨行人生事

當職惡吏卒搔擾百姓、如惡仇讎、前後施行、未嘗少恕、都巡豈不知之。此番委官下鄉催科、係是千不禁奈何、萬不禁奈何、行此下策、丁寧告戒、不許縱容隨行人並緣生事、可謂切至。今乃未有一分爲制府之利、而已十分爲百姓之害、此其罪豈專下之人、全是委官者之責。推原其故、必是見當職到官將及一年、未嘗按劾屬吏、遂啓相玩之心。曾不知一朝權在手、若要振揚風采、有何難事。且如當職十餘年在制府、廳下趨走之徒、無非小大使臣、視一巡檢、何啻蟣蝨、輕則對移、重則斥逐、非欲爲而不能、直能爲而不欲耳。如再有犯、定將重作施行、決無容恕。

【校勘】

（1）原文三〜四行目の「一朝權在手若要」と、五行目の「決無容恕」とは、上海図書館本では附箋を貼って削除されていたもので、中華書局本の編者が改めて隠された文字を起こしたものと思われる。

（2）原文四行目「十餘年在制府」は、明刊本では「十餘年在制閫」。原校が「制府」に改める。

「巡検に命じて郷に下らせたが、随行の連中を好き勝手にさせ問題を起こした」

私は吏卒が百姓に迷惑をかけることを仇敵のように憎んでおり、これまでの取り締まりでは少したりとも寛恕したことはなかった。都巡検(1)はどうしてこのことを知らないことがあろうか。今般、官に委ねて郷に下り税の取り立てを行ったが、どんなことでも許されている状況であれ、この下策を行うについては、「随行人に勝手な振る舞いをさせて問題を起こしてはならぬ」と繰り返し告げて戒めておいた。それはきわめて適切であったと言うべきである。いましかるに少しも制府(2)の利益となることがなく、すでにすべてが百姓の害となっている。これはその罪は実際に郷に下った人にはなく、すべて委任された官の責任である。その原因を推し量ってみると、私が官に至って一年になろうとしているが、これまで部下の胥吏を弾劾したことがないので、私を蔑ろにする気持ちを萌したからに違いない。よいか、一朝の権力は私の手中にあり、もし名声を高めようとすれば、何の困難もないのだぞ。私は十数年制府にいたが、庁舎内で走り回っている輩は小使臣・大使臣[3]であり、一巡検などただの蟻や虱以下であり、軽罪ならば対移*し、重罪ならば罷免する。それはやろうとしてやれないのではなく、できるけれどもやりたくないだけなのである。もし再度過ちを犯せば必ず重く処罰し、決して容赦はしないぞ。

【注釈】

（1）原文「都巡」とは、「都巡検使」の略で職掌は巡検使と同じだが、数州を兼ねたり、路分の巡検使であったり、また官職を兼ねたり、官資が高い者の場合に「都」字を加えた。

（2）原文「制府」とは、本巻（6）の注釈（3）「制置大使」の治所である「制置大使司」を言う。

（3）原文「小使臣」「大使臣」とは、下級武官の編成名である。本書「解説」中の参考表、武階を参照。

（31）倉官自擅侵移官米

州郡倉庫、一出一納、並須先經由太守判單押帖、次呈通判、呈僉廳簽押俱畢、然後倉官憑此爲照、依數支出。若州郡無公文、而倉官自擅侵移、則是監主自盜、罪名不輕。判官生長世家、豈不識此法邪。抑逐鹿不見太山邪。頃嘗聞因驅磨簿書、脅取諸吏之錢、凡以千計。當職猶恐以告者過、不欲覺發、姑泛作一榜、以示相警之意。復不知戒、又以買綿事科擾僧徒、當職遂不得已、明形之於批判、自宜顏厚有忸怩矣。乃復傲狠不恤、遷怒東行、肆行追擾、視長官如無人、委公牒於不答。使他人處此、必不但已、當職以同官之故、皆一切付之不問、歡然相與、無異平時。豈當職律身不廉、行事有不法、中有所慊、外有所畏而然哉。蓋念判官有垂白之母在數千里外、若一旦聞其子以贓遭劾、必將無以爲懐、萬一因此感疾、則吾將有媿於考叔之錫類矣、故姑務納汚藏垢、以全大體耳。豈謂罔有悛心、狼籍益甚、喧傳闔郡、大駭所聞、雖欲掩藏、那可復得。計其所直、能有幾何、判官若以地遠家貧、行囊有限、胡不以情相告、豈不能少爲行者之贐、何至甘心如此。鄭均有言、物盡可復得、爲吏犯贓、終身廢棄、判官何念不到此邪。今當職亦未忍遽行按劾、請以原物還之、仍請自此以往、痛此悔悟、勉爲白華孝子之潔白、以無爲太夫人羞。若不伏陪還、則法令俱存、非同官之所敢私矣。釘錮唐益李超、差許昌監管前去、取索上件米、回倉交納、如有在隨行人名下、就仰追回監理、十日。

「倉官が勝手に官米に手を出した」

州郡の倉庫は出納一回ごとに、必ずまずは長官の許可を受けて書面に押字して頂き、ついで通判に上呈し、僉庁に上呈して署名・押字がともに行われねばならず、その後に倉官がこれを証拠文書として数どおりに支出するのである。もしも州郡に公文書がなく、倉官が勝手に手を出せば、これは監督官が自ら盗んだことになり、罪は軽くはない(1)。判官は代々の名家で生まれ育ったのだからこの法律を知らないはずはない。そもそも鹿を追って太山を見ないということがあろうか(2)。

ちかごろ聞いたところでは、帳簿を検査した際に胥吏の銭を脅し取ることおよそ千貫に達したというが、私は告発した者が過大に言ったのではと思い、表沙汰にしようとは考えず、しばらく一枚の立て札を作ってお互い注意しようと呼びかけた。ところが再び戒めを弁えず、また綿を買うにつけ僧徒に面倒を及ぼし、私はやむなくあからさまに彼を批判したが、彼はそこで恥じて忸怩たる思いになってしかるべきであった。ところがまた驕り威張って顧みず、東行(3)に当たり散らし、好き勝手に呼び出し虐め、長官なきがごとき有様で、公文による問い合わせに回答しないままにしていた。

もし他の人が私と同じ立場にいればきっと何もせずにはいないであろうが、私は同僚なのですべて一切を不問に附して、喜び顔で一緒におること平時と変わりはなくしていた。私は、身を清廉に律せず事を行うに不法なことをし、中に憚るところがあり外に畏れるところがあってそのようにしたのではない。というのは、判官には年老いた母が数千里離れたところにおり、もし一旦その息子が贓罪(4)で弾劾されたと聞けばきっと頼みとするところがなくなり、万一これが本で病気にでもなれば、私もまた考叔の善行に恥じるところがあるだろう(5)し、ゆえにしばし汚れたところに目をつぶり、それで大事な前途を全うさせようとしたのである。その時は、改悛の心がなく狼藉が益々ひどくなり、噂が州全体に及んで聞く者を大いに驚かせ、覆い隠そうにもどうしようもなくなるとは思わなかった。彼が必要な金額を計算するとたいしたことはないのである。判官がもし郷里が遠く家が貧しく、手持ちに限りがあるというのなら、その事情を私に告げてくれればよく、私は旅立つ者に少しの餞をしたはずで、どうして甘んじてこういう事態に至ることがあったろうか。鄭均が言っている、「物はすべてまた手に入れられるが、官吏が贓罪を犯せば終身廃棄される」(6)と。判官はどうして考えがここに至らなかったのか。

いま私もまたすぐに弾劾を行うに忍びず、原物を返還して頂き、なおこれ以降これをいたく悔悟し、努めて年老いた親のある孝子の潔白をなし(7)、母上の恥とならぬようにして頂きたい。もしも賠償に応じなければ、法律は具わっており、同僚もあえて勝手に振る舞うことはできないのである。唐益・李超に枷をつけて自由を奪い、許昌を派遣し彼らの身柄を拘束して行かせ、上件の米を倉に戻し納めさせ、もしも(判官の)随行人のところにあるのなら、命じて取り戻して帳尻を合わせよ、十日以内に。

【注釈】

（1）『宋刑統』巻一九、賊盗律、強盗窃盗に、「諸監臨主守自盗、及盗所監臨財物《若親王財物而監守自盗亦同》、加凡盗二等、

三十四、絞」とある。また『慶元条法事類』巻一七、文書門二、毀失、旁照法、賊盗勅、また同書巻三二、財用門三、点磨隠陥、傍照法、賊盗勅に、「諸監臨主守自盗財物、罪至流、配本州《謂非除免者》、三拾伍匹、絞」とある。絞罪に至る三十匹から三十五匹への変更は『続資治通鑑長編』巻八五、大中祥符八年閏六月癸巳条に見える。

（2）目前のことに気を取られて大局を忘れる喩え。

（3）原文「東行」は、未詳。前行、后行のごとく胥吏を東西に分けて分治することを言うか。あるいは「東西行」の誤記で、往来する者、商人、といった意味か。

（4）原文「贓」とは、「贓物」とも言い、「財物の奪取または授受が犯罪を構成するときに、奪取または授受の対象となった財物を指称する言葉である」（律令研究会編・滋賀秀三訳注『訳註日本律令 五 唐律疏議訳註篇一』東京堂出版、一九七九年、一八七頁）、贓に関わる犯罪が贓罪である。なお詳しくは、前掲書該頁以下を参照。

（5）原文「考叔」とは、潁考叔のこと。春秋時代鄭の人で純孝をもって知られる。原文「錫類」とは、善を衆人に及ぼすことを言う。『詩経』大雅、既酔に、「孝子不匱、永錫爾類」とあるのは、孝道を教化に役立てることを言う。

（6）『後漢書』巻二七、鄭均伝に見える言葉。

（7）原文「白華孝子」とは、『詩経』小雅、鹿鳴之什、魚麗に、「南陔孝子相戒以養也、白華孝子之絜白也」とあるのによる。孝子の潔白なるさまを言う。

（32）次日押帖

昨日解印申狀、極詆同官、謂相下石、何所見之繆也。暮夜遺金、尚四知之是懼、白晝發稟、豈衆口之所能防、欲人勿知、莫若莫爲、奚必同官而能言之哉。不必尤人、但當自反。

「翌日の護送を命ずる帖文」

昨日の印章を返還する際の申状[1]ではひどく同僚の官を譏り、「（同僚が）私の危急に乗じて害を加えている[2]」というが、何と誤った見方であるか。夜に金を贈ってもなお四知を畏れるというのに、白昼に倉庫を開けばどうして衆人の口を塞ぐことができようか。人に知られたくないと思えば実行しないのが一番である。なんで必ず同僚であるがゆえにこれを言うということがあろうか。他人を咎める必要はなく、ただ自ら反省すべきである。

【注釈】

（1）原文「解印」とは、「解印綬（＝印綬を解く）」と同じく職を辞すことを言う。

（2）原文「下石」とは、他人の危急に乗じて害を加えることを言う。韓愈『昌黎先生文集』巻三二、碑誌、柳子厚墓志銘に、「落陷穽、不一引手救、反擠之、又下石焉者、皆是也」とある。

【補説】

本条は、前条で批判を受けた判官が、本来予定していた離任状を提出したことに応じて出された、警護をつけて州境まで護送する際の書判であろう。

（33）任滿、巧作名色、破用官錢

昨據案呈此例、已知其不合令甲、必是作法於貪汚之人、遂令檢尋其所由始。今稽之例冊、乃果無之。䂓爲此例者、甲守也、倍增其數者、乙守也。此二人果何人哉。在法、監臨主守自盜、贓滿三十五貫者、絞。今以二人所制錢數計之、甲守制四十名、該錢會四百餘貫、紐贓幾一百貫。乙守制一百五名、該錢會一千餘貫、紐贓幾二百貫、所犯皆在絞刑上。士大夫據案而坐、執筆而判、某吏盜公家財、某賊竊民家物、輕則斷、重則黜、又其甚則殺、一毫不肯少貸、而至於自己、則公然白晝拏攫、如取如攜、視官吏略不慚、視法令略不懼、居師帥之位、而乃爲盜賊之行、曾無羞惡之心。此孟子所謂非人者矣。繼甲之後、凡四政皆不取、則其人之廉可知。繼乙之後、凡兩政皆取之、則其人之貪皆可知。當職雖不才、然於貪廉之間、則粗知所決擇久矣。且其所作名色、謂之送還行李、尤爲不美之甚。此行李也、其赴官之所將歟、則吾聞趙清獻之鎭益州也、一琴一鶴一蒼頭而已、其在官之所得歟。則吾聞元德秀之罷魯山也、笥餘一縑、駕柴車以去而已。然則此行李果何自而有哉。如元如趙、固非吾儕之所敢望。然若某若某、則凡稍有識者、皆所羞爲、而謂賢者爲之乎。姑書之、以告來者。

【校勘】

（1）原文二行目および三行目の「製」字は、字形の相似と文脈とから「掣」字の誤記であろう。

（2）原文六行目「凡四政皆不取」は、明刊本では「凡四政皆不敢」。原校が「取」に改める。

（3）原文十行目「以告來者」は、明刊本では「所告來者」。原校が「以」に改める。

「任期が満ちたのに、巧みに名目を作って官銭を費用する」

さきごろ担当係がこの事例を上呈し、それが法律に合致していないことを知ったが、必ずや貪汚の人のためにこうしたやり方を作ったに違いなく、そこでその最初の由来を調べ調査させた。

いまこの件を事例集で調べてみると、やはりこうした事例はなかった。こうした事例を作ったのは甲という知州で、その数を倍増したのは乙という知州である。この二人はいったい何者であるか。法では「監臨主守が自ら盗んだ場合、贓*が三十五貫になれば絞とする」[1]とある。いま二人が懐に入れた金銭は合計すると、甲の知州は四十名から取り、金銭では四百余貫、贓に直せばほぼ一百貫であり、乙の知州は一百五名から取り、金銭では一千余貫、贓に直せばほぼ二百貫、犯すところはみな絞刑の上にある。[2]士大夫は机の前に座り、筆を手に判決する。某吏が公家の財を盗り、某賊が民家の物を窃盗したとあれば、軽ければ処罰し、重ければ罷免し、さらにひどければ殺すというように少しも寛恕しないが、自分のこととなると公然と白昼奪い取ること、取るがごとく携えるがごとくで、官吏を見てもほぼ恥じず、法令を見てもほぼ畏れず、師帥《ちょうかん》の位にいても盗賊の行いをし、悪を恥じる心など持ったことがない。これは孟子が言うところの「人にあらざる者(3)」である。

甲の後を継いだ者は全部で四人だがみな懐に入れることはなかった。その人びとの清廉さが知られる。乙の後を継いだ者は、およそ二人だがいずれも取った。その人びとの貪婪なことはみな知ることができる。私は不才だが、しかし貪婪と清廉についてはどちらを選択すべきか弁えることすでに久しい。しばしそのでっち上げた名目はこれを行李の送料と言っており、まことに美しさを欠いた言い方である。これが行李なら、赴任の時に持ってきたものであろうか。私は趙清献が益州を治めた時は、一琴、一鶴、一下働きを携えただけだったと聞いているが(4)、それらは官にいた時に手に入れたものであろうか。私は元徳秀が魯山令を辞めた時、箪笥に余った一縑を柴車に載せて去っただけだと聞いている(5)。そうであればこの行李はいったいどうしてそこにあるのか。元徳秀や趙清献のようにすることは、私もあえて望むところではないが、しかし某や某のようにすることは、少しでも良識のある者はみな恥とするところであり、賢者はこうすると言えるだろうか。しばしこれを書き記し、次に来る者に告げることにする。

【注釈】

（1）この条文は、本巻(31)注釈(1)の『慶元条法事類』を参照。

（2）この部分の贓罪の計算方法は複雑である。計算式の原則については律令研究会編・滋賀秀三訳注『訳註日本律令　五　唐律疏議訳註篇一』(東京堂出版、一九七九年)二八五頁以下を参照。

（3）『孟子』公孫丑章句上に、「由是観之、無惻隠之心、非人也。無羞悪之心、非人也。……」と見える。

（4）趙抃(一〇〇八～八四)、字は閲道、清献は諡。衢州西安の人、『宋史』巻三一六に伝があり、そこに「神宗立、召知諫院。……帝曰、聞卿匹馬入蜀、以一琴一鶴自随、為政簡易、亦称是乎」と見える。

（5）元徳秀、字は紫芝、河南の人。『旧唐書』巻一九〇下、文苑下、『新唐書』巻一九四、卓行に伝があり、後者に「所得奉禄、悉衣食人之孤遺者。歳満、笥餘一縑、駕柴車去」と見える。

（34）懲戒子姪生事擾人

當職居郷、惟恐一毫得罪鄰里、數十年間、未嘗有一詞到官、頗獲善人之譽。不謂、近年已來、後生子姪中有一二不肖者、不尊父兄之教、不恤交游非類、漸習嚚訟、動事挾持、遂有疇昔郷黨之相親相愛者、一旦變而爲相仇相怨。當職毎痛心焉。誨之非不諄諄、聽者終於藐藐、教之不從、繼之以怨、其可已乎。黄百七勘杖一百、牒押送湘陰縣、請長枷就縣門、示衆五日、妄興詞訴、擾害郷人、纍煩縣道、鞭車警牛、豈容但已。黄百七乃當職從姪之僕、輒敢從臾、乃至放。且聞如此等類假借聲勢者、尚有一二、併請從公施行。

【校勘】
（1）原文二行目「不恤交游非類」は、明刊本では「不倫交游非類」。原校が「恤」に改める。
（2）原文二行目「漸習嚚訟」は、明刊本では「漸習嚚訟」。明刊本に従う。
（3）原文三行目「繼之以怨」は、原校では「繼之以怒」に作る。
（4）原文四行目「纍煩縣道」は、明刊本では「繁煩縣道」。原校が「纍」に改める。

「子姪で問題を起こして人に迷惑をかけた者を懲戒する」

私は郷里にいる時は、ちょっとでも近所の者に迷惑をかけることを恐れ、数十年間これまで一度も官に訴え出たことがなく、すこぶる善人であると評価されている。何としたことか、近年以来、後に生まれた子供や姪《おい》で不肖な者が父兄の教えを尊重せず、士人の子弟以外と交友することを気に留めず、悪質な訴訟事を習得し、ややもすれば他人を押さえつけることを専らにし、遂には昔からの地元の親しみ愛する者達が一旦変じて仇と思い怨むこととなっている。

私はいつもそれで心を痛めている。諄々とこれに言い聞かせるが、聞く者は結局言うことを聞かず(1)、教えても従わず、その後は私を怨んでいる。これはどうしたらよいのであろうか。

黄百七は私の従姪《おい》の僕《しもべ》であるが、(他人を)煽り唆して妄りに訴訟を起こし地元民に損害を与え、県政府に迷惑をかけた。警告を与えることはやむをえないことである。黄百七は杖一百を科し、湘陰県(2)に護送して、長い枷をつけ、県門で五日間晒し者にしてから釈放する。こうした連中のように、勢力名声に借りて悪事をなす者はなお一、二いると聞いている。併せて公平に措置されるようお願いする。

【注釈】

(1)『詩経』大雅、抑に、「誨爾諄諄、聴我藐藐」とあるのによる。

(2)原文「湘陰県」とは、当時の荊湖南路潭州(現湖南省長沙市)管下の県。

禁戢

(35)不許縣官寨官擅自押人〔二〕下寨　呉雨巖

柳都寨非公家之寨、乃豪家之土牢、玉山縣非公家之縣、乃豪家之杖直。自今以始、所望縣官稍自植立、仍冀豪家痛自收斂、未欲遽作施行。所有韓逢泰韓順孫、知縣勘杖、而不行引斷、想必心知其非。況不引斷、而分押下尉寨、又是心有所狥。殊不思法有明禁、赦有明條、除監司州郡外、諸縣不得擅自押人下寨、違者從提刑司案劾。縣官寨官不顧法理、而寧畏豪家、是自求案劾也。今後如再違犯、斷不但已。韓逢泰存亡既未可知、責在本縣、限十日根索、解赴本司、審問因依。如過限不到、追管事人、次及寨官。韓順孫若果於牛無分、而輒分牛錢、貧餧若此、豈復有錢可監、放自便。榜縣及寨、仍帖取知委申。

〔二〕擅自押人　「人」原作「入」、據後文改。

【校勘】

（1）原文一行目「豪家之杖直」は、原校では「豪家之杖臺」に改める。

取り締まり

「県官・寨官が勝手に人を連行して寨に下すことは許さない」　呉雨巌

柳都寨[1]は国家が設置した寨ではなく豪家の土牢となっており、玉山県[2]は国家が設置した県ではなく豪家の杖直[3]となっている。いまより以降望むところは県官がやや権力を確立することであり、なお豪家がしっかりと行いを慎むことを希望する。そうであれば私はにわかに処分を行いたくはない。

問題の韓逢泰・韓順孫に関し、知県が杖罪を科しながら処決を行わなかったのは、きっと彼らはその非を悟っていると知県が考えたからであろう。ましてや処決を行わずに県尉の寨に分別護送したのも、また彼らの心は従順だと思ったからであろう。しかしよいか、法には明確な禁止条項があり、恩赦には明確な規定がある。監司・州郡を除いて、すべての県は勝手に人を寨に護送することはできず、違う者は提刑司が弾劾することになっている。県官・寨官が法理に従わず、逆に豪家を畏れるということは、自ら弾劾を求めているに等しい。今後もし再犯すれば断じて許さない。

韓逢泰が生きているか否かはまだ分からないが、その責任は当該県にある。十日以内に徹底捜索し、本司に身柄を送って理由を審問する。もし期限を過ぎても到らなければ、この仕事を引き受けた者(=胥吏)を召喚し、その次は寨官を召喚する。韓順孫がもし本当に牛に対して権利がないのに妄りに牛の銭を受け取ったとしても、貧乏なことこのようであれば、どこに返還させるべき銭などあろうか。放免して自由にさせよ。県および寨に榜文を出し、なお帖文を出して知委状[4]を取り上申せよ。

【注釈】

（1） 原文「柳都寨」は、『明史』巻四三、地理志、江西広信府玉山県の条に、「（府）東南有柳都寨巡検司」と見える。

（2） 原文「玉山県」は、当時の江南東路信州管下の県。現在の江西省上饒地区玉山県。

（3） 原文「杖直」とは、州県の衙役（公人）で、名称から推測するに杖刑を執行しまた拷問を担当する者であろう。

（4） 原文「知委」とは、「知委状」の略で「判決に従うという誓約ないしは誓約書」を言う。知委状は、「遵稟状」（本書巻二の（19）や（25）参照）や清代の「甘結（＝誓約書）」を取る行為に同じである。清代の甘結については、滋賀秀三『清代中国の法と裁判』（創文社、一九八四年）一六二頁以下を参照。

（36） 禁戢巡檢帯寨兵、下鄉催科等事

巡檢帯寨兵、下鄉催科、出何條法。保正追戶長不到、親身杖一百、又且押下巡司、是何政事。如更不自警、則其罪何止於配吏而已。今且將來慶決脊杖十五、刺配一千里。如敢逃回冒役惹詞、追上槌折一手。

「巡検が寨兵を連れて郷村に行き徴税するといったことを禁ずる」

巡検が寨兵を連れて郷村へ行き徴税するとは、どんな法律に基づいてのことか。保正*が戸長[1]を呼んでも来なければ、保正自身杖一百とされ、さらに巡検の詰め所に連行されるとは、いったいどんなやり方なのか。もしも今後も慎みやめなければ、その罪は配軍*刑を受けた吏人[2]だけでは済まされない。いましばし（吏人の）来慶を脊杖十五、入れ墨して千里外の廂軍*に配属する。もしあえて逃げ戻って仕事につき告訴されることがあれば、連行してきて片方の手を叩き潰す。

【注釈】

（1）原文「戸長」とは、宋初以来徴税や戸籍作成のために充てられた郷村の職役であったが、やがて保甲法施行後は保長などが取って代わった。ここで言う戸長が保長などの雅名か残存した戸長職かは不明。

（2）原文「配吏」とは、本文に記したように、かつて配軍刑に当てられた吏人を言う。

（37）禁戢攤鹽監租、差專人之擾

國家所恃、惟人心耳。官吏貪繆、專爲失人心事。當職被命馳驅、慨念江東一道、首尾吳楚、撑拓江淮、尤當保障爲急。而近日乃有以府威奪貨者、上好下甚、民不聊生、正思未有以澄淸之。一從入境、行至安仁、則見有數十家被攤鹽之擾、離散破蕩、如遇巨寇。行至餘干、則見有十數人被監租之苦、鎖縛拷掠、不啻重辟、惻然爲之流涕。問其事、則皆係無辜平民、横被通判專人下尉下寨、如此苦楚。且欠鹽固當理納、欠租固當監索。今乃並緣爲姦、又安可以其理納監索出於上司、而置其並緣爲姦之罪、更不加問乎。朱百乙欠鹽錢、係浙西鹽事所行下通判廳監納。朱百乙所攤十九人欠錢、其牒内猶曰、未憑是實也、通判廳德之、視爲奇貨。十九人之内、彭正九一名又自攤三十八人、又且比之原欠、增倍供攤、輒差專人下尉、尉差卒下鄉、此三十八家者不特無故納欠、不知、饑而後可飽專人及弓卒之欲、其生聚已破蕩矣。一人攤數十人、則十人可攤數百人、展轉攤擾、無有窮已。問之尉、則曰是通判廳專人也。此攤鹽之害也。周謙一頃沒官田、或者教貪、謂其田若能修復、可增數倍、入其說者、差官踏視、望風奉承、以已廢不可修之陂、謂之見在、以已荒不可耕之田、謂之見佃、於租額外頓加租數、輒乃憑此行拘監。通判更不詳審、便差專人、將佃押下寨監納、寨兵恃其有所承準、輒敢佃家十餘人、鐵料拘鎖、拷打無全膚、以爲騙乞之資、一番得錢、視爲利源。若非當職巡歷、則此曹皆貧下田家、米無可陪、身不可脫、不死不已。寨卒逼佃甲、佃甲裒佃戶、又不知被擾者幾百家。問之寨官、則又曰是通判廳專人也。卽此二事、其擾已如此、況於耳目之所不及者乎。弓卒肆行、乃倅廳專人所致。專人妄作、乃倅廳案吏所遣。汪潼方良程前各決脊杖十五、程前刺配徽州、方良刺配信州、汪潼刺配寧國府。所有專人蔡貴沈雲、從輕各決脊杖二十、編管鄰州、餘人照已判、吏配刺。然官所以未劾者、以前此不敎、不戒、不身率之故、姑少俟。此項所行、非特爲此二事設、將以警飭一道爲官爲吏者、勿專人、勿擾民、共爲國家保惜根本。所有部内有一等豪猾、將錢生放、多作鹽錢名色擾民、合與禁約。所有部内巡尉多因承準州縣追會、輒敢將平人拘留鎖縛、尤當嚴禁。鏤牓行下、仍申省部、臺諫照會。其周謙一頃田已別行審踏、候到、別具檢申。已到人照斷、仍催追沈雲及寨卒。

【校勘】

（1）原文二行目「府威奪貨者」は、明刊本では「庶威奪貨者」。原校が「府」に改める。

（2）原文十五行目「吏配刺」は、明刊本では「吏配則」。原校が「刺」に改める。

「塩を割り当て租税を徴収する時に専人*を派遣して騒擾することを禁ずる」

国家が頼みとするのは民衆の（国家を支持する）心である。官吏が貪欲で道を外れていれば専ら人心を失うばかりである。私は命を受けて走り回り、江東一路のことを思いやっており、これまで呉楚に赴任し江淮を担当したが、最も民衆の生活を保障することが急務であると考えている。しかるに近日府の威勢に借りて貨物を奪った者がおり、上官が良くとも下僚がひどければ、民衆は生活に安んじられず、まだこの（人心の）問題はしっかりと解決していないと思っているところである。

ひとたび饒州に入り、安仁県に行くと、数十家が塩の割り当てに苦しみ離散破産して大きな盗賊にあったような有様を見た。余干県に行くと、十数人が租税取り立てに苦しめられ、鎖に繋がれて打ちすえられ、極刑に当てられるよりもひどいさまで、かわいそうで涙が流れた。そのことを問うと、みな無辜の平民で、通判が専人を県尉司や寨に下した時に不法にもこんなにも苦しめられることになったとのことであった。塩課を欠けば当然支払わねばならず、租税を欠けばもとより強制取り立てせねばならない。しかしいまそれに乗じて悪事をなしているとあっては、掛け合って徴収したり強制して取り立てることが上司の命令によるとしても、その機会に乗じて悪事をなす罪はどうして問題にしないでおれようか。

朱百乙は塩銭(1)を欠いたので、浙西塩事所(2)が通判庁に命じて強制納入させた者である。朱百乙が割り当てた十九人は塩銭を欠いたが、その牒文内には「なお事実とは確定していない」と書いてある。通判庁はこれを機会が来たと思い、奇貨と見なした。十九人の内、彭正九一名はまた三十八人に割り当てたが、もとの未納分に比べて倍の割り当てに増えている。妄りに専人を県尉司に下し、県尉司が吏卒を郷に下し、この三十八家は理由もなく未納となっただけでなく、何としたことか、餓えて後飽くを知る専人および弓卒の欲望によって、その家族が破産してしまったのである。一人が数十人に塩を割り当てれば、十人は数百人に割り当てることになり、次々と割り当て騒がし、終わるところがなくなる。

このことを県尉に問うと、「これは通判庁の専人です」と言う。これは塩の割り当ての弊害である。周謙の一頃の没官田は、ある者が貪欲なやり方を教唆し、「その田はもし修復すれば数倍になります」と言う。その説を取り入れた者は、官を派遣して実地検分するが、(その者は)威勢を恐れへつらってすでに廃棄し修復できない堤防を「現在存在しています」と言い、すでに荒れはてて耕作できない田を「現在耕作中です」と言い、租税額以外にさらに租税を加え、これを根拠に没収を行う。通判はそれ以上は調査せず、勝手に専人を派遣して佃戸を寨に連行して強制的に納入させ、寨兵は命令されたことを幸いと佃戸の家十余人に鉄枷をつけて拘束し、皮膚がなくなるほど殴り打ち、それで財物を得る手だてとするし、一度銭を得れば金儲けの淵源と見なす。もしも私が巡歴しなければ、こうした輩はみな貧しい農民であるから賠償すべき米はなく、身は脱することができず、死なざればやまないのである。寨卒は佃戸頭を圧迫強制し、佃戸頭は佃戸を集め、被害を受ける者が幾百家になるか分からない。これを寨官に問うと、また「通判庁の専人です」と言う。すなわちこの二事は、その被害がすでにこのようであり、ましてや耳目が及ばないところはもっとひどいはずである。弓卒は好き勝手に行動しているが、通判庁の専人がそうさせているのである。専人が妄りに出てくるのは、通判庁の担当胥吏が派遣しているのである。

汪潼・方良・程前は各々脊杖十五に決し、程前は徽州(3)に刺配(=入れ墨して配軍*)し、方良は信州に刺配し、汪潼は寧国府に刺配する。問題の専人蔡貴・沈雲は軽きに従い各々脊杖二十に決し、隣州に編管*する。他の者は先の判決に照らして処罰し、胥吏は刺配する。しかし官人でまだ弾劾されていない者は、以前に教育せず、戒めず、身を律していないがためであり、しばし猶予する。こうした処分は、ただにこの二事のためにだけやったのではなく、一州の官となり吏となった者に、専人してはならず、民衆に被害を与えてはならず、ともに国家のために根本たる民衆を保全せよと戒め警告せんがためなのである。問題の管轄内にいる勢力家の悪人連中は、銭を貸し付け、多くは塩銭という名目で民衆に害を与えているので、まさに取り締まるべきである。問題の管轄内の巡検・県尉は多く州県に(民衆の)呼び出し調査を行えと命じられていることから、妄りに平人を拘留し鎖の枷をつけているので、とりわけ厳重に禁止すべきである。榜文で命令を出し、なお省部・御史台に上申して照会する。その周謙の一頃の田は別途実地調査し、調査人が到るのを待って別に調査結果を書いて上申せよ。すでに到った者は判決に照らして処分し、なお沈雲および寨卒を急ぎ呼び出せ。

【注釈】

（1）原文「塩銭」とは、塩の割り当て代金を言う。宋代には塩は専売品で、宋朝はしばしば塩を強制的に人戸に割り当てて代価を徴収していた。

（2）原文「浙西塩事所」とは、両浙路提挙塩事司の浙西担当部局であろう。

（3）原文「徽州」は、当時の江南東路徽州、現在の安徽省歙県。

（38）約束州縣屬官、不許違法用刑　胡石壁

訪聞、判官廳每每違法用刑、決撻之類動以百計。照得、在法、笞杖自有定數、笞至五十而止、實決十下、杖至一百而止、實決二十下、未嘗有累及百數者。惟軍中用重典、則有法外之行、然必是其罪合減死一等、始有決小杖一百者、亦豈可常也。今州縣屬者非軍將、吏卒所犯非軍令、不應輒行軍法、以作淫虐。此皆由郡政不綱之故、合行約束。準令、諸見任官、本廳或本司所轄兵級公吏犯杖以下罪、聽申長吏、借杖勘決。朝廷立法曲盡至此、其恤刑之意可見矣。今後各廳吏卒、決二十以下、聽從便遣決、杖以上照條申借、不得仍前任意專決外、知縣係是長吏、職兼軍政、巡尉係轄弓手士兵、與掌軍事體一同、合聽斟酌輕重施行。

【校勘】

（1）原文二行目「合減死一等」は、明刊本では「令減死一等」。原校が「合」に改める。

（2）原文五行目「決二十以下」は、文意からして「決笞以下」ではないか。あるいは小杖二十以下と常行杖の違いか。

「州県の属官は違法に刑罰を用いることを許さないと取り決める」　胡石壁

調査によると、判官庁はいつも違法に刑罰を行い、鞭打つことは百回にも及んでいる。次のように判断する。法では笞杖には定まった回数があり、笞は五十までで実際叩くのは十まで、杖は一百までで実際に叩くのは二十までである。(1) いまだかつて合計百に及ぶものはない。ただ軍中で用いる重罰では法外に行われることがあるが、しかし必ずその罪が減死一等の場合に初めて小杖一百を執行するのであって、(2) また通常のことではない。いま州県の属官は軍将ではなく、吏卒の犯罪も軍令違反ではなく、妄りに軍法を用いて非道の虐待を行うべきではない。これはみな州の政治が綱紀を保っていないからで、取り締まりを行わねばならない。

令文によれば、「諸て現任の官・本庁あるいは本司が所轄している兵員・公吏が杖以下の罪を犯せば、長官に申し出て、杖を拝借して執行する」とある。(3) 朝廷の立法はこれほどまでに周到で、その刑罰を慎む意図は明らかである。(4) 今後各庁の吏卒を笞以下に決する時はすなわち執行を許すが、杖以上は法律どおりに申し出て杖を借り、以前のように任意に専決することは許さぬ。知県は長官であり、軍政を兼職しており、巡検・県尉は弓手*・土兵*を所轄していて、軍事を掌握しているのと事柄は同じである。まさに軽重を斟酌して措置せよ。

【注釈】

（1） この箇所、言うまでもなく折杖法の規定を述べている。折杖法につき詳しくは、川村康「宋代折杖法初考」（『早稲田法学』六五-四、一九九〇年）、同氏「政和八年折杖法考」（杉山晴康編『裁判と法の歴史的展開』敬文堂、一九九二年）を参照。

（2） この箇所、該当する事例や法規は、未詳。

（3） この令文は、『慶元条法事類』巻七三、刑獄門三、決遣、断獄令に見える。

（4） 『尚書』尭典に、「欽哉欽哉、惟刑之恤也」とあるのによる。

(39) 禁約吏卒毒虐平人　呉雨巖

照法官所定、牒州照斷。近閲諸郡獄案、有因追證取乞不滿而殺人者、有因押下爭討支俵而殺人者、有討斷杖兜馳錢而殺人者、又有因追捕妄捉平人吊打致死者。嗚呼、斯民何辜、而罹此吏卒之毒。且尋常被追到官人、往往只是干證牽連、及係被訴究對、本自有理人、非必皆有所犯。縱使有犯、亦或出於詿誤。縱非詿誤、亦止有本罪。見吏卒如見牛阿旁、或摑或踢、或叱或唾、神魂已飛、繼以百端苦楚、多方乞覓、如所謂到頭押下、直攔監保、出門入戶、兜馳行杖、無所不有、最是門留鎖押及私監凍餓、動有性命之憂。爲官人者何嘗覺察、直待因此殺人。民之受害、偶未至死、而不能伸訴者何限、況又餓殺、凍殺及困苦疾疫而殺、官司又以無痕傷、而俾得漏網、苟有仁心者、寧一不爲之痛心疾首。合遍牒諸州縣、各各禁約關防、痛革此弊、如或不悛、定將官吏一併從坐。毋但謂罪及走卒、而他不復問。各限一月、具已榜示、已禁約條件申。併榜司前、如有被苦者、許徑赴廳前高聲自陳。

【校勘】

(1) 標題の前に、原校は「此一目當節去」と記す。私はかつて原校者は『永楽大典』を対校本としていたと述べたが(「上海図書館蔵『名公書判清明集』校本の対校本について」『史朋』三五号、二〇〇三年)、『永楽大典』にはこの一条がなかったのであろう。そして先に移録した清字編の二巻分がそのまま官吏門の巻一、巻二として用いられたのであろう。巻一の最後に、原校が「後戒勵擧留知縣　戒勿立生祠碑二條當附此下」と記すのも、こうした推測を支持するかと思われる。原校者が見た『永楽大典』の判字編の巻一、巻二の箇所は、先に胥吏が記録した二巻とは構成や標題がやや異なっていたということであろう。

「吏卒が平人を虐待することを禁止する」　呉雨巖

(本件は)法官が定めたように、州に牒文を出して判決せよ。

(なお)ちかごろ諸州府の裁判案件を見たが、証人を呼び出した際に手数料が意に満たなかったことから殺人した者がおり、下級に連行して手当を争い求めたことから殺人した者がおり、さらに逮捕時に平人を捕捉して打ちすえて殺人した者がいた。ああ、これらの民はどんな罪があってこうした吏卒の毒牙にかかったのであろうか。かつ常々呼び出されて官に到った人は、往々ただに証人や関係者であり、訴えられて訊問される者であっても、本来言い分がある人であって、必ずしも皆がみな犯罪者ではないのである。たとえ犯罪があってもまた、ある者は過失から出来したのである。たとえ過失でなくともまた、ただにその罪があるだけなのである。吏卒にあえば、牛阿旁(1)に遭ったごとくで、(吏卒は)摑みかかり、蹴り上げ、あるいは怒鳴りつけ、唾を吐きかけ、(被害者の)神魂はすでにここになく、ついであらゆる苦痛を与え、あれやこれやと財物を要求し、たとえばいわゆる「到頭押下」「直攔監保」「出門入戸」「兜騙行杖」など(2)、あらゆることが行われ、とりわけ「門留鎖押」および「私監凍餓」は(3)、ややもすれば命を失う恐れがある。官人たる者はなぜこれまで察知せずに、これによって人が殺されるのを見逃してきたのか。民が害を受けてたまたままだ死には至らずとも抑圧を晴らすことができない者が何と多いことか。ましてやさらに飢えで殺され、凍えで殺され、さらには苦しみ病気になって殺されても、官司には(犯人の)証拠すらなく、罪を逃れさせている。いやしくも仁心ある者は、どうしてこれがために心を痛め頭を痛めずにおれようか。

まさにあまねく諸州県に牒文を出し、各々取り締まり防止をし、この弊害を徹底改革し、もしも改めなければきっと官吏を根こそぎ罪に当てるぞ。罪は走卒に及ぶだけでほかは問題ないと思ってはならない。各々一月以内にすでに出した榜文と、すでに取り締まったこと一件一件を書いて上申せよ。併せて本司の前にも榜文を出し、もし被害者がいればただちに本庁前にやって来て大声で訴えることを許す。

【注釈】

(1) 原文「牛阿旁」とは、「牛頭阿旁」・「牛頭馬面」と呼ばれる地獄の二人の番人。邪悪な人間を指しても言う。

（2）原文「到頭押下」とは、徹底的に押さえ込むこと、「直攔監保」とは、自由を奪って拘束すること、「出門入戸」とは、恣に連れ回すこと、「兜馳行杖」とは、兜馳は縛り引きずり杖で打つことを言うか。いずれも肉体的な苦痛を与えるさまを言うのであろう。

（3）原文「門留鎖押」とは、幽閉・緊縛して身体の自由を奪うこと、「私監凍餓」とは、法外に監禁して餓え凍るような状態に置くことであろう。

（40）禁戢部民舉揚知縣德政　　滄州

當職素聞風俗不美、放譁健訟、未敢以爲信。然再入邑境、便有寄官員士人上戸范文吳釿等六十七人、糾率鄉民五百餘人、植朱桿長槍一條、揭白旗於其上、遮道陳詞。當職初意朝廷有旨招軍、又疑當是官民戸有冤抑無告之事、伺太守入境、欲行哀訴。及披攬狀詞、不過舉揚知縣政績。且知縣到任甫及一年、兼漕倉二臺在上、鑒察甚明、吏治得失、兩臺豈不知之。何待士民結集舉揚、如此則置二臺於何地。昔靑州之俗、太守赴鎭之初、民率懷甎扣頭、迎拜道左、感戴恩德。及其去也、則就擲前甎以侮之。安知今日之舉揚知縣、非他日擲甎放譁、論訴知縣者乎。當職凡游宦之地、最惡嗜利無恥之人、動輒舉揚德政、建立生祠、舉借寇之事、以此相諂、覬多得錢酒、退而歸家、驕其妻妾。萬一州郡領受、則此曹陽陽有德色於知縣者、設有無厭之求、難塞之請、知縣何以處之邪。此非特嗜利之徒情理無狀、而受其愚弄者、其人蓋可見矣。且此等事知縣自當禁戢、卻乃縱之、使得陰以兵法部勒人衆、焉知無姦雄默蓄此意於其間哉。此尤不可不便加懲創。帖請日下差人於境内邸店市廛、凡有揭帖德政題詩之類、一切洗去、勿留縱跡、具已盡數揭去狀申、除程限一日、遍帖七縣、仍申兩臺。

【校勘】

(1) 原文一行目「有寄官員」は、原校では「寄」字を「等」に改める。ここは「有等(何人かの)」が正しいであろう。
(2) 原文九行目「勿留縦跡」は、明刊本では「勿留踪跡」に作る。
(3) 原文十行目「遍帖七縣」は、明刊本では「徧帖七縣」に作る。

「治下の民衆が知県の徳政を顕彰することを禁ずる」　滄州[1]

私は平素からこの地の習俗がよくなく、騒ぎ立て裁判沙汰を起こすと聞いてはいたが、あえてこの噂を信用はしなかった。しかし二度目に県境に足を踏み入れると、寄居の官員・士人・上戸の范文・呉釿等六十七人が地元民五百余人を引き連れ、赤い柄の長槍一本を立て、白旗をその上に掲げ、道を遮って訴え出た。私は最初は朝廷が命令を出して軍人を集めたのかと思い、また官戸・民戸に虐げられて訴え出られない事情があり、知州が県境に入ったので哀訴するのに違いないと思った。訴え状を開いてみると、知県の政治実績を顕彰しようとするにすぎなかった。かつ知県は赴任して一年になったばかりで、そのうえ転運司・提挙常平司の政庁が上にあり、甚だ明らかにご覧になっていて、政治の得失をどうして両政庁がご存じないことがあろうか。なんで士民が結集して顕彰するのを待つことがあろうか。こうであれば両政庁はどんな役目を果たせばよいと言うのか。昔、青州の習俗は、知州が赴任すると民衆は瓢を懐に入れて叩頭し、道ばたに迎え拝して恩徳を押し頂いたが、離任の時は先の瓢を投げつけて侮辱したものであった[2]。それゆえどうして今日の知県の顕彰が、将来瓢を投げて騒ぎ立て、知県を非難して訴えることにならないと言えようか。

私がおよそ官として赴いた地では、利益を追求し恥無き者を最も憎んできたが、(彼らは)ややもすれば徳政を顕彰し、生祠を立て、地方官の留任を求め[3]、多く銭や酒を手に入れることを伺い、その場を去って家へ帰れば、その妻妾に自慢をするのであった。万一州府が受け付ければ、こうした連中は大きな顔で知県に恩を売ったことになり、もしも憚ることなき要求や押さえがたい要請があれば、知県はどのように対処するというのか。これはただに利益を目指す者の情理が道はずれているだけでなく、その愚弄を受ける人もまた底が知れている。しばしこうしたことは知県が自ら取り締まるべきで、逆にこれを野放しにすれば、密かに兵法で民衆を統率させることとなり[(4)]、きわめて悪賢い者がその連中の中に反逆の気風を蓄積させないとも限らない。これは最も懲罰・打撃を加えないわけにはゆかないことである。帖文を出し、ただちに人を県境内の邸店[(5)]・店舗に派遣し、およそ掲示した書面や徳政を題材にした詩文があれば、一切剝がし洗い、痕跡を留めてはならない。すでにすべて剝がし終わったとの書状を書いて上申し、一日の期間内に七県にあまねく帖文を出し、なお(転運・提挙の)両政庁に上申せよ。

【注釈】

(1) 史弥堅、字は固叔、滄州は号。明州鄞県の人。右は史弥堅が知建寧府の時のものと推定されるが、李之亮『宋福建路郡守年表』(巴蜀書社、二〇〇一年)によれば、史弥堅の知建寧府在職期間は嘉定十一年(一二一八)から翌年にかけてであった。

(2) この青州の風俗のことは、楊衒之『洛陽伽藍記』巻二、秦太上君寺に、「子昇曰、……聞、子尊兄彭城王作青州刺史、問賓客従至青州云、斉之民俗浅薄、虚論高談、専在栄利。太守初欲入境、皆懐甎叩首、以美其意。及其代下還家、意甎撃之」と見える。なお「青州」は、山東半島の西北に位置する州。

(3) 原文「借寇之事」とは、『後漢書』巻一六、寇恂伝に、民衆が皇帝の車駕が南征した際に寇恂を一年間潁川守に留任させるよう願ったという故事による。

(4) 原文「陰以兵法部勒人衆」とは、『史記』巻七、項羽本紀に見える言葉。

(5) 原文「邸店」とは、倉庫や旅館を言う。詳しくは、加藤繁『支那経済史研究』上巻(東洋文庫、一九五二年)第十九章「唐宋時代の倉庫に就いて」を参照。

名公書判清明集巻之二　官吏門　訳注

澄汰

（1）縣令老繆、別委官暫權　　胡石壁

縣令之職、最爲勞人、自非材具優長智識明敏者、鮮能勝任。王知縣年齡已暮、精力已衰、而乃投身於繁劇之地、其以不職得罪此郡也、宜矣。觀權府所判、則其爲人大略已可概見。當職到任之初、正藉同僚相與協濟、而有令如此、將何賴焉。若遽去之、又非尊老之意、請劉司法特暫權管縣事兩月、急更繆政、疾戢吏姦。王知縣且燕居琴堂、坐享廩祿、弗煩以事、惟適之安、豈不美歟。劉司法以俊才結知臺閫、必能副拳拳之望。仍申諸司、併牒權府照會。

選別淘汰

「県令が耄碌なので、別に官員に委ね暫時代理させる」　　胡石壁

県令の職は最も苦労が多く、資質が優秀で頭脳が明敏でなければなかなか任に堪えないものである。王知県はすでに高齢で精力も衰えているのに、仕事が多く統治が困難な土地に赴任し、職務不履行で府から処罰されたのは無理もないことである。

権知府*の判断書きを見ると、どんな人物かはだいたい窺うことができる。私は赴任したてで、ちょうど同僚の力を

借り協力して行政を行っているところであるが、県令がこんなことでは全く頼りにはならない。（しかし）もしにわかに彼を去らしむれば、敬老の意に反するから、劉司法参軍にお願いして暫時二箇月県行政を代理してもらい、すぐに出鱈目な県政を改め、即刻胥吏の悪事を取り締まってもらう。王知県にはしばし琴堂《けんちょう》でゆっくりしてもらい、何もせずに俸禄を受けさせ、彼のところに問題を持ち込んで煩わすことなくただ安穏とさせれば、結構なことではないか。劉司法参軍は俊才をもって上級官庁に知られているから、必ずやこの切なる願いに副う働きをしてくれよう。なお諸司に上申し、併せて権知府に照会せよ。

（2） 汰去貪庸之官　呉雨巖

害民莫如吏、官之貪者不敢問吏、且相與爲市。官之庸者不能制吏、皆受成其手。於是吏姦縱橫、百姓無所措手足。當職入信州境、若貪若庸、具有所聞。貪者更行審訪外、今且以庸者言之。元僚任一邑之長、不能婉盡而判、終日昏醉、萬事不理、至遞當職書、語誤不可讀。以此書擬、何取其能贊賢明太守之政。邑長乃百里之繫命、而上饒庸冗特甚、惟吏言是用、其擾民之事不止一端、至於獄事、泛濫追擾爲尤甚。官庸則吏貪得行、則庸亦所以爲貪也。此等皆當澄汰。牒州、且將二人對移、丞簿尉擇其能婉盡能字民者、與之對移、庶幾郡綱紀邑政得以振舉、只今行牒。

「貪欲で無能な官を排除する」　呉雨巌

民を害するのは胥吏が一番、官僚で貪欲な者はあえて胥吏を審問することなく、かつ一緒に金儲けをする。官僚で無能な者は胥吏を制御することができず、みな彼らの思うがままにされる。そこで胥吏の悪事は思うがままとなり、百姓《しょみん》は手足を置く場所すらなくなる。

私が信州の境内に入った時には、誰が貪欲で誰が無能かはつぶさに聞き及んでいた。貪欲な者は改めて審問調査を行うとして、いまはしばし無能な者について語ろう。元僚(1)は一県の長官でありながら、真面目に物事を決することができず、終日泥酔し、万事処理せず、私に書信を寄こしたが、言葉は間違いだらけで読むことができなかった。この書信から推し量るに、賢明なる知州の政治を補佐することはできない。県令は県民が命を寄託する職務であるが、上饒県知県の無能ぶりが最も甚だしい。ただ胥吏が言うことだけを聞き、民衆を害することは一端に止まらず、獄事《さいばん》に至っては、やたらと多くの民を呼び出し騒がせること最も甚だしい。官僚が無能であると胥吏が貪欲なことを行うこととなり、そうなると無能な者(=官)もまた貪欲となる所以である。こうした者はみなまさに選別排除すべきである。州に牒文を出し、二人を対移し(2)、県丞・主簿・県尉の中から真面目で民を慈しむことができる者を選び、県令と対移する。そうすれば州の綱紀・県政は立派なものとなろう。すぐさま牒文を出せ。

【注釈】

(1) 原文「元僚」とは、臣下や幕僚に対する美称。

(2) この箇所、「二人」とは上饒県令のほか誰かが不明。あるいは「其人」の誤記か。

(3) 贓汚狼藉、責令尋醫　胡石壁

監税以世祿入官、本亦粗識趨向。今其所爲悖繆贓汚狼藉者、皆其妻有以致之也。阿除久居中瓦、耳濡目染、豈復有廉潔之行。帷薄既不能修、則簠簋寧復能飭邪。執狀趨庭、譊譊長舌、無非路岐雜劇人口中言語。昔也聞而知之、今也見而知之矣。此等人若留在仕途、決無改過自新之日、卽限兩日、取尋醫狀申。如違、徑上按章也。

「収賄が度を過ぎれば、尋医[1]させる」　　胡石壁

監税*は恩蔭[2]で官途についたので、本来やるべきことはやや分かっているはずだ。いまそのなすところは道理に背き収賄は度を過ぎているが、みなその妻がそうさせているのである。（妻の）阿除は長く瓦子[3]にいたので、その地の影響を受け、廉潔の行いなどあるわけもない。生活が汚れ淫乱な者がどうして職務を廉潔に保てようか[4]。訴状を手に訟庭に到れば長広舌をたれ、大道芸人[5]や雑劇中の言葉でないものはない。私は昔はこうした人間がいると聞き知ってはいたが、いまは実見してやはりいることを知ったのである。こうした輩は官途に留めておいても決して改過自新の日はない。ただちに二日以内に尋医の書面を出させよ。もし違えばすぐさま弾劾文を出すぞ。

【注釈】

（1）原文「尋医」とは、「尋医侍養」のことで、病気療養を理由に任を離れることを言う。

（2）原文「世禄入官」とは、父祖が高い官位を得ていたことから子孫が官品を与えられる恩蔭（＝蔭補）を言う。恩蔭につき詳しくは、梅原郁『宋代官僚制度研究』（同朋舎、一九八五年）第五章「宋代の恩蔭制度」を参照。

（3）原文「中瓦」とは、咸淳『臨安志』巻一九、疆城四、市に「中瓦在市南坊北」とあり、南宋臨安城内の地名だが、一般に「瓦子」「瓦舎」「瓦市」「瓦肆」とも言い、妓院、茶楼、酒肆、雑貨店などの繁華街である。『東京夢華録』巻二、東角楼街巷に、「街南桑家瓦子、近北則中瓦、次裏瓦、其中大小勾欄五十余座」とあり、北宋の都汴京（開封）にも「中瓦」という地名があった。

（4）原文「帷薄既不能修」とは、『漢書』巻四八、賈誼伝、陳政事疏に、「古者大臣有……坐汚穢淫乱、男女亡別者、不曰汚穢、曰帷薄不修」とあり、原文「簠簋寧復能飭邪」とは、同書に「古者大臣有坐不廉而廃者、不謂不廉、曰簠簋不飾」とある。飾は飭に通じることから、後世この語で官吏の廉潔でないことを言う。

（5）原文「路岐」とは、本来「分かれ道」という意味だが、大道芸人は道が交差する人通りの多いところで演じたことから、「大道芸人」をこう呼ぶ。

（4） 縣尉受詞　馬裕齋〔一〕

黄松係街市牙儈不良子弟、開置櫃坊、停著賭博、勢所必有。此等事雖本司近有榜文禁止、然犯到官府、然後施行、若發擿以示聰明、羅織以入憲網、仁者固不爲也。縣尉以警邏爲職、餘與令丞通行、尉豈得以專行也。儻謂賭博一事與盜竊相關、自合白之長官、照條區處、固無自受狀、自追人之理。況弓手・廳司告訐、本官受狀批判、不經縣道、自行胸臆、追捉拷掠、追令通攤。凡博戲之小兒、求食之娼賤、悉行擒捉、一網無遺。既不解縣、又不申州、當此暑途、跨都越郭、纍纍魚貫、盡解本司。既欲掃穴犁庭、又欲徑下尉司監贓、語言狂妄、乃有若病喪心之爲者。若本司狥其說、則州縣俱不必置、而體統俱可廢矣。黄松縣尉以停賭申解、本人又謂孫亞七・杜萬二教唆、以爲報讎之地、並未見分曉。三名從本司專人押下嚴州體究、追章晉・江舉・吳茂根對、要見著實、限半月申。施萬九雖認賭博、自稱係在合江亭幕、合於黄松事相干、杖一百、先放。祝遠係尉司弓手、經本官下狀告賭、顯是倚恃聲勢、生事害人、決脊杖十七、編管五百里。潘先杖六十。其餘孫十七等一十一名當廳並放、解事人四名、各杖八十。縣尉合行對移、且以黄松事見此根勘、須待申上、然後施行。先兩易分水縣尉、限一日起發。候結絶日、別呈。

〔一〕「馬裕齋」三字原作「裕齋」、列於篇名之上、今改、移於下。

【校勘】

（1）原注〔一〕、明刊本の標題はもと「裕齋縣尉受詞」で、中華書局の校勘のように裕斎は判者と思われるが、原校は裕斎を「論禁」と改めており、原校者が見た『永楽大典』の標題は「論禁縣尉受詞」だったと思われる。

（2）原文四行目「當此暑途」は、明刊本では「當此署途」。原校が「暑」に改める。

（3）原文六行目「黄松縣尉以停」は、明刊本では附箋で削除ないしは訂正されていたもので、中華書局本の編者が附箋の下から補ったものである。

（4）原文六行目「以停賭申解」は、明刊本では「以停賭中解」。原校が「申」に改める。

（5）原文七行目「在合江亭幕」は、文脈から「合江県で亭《?》幕《?》をしていた」という意味かと思うが、「亭幕」は未詳。何らかの誤記であろう。

（6）原文八行目「黄松事相干」は、明刊本では「黄松年相干」。原校が「事」に改める。

「県尉が訴状を受理する」　馬裕斎(1)

黄松は市街地の仲買人の不良の子弟で、櫃房(2)を開き、人を留めて賭博を行っているが、自然な成り行きというものである。こうしたことは本司がちかごろ榜文を出して禁止したが、しかし犯罪が官府に到ればその後に処罰するのであって、もしも摘発して(当方の)聡明さを誇示し、次々と引っ捕らえて法網に入れるなどということは、仁者はもとよりしないのである。

県尉は警邏を職務とし、その他のことは県令・県丞と一緒に処理するのであって、県尉が独断で行うことなどできるはずもない。もしも「賭博の一事と盗窃とは関係があります」と考えたにせよ、当然長官に申し上げ法律に照らして処理すべきであって、もとより自ら訴状を受け付け自ら人を召喚するという道理はないのである。まして弓手・庁子*が告発し、県尉が訴状を受理して判決を書き、知県を経ずに自ら思いどおりにし、逮捕拷問し、逮捕命令をあちこちに出すなどもってのほかである。およそ賭博遊戯をしている子供や食を求めて商売をする娼妓はことごとく逮捕され、一網打尽にされて残すところがないさまである。県に(逮捕者の)身柄を送らないだけでなく州に上申もせず、この暑い盛りに都保《のうそん》でも城郭《まち》でも累々と繋がれ、すべて県尉司に送られた。徹底的に逮捕したのみならず県尉司に送って贓物*を差し出させ、言葉遣いは尋常ではなく、病気で気がふれた者のような仕業であった。もし本司が彼の言い分に従えば、州県政府は必ずしも置く必要がなく、政府の紀綱はみな廃棄してよいことになろう。

黄松は県尉に賭博場を開いたということで身柄を送られてきた。本人はまた「孫亜七・杜万二が（県尉を）教唆し、それで（私に）報復しようとしたのです」と言うが、本当のところは分からない。三名は本司から専人を派遣して厳州に護送して直々に訊問審査させ、章晋・江挙・呉茂を召喚して徹底訊問し、事実を把握せねばならない。半月を期限として上申せよ。施万九は賭博したことを認めて、自ら「合江県[3]で亭幕をしていた」と称しているが、黄松の事件と関係があるので、杖一百を科し、先に釈放する。祝遠は県尉下の弓手で、県尉の命令書によって賭博を告発しており、明らかに威勢を頼みに問題を起こし人を害しているので、脊杖十七、編管*五百里とする。潘先は杖六十とする。その他の孫十七等十一名はこの場で放免する。免職された者[4]四名は、各々杖八十を科す。県尉は対移すべきであるが、しばし黄松のことが現在徹底調査中であるので、上申書が来るのを待ち、その後に措置しよう。まずは分水県[5]の県尉と両易*し、一日以内に出発させ、決着がついた日に、別に上申せよ。

【注釈】

（1）馬光祖、字は華父、また実父、裕斎は号。婺州金華県の人で、宝慶二年（一二二六）の進士。官は参知政事に至った。右は「厳州」が出てくるから、両浙西路提点刑獄公事の職にあった淳祐元年（一二四一）から翌年の間に書かれたものであろう。李之亮『宋代路分長官通考』（巴蜀書社、二〇〇三年）一五三〇頁を参照。

（2）原文「櫃坊」とは、唐代後期以来置かれた一種の金融・保管機関。金銀や銭貨を預かって保管料を取り、また手形や小切手の類を換金したが、後に宋代には次第に賭博場となった。詳しくは、加藤繁『支那経済史考證』上巻（東洋文庫、一九五二年）第二十章「櫃坊考」を参照。

（3）原文「合江」とは、「合江県」であれば、当時の潼川府路（現四川省）瀘州管下の県。

（4）原文「解事」とは、免職することを言う。ここでは弓手や庁子を指すのであろう。

（5）原文「分水県」は、当時の両浙西路（現浙江省）厳州管下の県。

（5）知縣淫穢貪酷、且與對移　　陳漕增

當職叨恩將漕、入境交印。職在觀風省俗、爲朝廷除姦貪穢酷之吏。自到崇安、毎日延見吏民、接受詞訴、且密察一道官吏、以求無負委寄。領印之日、即聞知縣淫穢貪酷之狀、甚使人駭愕、尙以風聞未必得實。日加詳審、及到縣郭、即追吏妓等究問、不待勘鞫、僉無異詞、謂知縣日日宴飮、必至達旦、命妓淫狎、靡所不至。謂知縣不理民事、罕見吏民。凡有詞訴、吏先得金、然後呈判、高下曲直、惟吏是從。他如醉後、必肆意施用酷罰、以爲戲樂、又非理不法之事、有難載之紙筆者。照的、知縣早登科第、年事已及五十、曩因作縣、自干憲劾、到今豈不能少加懲艾、而淫穢貪酷、乃甚駭觀聽。當職領事之始、自合即行按劾、以修監司之職、載念知縣歷事已多、不應怙終如此、且與開自新之門、對移本縣主簿。趙節推暫攝縣事、李主簿考試歸日、卻令修擧邑政。凡茲娼妓流、皆知縣蠹心害政之媒、若不屛之他邑、欲端在目、終難悛改。將陳玉・翁瑗・詹娟・梁娟帖寄籍崇安縣、湯婉・江韻・吳瑞・陳瓊帖寄籍浦城縣、陳妙・吳芳・徐盼・彭英帖寄籍政和縣、嚴惜・鄭素帖寄籍松溪縣、並專人押發、取縣交管、候將來聖節啓建日申本司取回。葉祐・王嗣不能輔正知縣、反利其淫昏、以爲姦利之地、各決脊杖十五、編管五百里軍州。施達元係配軍、知縣輒收著後委任、使爲奸利、追上決脊杖十五、押送原配所。趙行・施進皆是知縣信任、取受不一、不欲窮究、各勘杖一百、勒罷。餘吏候到司有詞、逐一追究施行。仍榜市曹、併牒本路諸司照會。若知縣對移之後、尙恃惡不改、即與奏劾。

【校勘】

（1）原文五行目「照的」は、「照得」の誤記であろう。照的という用例はなく、「得」字の草書体は「的」字に似るからである。

「知県は淫乱・貪婪なので、しばし対移する」　陳漕増(1)

私は分外の恩沢で(福建路)転運使となり、この地に赴任し職務の印章を引き継いだ。職務は風俗を改め正し、朝廷

のために邪で貪欲な官吏を排除することである。崇安県(2)に到ってから毎日胥吏や民衆を引見し、訴状を受理し、かつ密かに当地の官吏を観察し、そうすることで朝廷の委任に背くことがないようにした。

印章を受け取った日に、早速知県が淫乱で貪婪・残酷なさまを耳にして甚だ驚いたが、それでもそれは風聞で必ずしも事実ではないだろうと思っていた。(その後)日々詳しく調査し、県城に到るやただちに胥吏や妓女《げいしゃ》等を呼び出して質問したところ、厳しく訊問するまでもなくみな同じ答えで、「知県は日々宴会で酒を飲むこと必ず明け方に及び、妓女に絡んで、したい放題です」と言う。「知県は民衆の問題を処理せず、胥吏や民衆と会うことはありません。訴訟があると胥吏はまず金銭を受け取り、その後に判決(草案)を(知県に)提出し、問題の高下是非は胥吏の言うことだけに従っています。彼は酒に酔った後には必ず勝手気ままに酷刑を行って戯れ事とし、また非道不法のことは筆舌に尽くせません」と言う。

調べたところ、知県は若くして科挙に合格したが、年齢はすでに五十歳に及び、先に知県職にあった時に自ら弾劾を受けたが、いまに至るも少しも懲りずに淫乱かつ貪婪・残酷で、周囲の者を驚かせている。私が任務を引き継いだ当初、当然すぐに弾劾を行い、監司の職を尽くすべきであったが、知県は長年の官歴があり、最後までこのままであってはならないと思い、しばし自新の門を開いてやり、本県の主簿と対移する。趙節度推官は暫時知県の仕事を代理し、李主簿(3)は科挙試が終わって帰ったならそこで知県職を学ばせる。

およそこの地の娼妓《げいしゃ》連中は知県の心を奪い政治を害する媒介者である。もしも他の県に追い払わなければ、欲望を遂げようとし続け、遂には悔悛させがたい。陳玉・翁瑗・詹娟・梁娟は帖文を出して崇安県に籍を移す。湯婉・江韻・呉瑞・陳瓊は帖文を出して浦城県に籍を移す。陳妙・呉芳・徐昑・彭英は帖文を出して政和県に籍を移す。厳惜・鄭素は帖文を出して松渓県へ籍を移す(4)。以上すべて専人*をつけて護送し、各県から受領書を取り、将来聖節啓建

（皇帝の誕生日に御祝いを啓し、建白する?）の日に本司に上申して身柄を引き取れ。（胥吏の）葉祐・王嗣は知県を補任することができず、逆にその淫乱であることを利用して利益を得る手だてとしたので、各々脊杖十五、五百里外の軍州へ編管*する。施達はもと配軍*刑を受け、知県が勝手に収容して委任し悪事を行わせた者で、連行して脊杖十五、もとの配所へ送還する。（胥吏の）趙行・施進はみな知県が信任していた者で、何度も収賄したが、いまは徹底究明しようとは思わないので、各々杖一百を科し罷免する。その他の胥吏は本司へやって来て供述するのを待って、一人一人審査して措置する。なお大通りに榜文を出し、ならびに本路の諸司へ牒文を出して照会せよ。もし知県が対移の後もなお悪行を続けて悔悛しなければ、ただちに上奏弾劾を行う。

【注釈】

（1）判者「陳漕増」は、陳増という姓名の漕＝転運使かと思われるが、未詳。劉克荘『後村先生大全集』巻一六五、墓誌銘、陳司直に、朝奉大夫に至った陳増（一二〇〇〜六六）、字は仲能、莆田県の人が見えるが、福建転運使の職についたか否かは確認できない。

（2）原文「崇安」以下、後出の浦城県、政和県、松渓県はいずれも福建路建寧府に属す。

（3）原文「李主簿」とは、同治『崇安県志』巻九〇、宋職官、崇安県、主簿に見える李冕か。

（4）これらの妓女は官庁付きの妓女すなわち官妓で、建寧府に籍が置かれていたのであろう。なお官妓につき詳しくは、曾我部静雄『宋代政経史の研究』（吉川弘文館、一九七四年）第九章「宋代の公使銭と官妓」を参照。

周給

（6）送司法旅櫬還里　胡石壁

司法到官、未及踰年、遽至於斯。家貧子幼、道阻且長。世無巨卿可以託死、營護歸葬、誰其任之。當職辱在同僚、固不敢禁脱驂之賻、然出疆之後、則吾未如之何也已。昔申屠子龍送同舍人伍子居之喪、以歸鄕里、遇司肆從事於河鞏之間、從事又爲之封傳護送。今司法旅襯將自湘鄕登舟、醴陵・安陸二邑皆潭屬也、封傳護送、都運・安撫大卿必所樂爲。備申運司、乞行下湘鄕與之雇舟、醴陵與之雇夫、凡其費用皆所自備、不敢爲兩縣之擾、特欲借官司之力、以圖辦事之易耳。王誠既爲廳吏、雖萬里之程、亦當往送、況千里而近乎。如或半途而反、定行決斷。

【校勘】

(1) 標題の「旅襯」以下、いずれも「旅櫬」の誤記。

(2) 原文二行目「伍子居」は、「王子居」の誤記。

(3) 原文二行目「司肆從事」は、「司隷從事」の誤記。

(4) 原文三行目「醴陵・安陸二邑皆潭屬也」の「安陸」は「湘鄕」の誤記で、荊湖北路(現湖北省)徳安府安陸県は司法参軍の故郷(棺の送附先)ではなかったか。おそらく胡石壁が書き誤ったのであろう。なお、本書巻一(24)の注釈(1)に記したように、右の書判は胡穎が知邵州の時のものではないかと思われる。

援　助

「司法参軍の棺を送って郷里に返す」　胡石壁

司法参軍が赴任して一年にもならないうちに、突然こんなことになってしまった。家は貧しく子は幼く、郷里への道は険しくかつ遠い。世間に巨卿のような死後を託すべき人がいないとあれば、[1]棺を守って郷里に葬る仕事は誰が任ずればよいのだろう。私は忝なくも同僚であり、もとより葬儀の手助けをしないことはないが、[2]しかし任地の境界を出た後はそれを如何ともしがたい。昔、申屠子龍[3]は同舎人の王子居の葬儀のために郷里へ帰ったが、たまたま司隷従事[4]に黄河と鞏県[5]の間で会い、従事はまたそのために封伝[6]を与えて護送させたのであった。いま司法参軍の棺は湘郷から船に載せようとしているが、醴陵、安陸二県もまた潭州の属県であるから、封伝を出して護送したならば、都転運使・安撫使大卿もきっと喜んで手助けしてくれよう。転運司につぶさに上申し、湘郷県に命じて船を雇わせ、醴陵県は船夫を雇い、およその費用はすべてこちらで準備し、両県を煩わせてはならない。ただ官司の力をお借りし、容易に事が運ぶようにして頂きたいだけである。王誠は(司法参軍庁の)庁吏であるからには、万里の旅程であっても送り届けねばならないが、たったの千里ではないか。もしも途中で戻ってきたら、きっと処罰するぞ。

【注釈】

(1) 原文「巨卿」とは、後漢の范式の字。『後漢書』巻八一、独行に范式の伝があり、若くして汝南の張劭と親交を結び、夢に張劭の死を知って馳せ参じてその葬儀を行ったとされる。

(2) 原文「脱驂之賻」とは、『礼記』擅弓に、「孔子之衛、遇旧館之喪、入而哭之哀、出使子貢説驂而賻之。云々」とある。車駕の馬をはずして贈り、葬儀を援助すること。

(3) 原文「申屠子龍」とは、申屠蟠のことで、子龍は字。この逸話は『後漢書』巻五三の申屠蟠伝に見える。

(4) 原文「司肆(隷)従事」とは、司隷校尉の属官。

(5) 原文「犖県」とは、現河南省犖義市。

(6) 原文「封伝」とは、関所を通過する際の証明書、当時の通行手形。

頂冒

(7) 冒立官戸、以他人之祖爲祖

古之爲宮室者、不斬丘木、所以廣慶也。李克義欲修嶽廟、而乃毀傷李克義祖墓之松柏、宜乎、其起爭也。李克義本令勘杖一百、且念其爲名家之後、特存善善及子孫之意、罰贖。蔣才進・劉文通輕信李克義之言、輒操斧斤、肆行剪伐、雖曰有以使之、然松柏從而爲災、烏得無罪、各寄決小杖十二。李克義以少卿踈遠之族、而詐稱位下子孫、刱立戸名、以欺罔官司、憑依聲勢、以武斷鄉曲。揆之于法、其罪已不可逃矣。而其得罪於祖先、則又有大焉。不愛其親、而愛他人者、謂之悖德、不敬其親、而敬他人者、謂之悖禮。郭崇韜哭子儀之墓、貽笑萬世。狄武襄不肯冒認梁公爲祖、民到于今稱之。蓋祖先者、吾身之所自出也、定于有生之初、而不易者也。其爲人雖有窮達、賢不肖之異、而子孫之所以愛之敬之、則一而已矣。象之後不得舍象而祖舜、管蔡之後不得舍管蔡而祖周公、宋祖帝乙、鄭祖厲王、亦各言其祖也。今李克義舍自己之祖、而以他人爲祖、豈不以吾祖爲窮、而慕他人之顯歟。如此則是以子孫而鄙薄其祖先矣、悖德悖禮、罪孰甚焉。本合重行科斷、以正風俗、而厚人倫、且近以因鬭毆杖責、特免收坐。所有索到官告、非係大卿位者、並給李克剛收管、僉廳點對發還。帖押李克義下縣、將所立少卿戸名、目下改正。

【校勘】

(1) 本条標題前の類目名「頂冒」二字は、明刊本では本来判者名のところに「項冒」とあり、原校が「項」を「頂」と訂正し「此二字恐是錄(周の脱落?)給項下」と書き添え、さらに新たに標題の前に「頂冒」と書き加えている。

(2) 原文一行目「李克義祖墓之松柏」は、「李克剛祖墓之松柏」の誤記であろう。

(3) 原文三行目「位下子孫」は、明刊本では「恵下子孫」。原校が「位」字に改める。

(4) 原文九行目「大卿」は、「少卿」の誤記であろう。

(5) 原文十行目「李克剛」は、明刊本では「李克綱」。原校が「剛」字に改める。

(6) 原文十行目「少卿戸名目下」は、明刊本では「少卿誥下」。原校が「戸名目」に改める。

詐称

「官戸を詐称し、他人の祖先を自分の祖先とする」

古来より「宮室を作る時には墓の木は切らない(1)」というのは、慶びを広げんがためである。李克義は東嶽廟(2)を修築しようとして李克剛の祖先の墓地の松柏を切り倒した。争いが起こったのは無理もないことである。李克義は本来杖一百を科すべきだが(3)、名家の後裔であることを考慮して、ただ「善事は善事として子孫に及ぼす(4)」という意味で贖罪を許す。蔣才進・劉文通は李克義の言うことを軽々に信じ、妄りに斧を振るい恣に切り倒した。命じられたからとは言うものの、しかし松柏はそのために被害を受けたのだから無罪ではありえない。各々小杖十二に決することとし、執行は猶予しておく。

李克義は少卿(5)の疏遠な血属であるのにその子孫であると詐称して戸籍を立て、官司を欺き、威勢を笠にし、地方を武断した。法に照らせばその罪はすでに逃れることはできない。その祖先に罪を得たとあれば、罪はさらに大きいものがある。親族を愛せずに他人を愛する者はこれを「徳に悖る」と言い、親族を敬わずに他人を敬う者はこれを「礼に悖る」と言う。郭崇韜は郭子儀の墓前で哭泣して万世の笑いものとなった(6)。狄武襄は偽って狄梁公を祖先とすることがなかったので、人びとはいまに至るもその行いを称えている(7)。そもそも祖先というものはわが身が出てきたものであり、生を受けた当初から変えられないものなのである。人間は窮迫したり栄達したり、賢明であったり不肖であったりするが、子孫が祖先を敬愛する気持ちはひとつだけである。象の子孫が象を捨てて舜を祖とすることはできず、管叔鮮と蔡叔度(8)の子孫が管・蔡を捨てて周公を祖先とすることもかなわず、宋の祖は帝乙であり、鄭の祖は厲王であって、また各々その祖と言っているのである(9)。いま李克義は自分の祖を捨てて他人を祖としているが、どうして自分の祖の位が低いことを認めずに他人の顕達を慕うのか。こうであれば子孫がその祖先を大事にしないということで、徳に悖り礼に悖ること、これ以上はない。

本来厳重に処罰して風俗を正して人倫を厚くすべきところだが、しばし最近喧嘩によって杖罪となったばかりなので、特別に処罰は免じてやる。あらゆる提出させた官告《じれいしょ》で少卿の官位に関わらないものは李克剛に与えて管理させ、僉庁は点検対照してから発給せよ。帖文を出して李克義を県に護送し、立てたところの少卿の戸名はすぐに改正せよ。

【注釈】

（1）『礼記』曲礼下に、「君子雖貧、不鬻祭器、雖寒、不衣祭服、為宮室、不斬於丘木」とあるのを引く。

（2）原文「嶽」とは、泰山を言い、「嶽廟」とは泰山信仰を行う廟宇を言う。

（3）『宋刑統』巻一九、賊盗律、発冢、盗園陵草木に、「諸盗園陵内草木者、徒二年半、若盗他人墓塋内樹者、杖一百」とあり、疏議に、「若其非盗、唯止斫伐者、……他人墓塋内樹、杖一百」とある。

（4）『春秋公羊伝』昭公二十年に、「君子之善善也長、悪悪也短。悪悪止其身、善善及子孫」とある。

（5）原文「少卿」とは、太常寺少卿の略称で、南宋代には職事官で太常寺の副長官、従五品。

（6）『新五代史』巻二四、郭崇韜伝に見える故事で、同姓であることから崇韜は子儀の子孫と偽り、墓前で哭泣した。

（7）『夢溪筆談』巻九、人事一に見える故事。

（8）原文「管蔡」とは、管叔鮮と蔡叔度のこと。いずれも周の武王の弟で、周公が政治を行っていた時にそれに背いた乱臣とされる。『史記』管蔡世家を参照。

（9）『左伝』文公二年に、「宋祖帝乙、鄭祖厲王」とある。帝乙は商の紂王の父親とされる。

（8）冒解官戶、索眞本誥、以憑結斷

李克義之非少卿嫡派、其大略已可概見。今以眞本誥命與眞本墓誌未到、不欲遽然結斷。但李克義・李克剛有事在官、是非曲直、只當聽候官司剖決。而李克義乃敢聚凶徒、鼓噪街市、捕逐克剛、直至縣庭而後止。狠暴之氣旣不得逞于克剛、遂肆于劉七、傷至流血、痕跡倶存。及至下廂體究、復於廂官之前、又與其徒、再將劉七毆打。夫禁城之内、太守在焉。縣庭之内、令尹在焉。此皆是吏民之所俯伏而敬畏者也。而李克義獨無忌憚如此、則是不復知守令矣。爲部民而不知守令者。則將何事不可爲哉。本合便行斷遣、又恐其於李少卿萬一少有瓜葛、亦不能無投鼠忌器之疑、且從輕、勘下杖一百、長枷監同時下手打劉七、仍市曹令衆五日、併索李少卿本誥命與眞本墓誌、以憑參對結斷。

【校勘】

（1）原文一行目「眞本誥命」は、明刊本では「眞本目命」。原校が「誥」字に改める。

（2）原文五行目「本合便行斷遣」は、明刊本では「本令便行斷遣」。原校が「合」字に改める。

「官戸と詐称しているが、本物の誥命《じれいしょ》を提出させ、判決を出す」

李克義が少卿の直系子孫でないこと、大略はすでに知ることができた。いま本物の誥命と本物の墓誌がまだ私の手元に到着していないので、にわかに判決して決着をつけるわけにはゆかない。ただし李克義・李克剛は事案が官司にあるので、是非曲直はただに官司の判断が出るのを待つべきのみである。ところが李克義はあえて凶徒を集めて通りで騒ぎ立て、克剛を追回し捕まえようとし、（その騒ぎは）県庭に到るまで続いた。凶暴な心根を思うがままに克剛に及ぼせなかったので、結局劉七に向けられ、（劉七は）傷を負って流血し、その痕跡はまだ残っている。廂*に下して直々に調査させたところ、廂官*の目の前でまたその手下と一緒に再度劉七を殴打した。

そもそも城郭の内には太守《ちしゅう》がいる。県庭には令尹《けんれい》がいる。これらはみな吏民がひれ伏し尊敬畏怖する者である。しかるに李克義は独りこうも忌憚がないとあれば、これは知州・知県を無《な》みするということである。部内の民でありながら知州・知県を蔑ろにするのであれば、何事かなさないことがあろうか。本来ただちに処罰を行うべきではあるが、李少卿と万に一つも少しは血縁関係があったらと恐れ、また投鼠忌器(1)の誇りなきことあたわず、しばし軽きに従って杖一百を科し、一緒に手を下して劉七を殴打した者に長枷をつけて連行し、なお大通りに五日間晒し者にする。併せて李少卿の本物の誥命と墓誌を取り寄せ、突き合わせ調査して判決を出すことにする。

【注釈】

(1) 原文「投鼠忌器」とは、悪を除こうとするも影響の大きいことを畏れて憚ることを言う。『漢書』巻四八、賈誼伝に、「里諺曰、欲投鼠而忌器。此善諭也。鼠近於器、尚憚不投、恐傷其器。況於貴臣之近主乎」とある。

(9) 頂冒可見者三　　呉雨巖

余執中事、乃前政所斷。茲因浙西憲司索案、試將原案閲看、則余執中之罪、未論他事、只是頂冒一節、黥配有餘。今索上獄庫所收余執中二誥一綾紙、其初補進義校尉綾紙、乃淳祐七年空月給、其以進義轉承信誥、乃淳祐六年給。天下有轉官歳月在前、初補歳月在後之理、其頂冒可見一也。又以承信轉保義誥、亦是淳祐七年給、乃與初補進義綾紙同一年、參錯顚倒、其頂冒可見二也。又綾紙小字内、余執中年五十歳饒州凡九字、大字内余執中凡三字、皆是楷洗改塡、印章淡落、綾色紕動、其頂冒可見三也。今詳西憲備到本人狀内不明言乞改正〔一〕、此頂冒官職、而從言改正、又不知頂冒被配人尚可改正作士人否也。事不在本司、但西憲未知因依、有索人案之牒、案合卽時發去、人豈可輕易泛追。若欲追詞人余執中、則彼方避本司如仇、必自已在司伺候矣。告仍寄獄庫、候仍錄原案存照、牒報浙西提刑司。

〔一〕 不明言乞改正　　「改」、原作「政」、據上圖校勘本改。

【校勘】

(1) 原文五行目「不明言乞改正」は、文脈からして「又明言乞改正」でなければならない。

（2）　原文七行目「則彼方避本司如仇」の「彼」字は、明刊本では「被」。原校が「彼」に改める。

「詐称すること三点」　　呉雨巌

余執中の事件は前任者が判決を出している。いま浙西の提刑司が本件を引き渡すよう要求しているので、試みに関係書類を閲覧してみると、余執中の罪は他のことは問題にせずにただ詐称の一節だけでも、入れ墨のうえ配軍*刑にしてもなお余りがあるものであった。

いま裁判関係の倉庫に収蔵している余執中の二枚の誥命《じれいしょ》と一枚の綾紙(1)を持ってこさせると、一枚目は進義校尉*に任ぜられた綾紙《にんめいしょ》で、淳祐七年（一二四七）の空月（＝月の記載が空白）に与えられたもの、進義校尉から承信郎に転じた誥命は淳祐六年に与えられたものである。天下に転任の歳月が先にあり、初任の歳月が後にあるという道理があろうか。その詐称であることの第一の証拠である。また承信郎から保義郎(2)へ転じた誥命は同じく淳祐七年に与えられたものであるが、初めに進義校尉に任ぜられた綾紙と同じ年で、錯乱して歳月が転倒している。その詐称であることの第二の証拠である。また綾紙の小字内に、「余執中年五十歳饒州」という九字があり、大字内には「余執中」という三字があるが、みな書体を変えて書き改めたもので、印章は薄くはげ落ち、綾紙も破れかかっている。その詐称であることの第三の証拠である。いま浙西提刑司が書き連ねている本人の供述書では、「（記載項目の）改正を願います」と明言しているが、これは官職を詐称していながら言うがままに改正するということで、ならば、詐称によって配軍された者でも改正して士人となれるかということになるではないか。

本件は本司の管轄ではないが、ただし浙西提刑司は事情を理解していない。人と書類とを送るよう求める牒文が来ているので、一件書類は即座に発出すべきであるが、人間は安易に召喚できるものではない。もし詞人《げんこく》の余執中を召喚しようとしても、彼の側は本司を仇のように避けており、きっと自ら自分の職場でじっとしているであろう。誥命はなお裁判関係の倉庫に保存し、原案を抄写記録して存照(3)とするのを待ち、浙西提刑司に牒文で報告せよ。

【注釈】

（1）原文「綾紙」とは、各種の証明書や任命書に用いられた綾絹、あるいは綾絹に記された文書を言う。『宋会要輯稿』職官一一―六〇、官告院、および『宋史』巻一六三、職官志三、吏部に綾紙の規格が見える。

（2）原文「保義」とは、保義郎の略で武階官の正九品。

（3）原文「存照」とは、文書を保存して参照に備えることを言う。例えば、宋の兪文豹『吹剣録外集』に、「民戸雖有朱鈔存照、以所輸不多、亦不与較」とある。

【補説】

呉勢卿（雨巌）が両浙路転運使の任にあったのは景定四年（一二六三）二月から翌年にかけてであり（李之亮『宋代路分長官通考』巴蜀書社、二〇〇三年、八〇二頁を参照）、その前任者は景定二年五月からの趙与時であった。また浙西提刑はこの時期数人が短期で交替しており特定しがたい（前掲書一五三三頁を参照）。なお本条は、余執中が浙西提刑司に詐称した綾紙と誥命の改正を要求した文書を送り、それに応じて浙西提刑司から転運司の下へ関係書類と余執中を送るよう要求が来たのである。

鬻爵

（10）鬻爵人犯罪、不應給還原告

披詳嶽州原申〔一〕、鄭河以保正而私買乳香、又且低價收買、知情受贓、本州從杖罪編管、不可謂之曲斷。當時鄭河已立案引斷、決臂杖二十訖、申牘甚分曉。繼於決官處計置、作免杖、已萌飜改之心、非有貲力、何以得此。犯私罪杖、仍編置、刑餘之人、不可赴試、取告何用。況刑部初無改正之明判、卻脱過戸部、徑欲給還原告、是戸部亦被其欺罔也。其本人或自請擧、或自取官、與之改正、乃所以保全士類。彼以一萬十七貫得一綾紙、所犯罪配、既以比末減矣、恐不

應給還。告繳申戸部、乞與毀抹、以絶覬望、庶幾刑罰有章、亦非小補。備此書判申。

【校勘】

〔一〕嶽州原申　「嶽州」、疑卽「岳州」。

（1）原文二行目「決臂杖二十訖」の「臂杖」は、「臀杖」か「脊杖」の誤記。ここは字形の相似から「臀杖」と見ておく。

（2）原文四行目「既以比末減矣」は、明刊本では「既以此末減矣」。原校が「比」に改める。

買　官

「官位を買った者が罪を犯したら、もとの告身を返還してはならない」

岳州(1)のもとの申文を開いて見ると、鄭河は保正*の身で乳香(2)を密かに買い、そのうえ安い価格で買い入れ、（専売品との）事情を知りながら利益を得たので、本州が杖罪・編管*にしたのは誤った処罰だと言うことはできない。当時鄭河は法廷を開き臀杖二十を執行するとの判決を受けており、（それを報告した）上申書はきわめて明確である。その後、刑の執行官へ賄賂を贈り杖罪を免ぜられるや、そこで再度官位を復そうとの気持ちを抱いたのだが、資力がある者でなければこんなことはできない。私罪(3)の杖を犯して編管とされたが、前科者は科挙試験に赴くことはできないのであって、告身を手にしても何の役に立つだろうか。ましてや刑部は全く改正するという判断をしてはおらず、そこで戸部へ不当にも訴え出てすぐにもとの告身を返してくれるよう頼んだのだが、それは戸部もまた彼に騙されたということである。

そもそも本人が自ら科挙を受験し、あるいは官位を得たのであれば（処分の後に官位を）改め正すことを許すのだが、それは士類《ちしきじん》を保全するためである。ところが彼は一万十七貫で一枚の綾紙*を買い、犯した罪はこれで減軽してもらったのであるから、おそらくその綾紙を彼に返還すべきではない。告身は戸部へ返納し、無効の印をつけて頂き、それでもって鄭河の不当な望みを絶つことにする。そうすれば刑罰には秩序があることとなり、また世の中のためとなろう。この判決文を書き写して上申せよ。

【注釈】

（1）原文「岳州」とは、当時の荊湖南路、現湖南省にある州。

（2）原文「乳香」とは、カンラン科の常緑高木、またその樹脂を言う。薬用や香料に用いられ、当時の政府の専売品であった。『慶元条法事類』巻二八、榷禁門、乳香、衛禁勅には、「諸私有乳香《造仮乳香及知而販売者同》、壱両笞肆拾、弐斤加壱等、弐拾斤徒壱年、弐拾斤加壱等、参伯斤配本城」とある。

（3）原文「私罪」とは、公務上の過失による罪＝公罪に対し、私人として犯す罪と公務において故意に犯す罪を言う。元の徐元瑞『吏学指南』三罪の私罪に、「不縁公事、私自犯者、若雖縁公事、意渉阿曲者、亦是」とある。

（11）進納補官有犯、以凡人論　　方秋崖

既是曾仕宦、必知上下之分賓主之禮朝廷之法也。一監税見州郡、禮固有數、乃敢大庭廣眾極口肆罵。入公門、鞫躬如也、固如是乎。劉監税雖小官、然而袁州見任也。奉命守職、開鎖放船、而乃兩人露巾扭拽、以至州衙、殊駭聞聽。據諸僕所供、乃知是妄。一進納七色補官、有犯以凡人論、而敢猖狂至於此乎。且其自書曰承信郎、而諸僕以爲進武校尉、則是詐稱官呼矣。張指使觀其酒如已醒、請來問。

【校勘】

（1）原文一行目「鞫躬」は、明刊本・中華書局本とも「鞫躬」に作るが、「鞠躬」の誤記。

（2）原文三行目「乃知是妄」は、明刊本では「乃是妄」。原校が「知」を補う。

「進納補官に犯罪があれば凡人として扱う」

方秋崖

かつて仕官したのであるからには、必ず上下の分・賓主の分・朝廷の法を知らねばならぬ。一監税*が州の官員に見《まみ》えるにはもとより定まった礼儀作法があるのに、あえて大勢の者がいる州庁の庭で口を極めて好き勝手に罵っている。公門に入る時はおそれ慎み深くする(1)というのは、本来こういう態度を言うのであるか。

劉監税は小官ではあるが、しかし袁州(2)の現任官である。命を奉じて職につき、(徴税が終われば)鎖を解いて船を出すのだが、二人の者が裸で引きずられ州の役所に連れて来られたことで、周囲の者をとりわけ驚かせた。諸僕が言うところによれば、これはでっち上げだと分かった。一人の進納七色補官(3)が罪を犯せば凡人として扱うというのに、あえてこれほどまでに猖獗を極めるとは。かつ自ら承信郎*と書いているが、諸僕は進武校尉*と言っており、これは官称を詐っていることになる。張指使(4)は劉監税の酔いが醒めるのを見計らい、やって来て訊問してほしい。

【注釈】

(1) 原文「入公門、鞫(鞠)躬如也」とは、『論語』郷党第十に見える言葉。

(2) 原文「袁州」とは、当時の江南西路、現江西省宜春県あたりに置かれた州。

(3) 原文「進納七色補官」の「進納」とは、いわゆる買官、納粟補官。朝廷に糧食や現銭を提供し、その数量に応じて官職を得ること(また得た人)を言う。「七色補官」とは、『中国歴史大辞典・宋史』(上海辞書出版社、一九八四年、朱瑞熙氏執筆)一頁によれば「七色非泛」と同じで、七種の特別な経路で官職を得ることを言う。それは一、宗室の女婿でかつて解試に合格した者、二、皇室の貴族の娘婿と外戚で入仕した者、三、官員の異姓の緦麻以上の親属で恩沢に該当する者、四、戦争で死んだ者の娘婿、五、上書進頌し、文理取るべきとされた士人、六、国外に出仕するに従って補官された者、七、吏人の満期任職して磨勘の年を減ずるのに該当した者である。なお中嶋敏編『宋史食貨志訳注(3)』(東洋文庫、一九九九年)役法(下)の注(八二八)は、いくつか異なる事例を挙げる。

(4) 原文「指使」とは、『中国歴史大辞典・宋史』(同右注(3)、王曾瑜氏執筆)三三一頁によれば、北宋では下級武官が充てられた軍隊の訓練官。従九品ないしは無品。南宋には保甲の教閲官ともなり、提挙保甲司や安撫司の属官となった。

（12）免繳出身文字、斷僕訖、申曹司、併申部照會

鬻爵多財、士類所不齒、然既已從仕、便當循規守矩、顧乃猖狂妄行、自同小輩。當職雖不肖、然袁州朝廷之一郡、入公門如不容、而大聲疾呼、略無忌憚、是無州郡也。劉監稅奉州郡之命、點放船隻、有司之守也。何物小吏、敢毀其冠、裂其衣、通都大衢、觀瞻甚駭、是無有司也。朝廷爵級、所以勵世磨鈍、豈容妄自增加、校尉也而輒稱承信、是無朝廷也。無州郡可也、無有司可乎。無有司可也、無朝廷可乎。本合繳出身文字、申朝廷、取指揮、又念千鈞之弩、不爲鼷鼠發機、案以綾紙責還、令其逐項交領。其點到客貨客船亦一併還之、並取領附案。兩僕僉廳決二十、放。當職所以待之、亦可謂極其寬恕矣。然觀此輩必一小人、道過洪都、安知其不妄有陳溷。備具本末申漕司、併申部照會。

【校勘】

（1）標題の「申曹司」は、本文末尾に「申漕司」とあるように「漕」の誤記。

「出身文字(1)を差し出すことを免じ、僕を処罰し終われば、転運司に上申し、併せて吏部に上申して照会する」

官位を購うのに多くの財を用いた者は、士類《ちしきじん》が仲間とは見なさないとはいえ、しかしすでに出仕したからには当然規則を遵守すべきであるのに、ひたすら狂ったように不当な行いをするとあれば、自ずと小人の輩と同じである。

私は不肖ではあるが、袁州は朝廷の一州であり、「公門を入るには、体が入りかねるようにおそれ慎む」ものなのに、大声で喚き散らして憚るところがない。これは州郡を無《な》みするものである。劉監税は州郡の命を奉じ船を検査するのが官としての職務である。（ところが）なんたる小吏であることか、あえてその（二人の者の）冠を破り、その衣を

裂き、都市の大通りで周囲の者を驚かせている。これは有司を無みするものである。朝廷の官階は世間を正して能力を磨かせるためのものであり、どうして自ら勝手に増加させられようか。（進武）校尉であっても承信郎と称するのは、朝廷を無みすることである。州郡を無みしてよければ、有司を無みしてよいのか。有司を無みしてよければ、朝廷を無みしてよいのか。

本来、当然出身文字を提出させ、朝廷に上申して指示を取るべきではあるが、千鈞の弩弓は鼠のためには使うものではない(2)ということを思い、担当係は綾紙をきちんと返還してやり、彼に逐一受領させよ。彼が検査し（拘留し）た客貨・客船もすべてまとめて（持ち主に）返還し、領収書を取って一件書類の中に保存する。二人の奴僕は僉庁が杖二十を執行し、釈放せよ。私がこのように処遇するのは、寛恕の極みというべきである。しかし見るところ、この輩は間違いなく一小人で、道すがら洪都(3)を過ぎた時に妄りに訴え出ないと知れようか。詳細に本末を書いて転運司へ上申し、併せて吏部へ上申して照会する。

【注釈】

（1）原文「出身文字」とは、出身すなわち文武官の入仕の経途（科挙を通じた有出身や流外出身、進納出身など）を書き記した文字＝文書類を言う。

（2）『魏書』巻二三、杜襲伝に、「臣聞、千鈞之弩不為鼷鼠発機」と見える。

（3）原文「洪都」とは、当時の江南西路洪州、現江西省南昌市。なお当該路の転運司はこの洪州に置かれていた。

借補

（13）郡吏借補権監税受贓　范西堂

李俊明原係郡吏、已經徒勒、豈應入役、輒就倉臺、妄行敘復、已爲不法。又敢恃借補爲承信、攝監税于暴家岐。起居出入、一視官府、蒙以車蓋、翼以徒隷、而趨走其左右、尊嚴若神、人望而畏之。凡有所取、惟意之從、商旅經過、肆爲荼毒、東西行者皆所不免。怨聲載道、而郡不知、内外相倚、勢如駏蛩、有欲陳訴、無異登天。據興販往來之都會、肆溪壑無厭之私慾、含沙待吐、被害良多。雖關譏之設、古所不免、而壟斷之登、此爲獨甚。近因當職經從熟知利害、羅有司追上勘鞫、且據供認一項、已有贓七貫、通計前後、不知其幾。合決脊杖十二、刺配一千里、監贓押發、仍索上文帖毀抹、免行抄籍。譚拱・朱八・唐興宗・郭通皆平日從其所嗾者、亦皆有贓、各杖一百、耳後刺圓環。

【校勘】

(1) 原文五行目「羅有司」は、おそらく「羅右司」つまり羅姓の右司理参軍の誤記であろう。
(2) 原文六行目「譚拱」は、明刊本では「潭拱」。原校が「譚」に改める。
(3) 原文六行目「其所嗾者」は、明刊本では「其所𠺕者」。原校が「嗾」に改める。
(4) 原文六行目「圓環」は、明刊本では「圖環」。原校が「圓」に改める。

補充人事(1)

范西堂(2)

「州の胥吏が権監税*の職を借補し収賄する」

李俊明はもと州の胥吏で、すでに徒罪のうえ罷免されており、職務につけるはずもないのに提挙常平司で妄りに再任されたのは、すでに法に違っている。さらに借補を通じて承信郎となり、暴家岐(3)で監税職についた。起居出入のやり方は全く官府と同じくし、車蓋をつけて覆い、両翼には手下を引き連れてその左右を走らせ、尊厳は神のごとくで、人は見てこれを畏れている。およそ取るところがあれば意のままに取り上げ、商旅が通過すれば恣に被害を与え、この地を通過する者はみなその被害を免れない。恨みの声は道に溢れても州府は取り合わず、内外が相助け合ってその勢いは駏蛩[4]のごとく、訴え出ようとすることは天に昇るのと同じくらい困難である。商売する者が往来する都会で、好き勝手に飽くなき欲望を遂げようとし、含沙[5]が砂を吐くのを待つかのように被害はまことに多いのである。関所を設けて税を徴収することは昔からあることだが、それを壟断する事態の出現は、この者が抜きん出て甚だしい。

ちかごろ私はすでに利害関係を熟知したことから、羅右司理が(李俊明を)召喚訊問したところ、供述し承認した一項にはすでに贓物七貫があり、前後を通計すればいくらあるか計り知れない。まさに脊杖十二を執行し、一千里外に入れ墨のうえ配軍し、贓物を強制徴収し、配所に護送し、なお文帖《じれいしょ》を取り求めて無効の印をつけるが、財産没収は免じてやる。譚拱・朱八・唐興宗・郭通はみな平日その唆しに従い、みな贓物があるので、各々杖一百を科し、耳の後ろに円環の形に入れ墨する。

【注釈】

(1) 原文「借補」とは、欠員補充の名目で官職を与えること、あるいは官員が多くポストが少ないという状況下で、品階が高い者が低い品階のポストにつくことを言う。ここは前者。

(2) 范応鈴、字は旂叟、西堂は号。江南西路隆興府豊城県の人で、開禧元年(一二〇五)の進士。『宋史』巻四一〇に伝がある。崇仁県知県、撫州通判、蘄州通判、湖南転運判官兼安撫使、広西路提点刑獄公事等を歴任した際の判決が本書中に見られる。

(3) 原文「暴家岐」とは、どこか未詳。

(4) 原文「駏蛩」とは、伝説上のいずれも馬に似た獣の名で駏驢と蛩蛩。互いに依存しあうとされる。

(5) 原文「含沙」とは、蜮や射工とも言い、沙を含んで人を射て災いをなすものとされる。『詩経』小雅などに見える。

（14）貪 酷　　蔡久軒

黄權簿以本州人攝本州官、狠愎暴戾、霸一縣之權、知縣爲之束手。積姦稔惡、百姓恨之切骨、甚至檢驗受賕、恣爲姦利。本司追請之日、百姓千百爲羣、爭以瓦礫糞壤拋擲唾罵、縣官以本州之故、護出數十里之外、方始獲免、州之僉幕獨不聞之乎。當職行部以來、訴之者不知其幾狀、計贓不知幾千百、並送本州追究、州之僉幕獨不見之乎。今不照本司行下根勘、卻歷述黄權簿有黄堂侍郎大參別相公薦書、豈欲以此見脅邪。無故主掌此等人冒攝視民官、上誤黄堂、下害赤子、事敗跡露、尚欲庇之耶。一則曰死節、二則曰死節、死節之家固可念、一縣之同胞獨不可念乎。一則曰黄堂諸公、二則曰黄堂諸公、諸公亦曾教其如此貪酷乎。牒州、請照本司送下狀嚴行根究、不可以當職爲將去客而可忽也。入錫匣、限兩日申。

【校勘】

（1）原文四行目「視民官」は、あるいは「親民官」の誤記か。宋代史料中に「視民官」という用例は「親民官」に比べてきわめて少ないように思われるからである。

権 摂(1)　　蔡久軒

「ひどく貪欲である」

黄権*主簿は本州の人なのに本州の官についており、心根悪しく乱暴で、一県の権力を一手にし、知県もそのために手をこまねいている。悪事は積み重なり、百姓は恨み骨髄に達しているが、ひどい時には(屍体の)検証の時に賄賂を要求し勝手に不当な利益を得ている。本司が彼を呼び出した時には、百姓が千百と群れをなし、争って瓦礫や糞土を投げつけつばを吐き罵った。県官(たる黄主簿)が本州の人であったことから、数十里外へ護送して初めて危険を脱したのだが、州の僉庁の幕僚達はこれを聞かなかったと言うのか。私が管轄官庁を巡回するようになってから、これを訴える者は幾状あるかを知らず、贓物は合計幾千百貫かを知らず、(関係書類を)すべて本州に送って究明させたが、州の僉庁の幕僚達はこれを見なかったと言うのか。

いま本司の命令に従って徹底究明せず、逆に「黄権主簿には黄堂侍郎・大参別相公[2]の推薦書があります」と歴述するが、これで私を脅そうと思っているのか。正当な理由もなくこうした人が親民官につくことを支持することは、上は黄堂《ちしゅう》を誤り、下は民衆を害することであって、事態が破綻し悪迹が露見してもなおこれを庇おうというのか。一に「死節です[3]」と言い、二に「死節です」と言うが、死節の家はもとより配慮すべきではあれ、一県の民衆は全く配慮しなくてよいのか。一に「黄堂諸公」と言い、二に「黄堂諸公」と言うが、諸公もまたかつてこのようにひどく貪欲たれと教えたのであったか。州に牒文を出し、本司が送った書状に従って厳正に徹底調査し、私が任地を離れる身だという理由で忽《ゆるが》せにしてはならない。錫匣*に入れ、二日を期限として上申せよ。

【注釈】

(1) 原文「権摂」とは、巻一(20)の注釈(3)に記したように、正官以外の者が他の官の職務を代理することを言うが、南宋では広南東路・広南西路(広東・広西)の遠小県の県令、主簿、県尉、監税などが現地任用されていた。右に「黄権簿以本州人摂本州官」とあるのはそれを示す。なお権摂につき詳しくは、梅原郁『宋代官僚制度研究』(同朋舎、一九八五年)第三章「差遣―職事官の諸問題」を参照。

(2) 原文「黄堂侍郎」とは、「黄堂」すなわち州治の雅称と、「侍郎」すなわち中央政府の六部の次官の肩書きを表し、かつて侍郎であった知州を言う。原文「大参別相公」とは、「大参」すなわち参知政事を担った別という姓の相公の意味で、淳祐中に参知政事となった別之傑を指すか。別之傑、字は宋才、嘉定二年(一二〇九)の進士。『宋史』巻四一九に伝がある。

(3) 原文「死節」とは、節義を守って王朝のために死ぬことを言い、その子孫は官職を与えられることがあった。事例は多いが、例えば『宋史』巻三二、高宗本紀九、紹興三十一年に、「三月……庚子、以前徽猷閣待制張宇発死節、贈四官、録其子孫」とある。

【補説】

右の注釈(1)に記したように、右は広南路に関わるものと判断され、蔡杭は嘉祐七年(一〇六二)から翌年まで広南東路転運使であり(李之亮『宋代路分長官通考』巴蜀書社、二〇〇三年、一〇五一頁を参照)、また文中に「当職為将去客」とあるから、淳祐八年の書判と思われる。

(15) 冒官借補、權攝不法　　范西堂

賓之上林關、今差葉承信權攝、在官不法。李孝忠等令詞以訟于州(一)、太守差都吏盧餘、下縣追請、孝忠等乘機抵巇、操執縣權、務求快意、遂與盧餘同謀、自擅開獄、放去重囚一十二人。推司陳俊・獄級徐席又因而從臾、至今六名未獲、數項大辟無從圓結。近到葉承信李孝忠盧餘陳俊徐席送獄限勘(二)、各已供招。然所謂葉承信者、以詐僞得官、初冒邕州招馬賞、補守闕進勇副尉(三)、而實未嘗到橫山。次冒鄭文代押馬賞、轉進勇副尉、而實未嘗到臨安。朱提刑喪、憑籍鄉人、給帖借補、遂稱承信、假此權攝、專務誅求。民戶梁夢龍等陳訴、勘對、據供招凡三十八項、計三百五十二貫、又冒請俸給、計七百二十六貫、總一千七十八貫。韋熙載喪婦、被訪聞追上送獄、韋納錢銀七十貫、難得免罪、而竟繫獄、以喪其身。殺越人于貨、凡民罔不憝、況爲百里之長乎。准法、諸詐冒蔭補者、徒三年、僞妄出官、減二等。又法、諸因進納及陣亡换納補受不理選限將仕郎、差權攝職事及被差者、各以違制論。又法、諸詐欺官司、以取財物、贓五十疋、命官將校奏裁、餘配本城。又法、諸縣令闕、輒差寄居待闕官權攝幷授差者、並以違制論、而因收受供給坐。又法、諸添差官違令兼權職事、計所請俸給、坐贓論。又法、諸攝州助教犯公罪流私罪徒、追毀補授文書、敕授者批毀申納。盧餘陳俊徐席各決脊杖十五、配一千里。李孝忠決脊杖十二、編管五百里。葉嗣昌合徒三年、編管賀州。監贓候足日具申。借補文書毀抹入案、部帖三紙照條批毀、申納本部、仍申尚書省照會。

〔一〕令詞以訟于州　「令」、疑作「合」。
〔二〕送獄限勘　「限」、疑作「根」。
〔三〕守闕進勇副尉　「闕」原作「關」、據宋史巻一六九職官志改。

【校勘】

(1) 原文一行目「上林關」は、「上林縣」の誤記。『輿地紀勝』巻一一五、賓州を参照。
(2) 原文二行目「務求快意」は、明刊本では「務永快意」。原校が「求」に改める。
(3) 原文四～五行目「朱提刑喪」は、明刊本では「朱提州喪」。原校が「刑」に改める。
(4) 原文五行目「専務誅求」は、明刊本では「専務誅永」。原校が「求」に改める。
(5) 原文八行目「換納」・「諸詐欺官司」は、『慶元条法事類』巻一一、職制門八、差破宣借では「換給」・「諸詐欺官私」。
(6) 原文九行目「授差者」、および九～十行目「而因收受供給坐」は、『慶元条法事類』巻六、職制門三、権摂差委では「受差者」・「而因收受供給者、坐贓論」。
(7) 原文十二行目「照條批毀」は、原校では「簿條批毀」と改める。

「不法に借補*し、不法に代理執職*する」

范西堂

賓州の上林県(1)はいま葉承信郎*を派遣して職務を代理させているが、彼は官にあって不法なことを行っている。李孝忠等は連名で訴状を出して州司に訴えたところ、知州は都吏*の盧餘を県に派遣し葉を召喚しようとしたのだが、李孝忠等はこの機会に乗じて県の権力を操って意図を遂げようとし、遂には盧餘とグルになり、自ら獄(=留置所)を開いて重囚十二人を放免し、推司*陳俊と獄級(2)徐席もまたそれに付き従い、いまになっても六名はまだ捕捉できず、数件の殺人事件はいまだ円満に決着をつけるすべがない。

最近葉承信郎・李孝忠・盧餘・陳俊・徐席を獄に送って徹底訊問したところ、各々すでに自供した。しかしいわゆる葉承信郎なる者は、偽り欺いて官位を得、初めは邕州招馬賞[3]を偽り受けて守闕進勇副尉[4]に補任されたが、実際は横山[5]には行ったことがないのである。ついで鄭文代の押馬賞を騙り受けて進勇副尉[6]に転任したが、実際には臨安には行ったことがないのである。朱提刑がみまかると地元の人に頼んで帖文を受けて借補され、遂には承信郎と称し、これをもとに知県代理となり、専ら誅求に努めたのであった。民戸の梁夢龍等が陳訴し、（葉を）取り調べたところ、自供したところでは合計三十八項目、合計三百五十二貫があった。また不当に受けた俸給は合計七百二十六貫、総じて一千七十八貫あった。韋熙載は妻を亡くした時、（死因の）調査を受け、召喚されて獄に送られた。韋は銭銀七十貫を納入したが、それでも免罪を得がたく、遂には獄に繫がれて死んでしまった。人を殺して財物を奪えば、およそ民で憎まない者はいない[7]。ましてや（犯人が）知県であればなおさらではないか。

法律では、「諸て偽って蔭補*された者は徒三年、偽って出仕した者は二等を減ずる」とある。また法律には、「諸て進納および陣亡・換給[8]によって選限を問わない将仕郎に補授された者を派遣して職務の代理をさせた者、および派遣された者は、各々違制で処罰する」とある。また法律には、「諸て官私を騙し、財物を手に入れた者は、贓*が五十疋なら、命官・将校は奏裁とし、餘は本城軍に配す」とある。また法律には、「諸て県令のポストに、妄りに寄居官・待闕官を代理に充てまた充てられた者は、すべて違制で処罰し、その際収賄贈賄をした者は、坐贓罪で処罰する」とある。また法律では、「諸て添差官が令に違って職務を代理すれば、受けた俸給を計算して、坐贓罪で処罰する」とある。また法律には、「諸て権摂州の助教が公罪の流・私罪の徒を犯せば、任命の文書を取り上げて無効とする。《勅授された者は批を入れて無効とし、上納させる》」とある[9]。

盧餘・陳俊・徐席は各々脊杖十五に処し、一千里外に配軍*する。李孝忠は脊杖十二に処し、五百里外に配軍する。葉嗣昌（＝承信郎）は徒三年、賀州に編管*する。贓を徴収して返還し終わった日に上申せよ。借補の文書は無効の印をつけて一件書類に入れ、吏部の帖文三紙は法律どおりに無効の書き込みをし、吏部へ上納せよ。なお尚書省に上申して照会する。

【注釈】

（1）原文「賓之上林関（県）」とは、賓州上林県。当時の広南西路に置かれた。なお、広南両路には必ずしも正官が派遣されず、県以下のポストには権摂という方法で現地の者が採用された。詳しくは、梅原郁『宋代官僚制度研究』（同朋舎、一九八五年）二三九頁以下を参照。

（2）原文「獄級」とは、「獄子節級」の略称。節級は衙役の各種役目の頭目。佐竹靖彦「作邑自箴訳注稿（その一）」（岡山大学法文学部『学術紀要』三三号、一九七三年）を参照。

（3）原文「招馬賞」および後出の「押馬賞」とは、南宋代に大理国との馬の交易場として邕州横山寨が用いられ、ここから招馬官が大理国へ軍馬の調達に出かけ、またここから押馬官が将校や獣医とともに臨安や江上へ軍馬を護送したが、その成績に応じて褒賞が行われた。詳しくは、黄寛重「南宋時代邕州的横山寨」（『漢学研究』三―二、一九八五年）、および岡田宏二『中国華南民族社会史研究』（汲古書院、一九九三年）第二編第四章「宋代広南西路の馬政と民族問題」を参照。

（4）原文「守闕進勇副尉」とは、南宋の無品武階の第八階。

（5）原文「横山」とは、当時の広南西路邕州に置かれた横山寨を言う。横山寨の南宋における歴史的地位と役割について詳しくは、前注（3）所掲の黄寛重論文を参照。

（6）原文「進勇副尉」とは、南宋の無品武階の第七階。

（7）『尚書』周書、康誥に、「凡民自得罪、寇攘姦宄、殺越人于貨、暋不畏死、罔弗憝」とあるのによる。

（8）原文「換納（給）」とは、南宋代（特に高宗の時）に敵方の官位に換えて宋朝の告身を与えることを言う。

（9）ここに引用される法は順に、『宋刑統』巻二五、詐欺律（同文ではない）、『慶元条法事類』巻六、職制門三、権摂差委、職制勅、同書巻一一、職制門八、差破宣借、旁照法、詐欺勅、同書巻六、職制門三、権摂差委、職制勅、同書巻六、職制門三、権摂差委、職制勅、同書巻七六、当贖門、蔭贖、旁照法、断獄令に見えるが、引用法は多く節略されている。

受　贓

(16)　虚賣鈔　　蔡久軒

程全・王選以縣吏同謀擅創方印、印賣虛鈔、作弊入己。勘鞫情犯昭然。其事雖起於前任張知縣、而李縣丞權縣日、用程全之計、輒于一日之内、印幾二百石、所賣之錢輒以撥充丞廳起造爲名、節次支撥六百貫入宅庫、監臨主守而自爲盜焉。無怪二吏之公然均分、無復忌憚也。縣丞身爲命官、昧于法守、殊可驚嘆。以本邑賢厚貴寓、曾謂其明敏可任、人材難得、不欲玷其素履、姑免申奏。帖本官、今後嚴冰蘗之戒、一新仕宦途轍、以期遠大。程全計贓六十八疋、決脊杖十五、配一千里。王選計贓三十三疋、決脊杖十二、編管一千里、仍監贓。

【校勘】

(1)　原文三行目「無怪」は、明刊本では「亦怪」。原校が「無」に改める。

(2)　原文四行目「仕宦」は、明刊本では「任宦」。原校が「仕」に改める。

横領・収賄

「偽って鈔を売る」[1]　　蔡久軒

程全・王選は県吏であることから共謀し勝手に四角い印章を偽造し、偽の鈔に印を押して売りさばき、不正をなして(金銭を)懐に入れた。調べたところ犯情は明らかである。そのことは前任の張知県の時に起こったことだが、李県丞が権知県*になった時に程全の策を聞き入れ、一日の内にほぼ二百石分(の鈔)を印刷し、売って得た銭は県丞庁の建設費にするという名目にし、何度かにわたって六百貫を支出して自宅の金庫に入れたが、これは監臨主守が自ら盗みをしたということである。[2]二人の胥吏が公然と分け前を取り、何憚ることはなかったのは当然のことである。県丞は自ら命官であるのに、法を守って職務に当たるという意識に欠けていたのは、非常に驚嘆すべきである。

この県の非常に賢明で身分の高い寄居官がかつて県丞は明敏であるから任ずべきであり、人材は得がたいと仰ったことがあり、私も彼の履歴を傷つけたくはないので、しばらくは上奏を免じてやろう。本官に帖文を出し、今後身を厳しく戒め*、仕官の履歴を一新し、遠大な目標を持つようにしてほしい。程全は贓*が合計六十八疋なので、脊杖十五に処し、一千里外に配軍*する。王選は贓が合計三十三疋なので、脊杖十二に処し、一千里外に編管*する。なお贓を徴収返還させる。

【注釈】

（1）巻一（1）の注釈（6）にも記したが、原文「鈔」とは、受領書を言う。なお標題は本来原文一行目にあるように「売虚鈔」であったろう。

（2）本書巻一（31）の注釈（1）を参照。

（17）贓　汚

何師説既爲人攬納、即是攬戸、安能免官司之追逮。但黄權乃敢令其兄丙二官者接受二銀盃二千楮之賂。何物小子、贓汚狼藉。入黒匣、牒鄭通判、四名赴司、限一日、違追廳吏。仍牒州、契勘黄權簿是何人、何年到任、以憑施行。詞人責反坐。

【校勘】

（1）原文一行目「黄權」は、本来「黄權簿」であろう。

「収 賄」

何師説は他人のために攬納《うけおい》した以上すなわち攬戸(1)であり、官司の追及逮捕は免れない。黄権*主簿はあえて自分の兄丙二官なる者に銀盃二個・会子二千文の賄賂を受け取らせた。なんたる小人、あたり構わぬ収賄であるか。黒匣*に入れて鄭通判に牒文で報せ、(詞人と併せて)四名は通判庁へ赴かせる、一日以内の期限で。この命令に背けば(県の担当)庁吏*を呼び出す。なお州に牒文を出し、黄権主簿がどんな人物か、何年に着任したかを調査させ、それによって措置する。告訴者からは反坐(2)状を取れ。

【注釈】

(1) 原文「攬戸」とは、徴税請負人を言う。

(2) 原文「反坐」とは、誣告反坐のこと。『宋刑統』巻二三、闘訟律、告反逆に「諸誣告人者、各反坐」とあり、議に「凡人有嫌、遂相誣告者、准誣罪軽重、反坐告人」とあり、誣告を行った者には、告発が事実であった場合に被告発者が受けるべき刑罰が科される、というのがその内容である。

(18) 巡檢因究實取乞　宋自牧(一)

當職在江西時、已聞扶友嵩扶如雷之名。一時奪江州統領官陶俊印以歸、殘兩路、破永新、此人也。往歲范西堂權帥、嘗自發其惡、聞於朝、拘于寨、不知後來以何因緣冒濫今官、又以何因緣得此職、宜其以前日賊心戕百姓。此事特一件。今皮千四供執已明、豈靠頑所可抵拒。逮照勘案、催追未到人、再判扶如雷所犯情由照應。某頃年守官江右、正值扶寇結約狂僧、集眾披猖、震動兩路、殘破縣邑。其時官司狃於性習、餌以官資、賞以厚賂、方得帖服。自此益張驕習、江州視效、無歲不擾、常切扼腕。及誤蒙恩易節湖湘、忽于本路在任官員腳色籍中見有凶雛扶如雷者、依然正統部内巡檢職事、猶以其未招民訴、姑且容養。及交事後、節節據人戶有狀論其不法、或訟其受人戶白詞、或訴其縱寨兵劫奪、然亦不過判下本州本縣就近追究、尙冀其少悛元惡。近據衡州州院勘到皮千四因爭水車、輒開集人衆、各執器械、殺死楊百二事、係委扶巡檢究實、卻使虞候賀照脅取大會一千貫、及將會三百貫與寨吏潭仲計囑因依。本司行下攸縣、追到巡檢扶如雷及寨吏潭仲赴司供對、次續據攸縣馮天麟陳宗等亦訴扶巡檢取乞、方行詰問、乃咆哮不伏、公然放聲、謂做官不如打劫自由及無官更自快活之語。尋院送根問、後據州院勘到巡檢扶如雷、本司照得、貪吏贓汚、世不能免、乃若以盜賊而詐冒得官、旣冒官而復謀攘竊、此其虎兕豺狼之性、至死不改、卻非尋常貪贓之比。在法、諸領寨官爲監臨、受財十五疋者絞、其命官將校奏裁。今扶如雷所受贓數過五十疋、死有餘罪。又法、諸詐假官者流二千里、謂僞奏擬之類。今扶如雷以賊渠魁、不肯作招安受命、妄以自備家財贖回兩官印、欺罔朝廷、冒受官資、正應上項條令、豈容輕貸。再契勘到本人父扶友嵩猖獗之時、朝廷至遣統制王旻部兵馬兵三千前來討捕、黃岡一戰、官兵折三之二、賊勢愈熾、劫持官司、必欲取利〔二〕、所帶惡少屯于沙浦、甚至又欲世襲峒主、不納王租。一時余侍郎軫念生齒、遂主招降、併官其子、至今衡湘痛入骨髓。況據本人供招所具、又曾兩次謀殺王官、已被拘鎖。今其所管之寨距舊日巢穴、不滿三舍、設或斷蛇不殊、縱虎出押、他日必結連殘黨倡鬨、前日所部寨兵合從而起、其禍有難言者。檢准紹興元年十一月指揮、凡兵將盜賊盡屬安撫司、況樞閫責專消除禍本、干係甚大、其扶如雷見拘鎖衡州土牢聽候、所合備錄本人過犯在前、欲望鈞旨行下。拖考本人拘鎖原案、將扶如雷眞決刺配、永鎖土牢、將原冒受告身追毀、徑關樞密院照會、非特可以警肅贓貪、抑使萑葦餘孽凡受招攜之恩者、皆將有所忌憚、而不爲不義。申知院大使行府、伏乞鈞旨施行。後準大使行府劄、本司差人管押扶如雷赴大使行府、從所申事理施行、遂差彭超榮管押扶如雷、解投大使行府去後、準劄下、照得扶如雷、頃者父子寇攘、邀求官爵、旣登仕籍、長惡不悛、流毒於民、其實跡見於憲司所申、勘招不誣、贓滿配流實當、但以其曾忝一命、姑從末減。決遣拘繫、免復出貽害善良、且使其徒知有三尺。已取上扶如雷送湖南周路鈐、決軍杖一百、拘鎖飛虎寨、永不疏放、並闕樞院照應施行。非得朝旨、不許疏放、庶免使復出爲惡。劄下湖南安撫大使及潭州各照應、及本司照會。

〔一〕「宋自牧」三字原作「自牧」、列於篇名之上、今改。
〔二〕必欲取利　「利」原作「剌」、據上圖校勘本改。

【校勘】

（1）標題は中華書局の校勘に従うべきだが、原校は「自牧」を「覈」に改めており、本来の標題は「覈巡檢因究實取乞」だったと思われる。
（2）原文二行目「冒濫今官」は、明刊本では「冒濫令官」。原校が「今」に改める。
（3）原文三行目「戕百姓」は、明刊本では「戕百姓」に作る。
（4）原文四行目「正値」は、明刊本では「正直」。原校が「値」に改める。
（5）原文四行目「益張驕習」を、原校は「益巡驕習」に改める。
（6）原文九行目「咆哮不伏」は、明刊本では「咆嗦不伏」。原校が「哮」に改める。
（7）原文十四行目「前來討捕」は、明刊本では「前來討補」。原校が「捕」に改める。
（8）原文十七行目、中華書局本は「他日必結連殘黨、倡鬨前日所部寨兵、合從而起」と断句するが原文のように改めた。
（9）原文十九行目「拖考本人」を、明刊本では「挨考本人」に作る。なお中華書局本は「拖考本人、拘鎖原案」と断句するが原文のように改めた。
（10）原文二十行目「餘孽」は、明刊本では「餘蘗」。原校が「孽」に改める。
（11）原文二十一行目「解投大使行府」は、明刊本では「解扶大使行府」。原校が「投」に改める。
（12）原文二十四行目「永不疏放」と「不許疏放」の「疏放」を、明刊本ではともに「踈放」に作る。
（13）原文二十四行目「並闕樞院」を、明刊本では「幷闕樞院」に作る。

宋自牧(1)

「巡検が事実調査の際に財物を求める」

私は江西にいた時すでに扶友嵩・扶如雷の名前を聞いていた。一時江州統領官(2)陶俊の官印を奪い帰り、(江西・湖南の)両路に損害を与え、永新県(3)を破滅させたのはこの人である。(4)先年范西堂が権(湖南)安撫使となり、かつてその罪悪を暴き、朝廷へ報告し、寨に拘束した(5)が、何としたことか、後にどんな理由でかいまの官位を妄りに手に入れ、またどんな理由でかこの(巡検の)職を得ており、(こうであれば)以前のあくどい心で百姓を痛めつけているのは無理もないことである。このことはほんの一件にすぎない。いま皮千四の供述は明白であり、どうして頑として拒み抗うことができようか。事実に照らして調査し、未出頭の者達を急ぎ召喚し、扶如雷の犯情を再度判決すれば、相応な措置となろう。

私がちかごろ江西で官についた(6)のは、まさに扶如雷一味が道をはずれた者達と結託し、衆を集めて猖獗を極めていた時で、両路を震撼させ、県邑を破壊していた時であった。その時官司は過去の惰性に流れ、官位を餌にし、手厚い報酬を賞金にし、それで初めて(賊党を)投降服従させることができた。これより彼らはますます驕り昂ぶり、江州でその(招安政策の)効果を見るや、騒ぎが起こらない年はなく、私は常に残念に思っていた。恩沢を誤り蒙って湖湘(湖南)に赴任(7)するや、たちまち本路の在任の官員の履歴簿(8)の中に元凶の扶如雷なる者がおり、依然として部内の巡検の職務を統括していたが、いまだ民の告発も受けていないことからしばらくはそのままにしておいた。着任の後に次々と人戸が彼の不法行為を書状で訴え出て、ある者は彼が人戸の訴状を受理したと訴え、ある者は彼が寨兵を放って強奪したと訴えたが、しかし当該の州県に指示を出し、最寄りのところで究明させるに止めた。それはなお少しく悪事を悔い改めるよう願ったからにすぎない。

ちかごろ衡州の州院(9)が調査したところの、皮千四が水車を争ったことを原因に妄りに大勢の者を呼び集め、各々得物を手にし楊百二を殺したという一件は、扶巡検に委ねて事実調査させたのだが、逆に虞候[10]賀照に会子一千貫を脅し取らせ、さらに会子三百貫を寨吏潭伸に与えて頼み込んだという顚末に関しては、本司が攸県[11]に命令を出し、巡検の扶如雷および寨吏の潭伸を県司に赴き供述させた。それに続いて攸県の馮天麟・陳宗等がまた扶巡検の金品収奪を訴えてきたので、初めて扶を詰問したところ、喚き散らして服従せず、公然と大声を出し、「官となるよりは好き勝手に略奪したほうがいい」、また「官職がないほうが快適だ」と言う始末であった。

ついで州院に送って徹底訊問させた。後に州院が扶如雷を審理したところでは、「本司は次のように判断いたします。貪婪な官吏の贓罪*は世々必ずあるものですが、もし盗賊が偽って官職を得れば、不当に官職を得ただけでなく再び盗みを謀ることになり、これは虎や豹の性質は死んでも改まらないというもので、尋常な贓罪の比ではありません。法律では「諸て寨官を領して監臨となり、財物十五疋を得た者は絞、命官・将校は奏裁とする[12]」とあります。いま扶如雷が受けた贓数は五十疋を超えており、死してなお余りの罪が残ります。また法律では、「諸て官を偽り称した者は流二千里、《奏擬を偽るの類を言う[13]》」とあります。いま扶如雷は賊の頭目であるという立場ながら、招安受命を受け入れず、妄りに家財を用いて二つの官印を贖い戻し、朝廷を欺き、妄りに官資を受けましたが、これはまさしく上の条例に照応する行為で、軽々しく許すわけにはゆきません。

また調査しましたところ、本人の父親扶友嵩が猖獗を極めていた時、朝廷は統制王旻を派遣して兵馬三千を領して進み討伐させましたが、黄岡[14]の一戦で官兵は三分の二に減じ、賊の勢いはいよいよ熾烈となり、官司を脅迫して必ず利益を得ようとし、連れてきた悪少を沙浦[15]に駐屯させ、峒主を世襲して租税を納めないようにしようとするまでに至りました。一時余侍郎は民衆のことを思い、ついに招降を主張し、ならびに彼の子を官につけることにしましたが、いまに至るも衡州ではその時の痛苦が骨髄にまで入っております。ましてや本人の供述によって書いたものでは、かって二回にわたって朝廷の官を謀殺しようとし、すでに拘束監禁されたということです。いま彼を管轄する寨は昔の根拠地と距離が三舎[16]にも満たず、もし蛇を切っても体を分離せず、虎を放って外へ出したとすれば、将来必ず残党と一緒になって鬨の声を上げ、前日領していた寨兵と連合して蜂起するでありましょう。その災いは言葉では言い表せないほどのものとなりましょう。紹興元年（一一三一）十一月の指揮では、「およそ兵将・盗賊のことはことごとく安撫司に属す[17]」とあります。ましてや枢密院の責務は災いの根本をなくすことにあり、関係するところは甚大です。扶如雷は現在衡州の土牢に拘束して沙汰を待たせてあります。本人の罪犯を詳細に書いて提出し、上司のご判断を頂きたい」とあった。

私が、本人が拘束されるに至ったもとの案件を引き出して考察すると、扶如雷は本当に入れ墨のうえ配軍*に処された者で、永遠に土牢に拘束し、以前に不法に受けた告身は取り上げて破棄し、ただちに枢密院に関文*を送って照会すべきであって、そうすれば単に贓*をむさぼる者に警告を与えるのみならず、次々と出てくる悪党どもで招安の恩を受けた者に忌憚するところをあらしめ、不義をなさないようにさせることにもなろう。知院安撫大使司[18]に上申し、ご判断を頂いて実施に移したい。

後に安撫大使司の劄によると、「（宋慈の湖南）提刑司が人を派遣して扶如雷を連行し、大使司の臨時治所へ赴き、申するところの事理に従って施行せよ」とのことだったので、結局彭超栄を派遣して扶如雷を連行し、大使の臨時治所へ送り届けた後、劄を頂いたがそこには、「次のように判断する。扶如雷は近年父子ともども反乱を起こし、官爵を要求してすでに仕籍に登録されたが、これまでの悪事を悔悛せず、民衆に被害を与えている。その実迹は提刑司の上申に見ることができ、自供書も事実で、贓罪で配流されたことは正当な処罰である。ただ以前に忝なくも一官を与えられたのでしばし減刑してやり、処断し別地に派遣して身柄を拘束すれば、再び出てきて善良な民に害を及ぼすこともなく、かつその一味に法律の所在を知らしめることとなろう」とあった。

私は、すでに扶如雷の身柄を連行して湖南の周路鈐轄(19)に送った。軍杖一百を執行した後、飛虎寨(20)に拘禁し、永遠に減刑放免しないこととし、こうした措置すべてにつき枢密院に関文を送って裁可を得て施行することにしたが、もしも朝廷の命令がなければ減刑放免は行わないことにすれば、再び出てきて害をなすことはないであろう。朝廷から命令書が下され、「湖南安撫大使および潭州は各々措置し、および本司（＝提刑司）は照会せよ」とあった。

【注釈】

（1）宋慈（一一八三〜一二四六）、字は恵父、自牧は号。福建建陽県の人で嘉定十年（一二一七）の進士。江西、湖南、広東の提刑等を歴任した。

（2）原文「江州」は、当時の江南西路、現在の江西省九江市。原文「統領官」とは、軍職名で、南宋の三衙軍の構成単位である軍、将、隊、の中の軍の指揮官。

（3）原文「永新」は、当時の江南西路（現江西省）吉州に置かれた県名。

（4）嘉定元年（一二〇八）以降継続して起こった郴州黒風峒の羅世伝や李元礪等の反乱に乗じて、各地で反乱や盗賊が起こった。関係史料は、何竹淇編『両宋農民戦争史料彙編』（中華書局、一九七六年）第九巻、四六九頁以下を参照。扶友嵩につき、宋・林希逸『竹渓鬳斎十一藁続集』巻二一、墓誌銘、潘左蔵墓誌銘には、「嘉定辛未（四年〔一二一一〕）銓調常徳龍陽尉。……丞郴桂東時、東南盗起、……郴之高垓・衡之妙甫、則扶友嵩・謝了負・包全・李纂九、皆其最黠者也。……此邑万山之中、為湖南・江西・広東三路門戸、乃黒風峒羅李二巨賊窟穴也」と見える。なお、「峒」とは湖南や広西地方の少数民族を言い、後出の「峒主」とはその指導者を指す。当時の反乱の状況と経緯については、李栄村「黒風峒変乱始末」（『中央研究院歴史語言研究所集刊』四一‐三、一九七〇年）、劉馨珺『南宋荊湖南路的変乱之研究』（国立台湾大学文学院、一九九五年）を参照。

（5）『宋史』巻四一〇、范応鈴伝に、彼が湖南転運判官兼安撫使として峒寇の平定に当たったことが見える。李之亮『宋代路分長官通考』（巴蜀書社、二〇〇三年）一〇三一頁以下によれば、范応鈴は宝慶元年（一二二五）から二年にこの職位にあった。

（6）劉克荘『後村先生大全集』巻一五九、宋経略墓誌銘によれば、「移節江西、……兼知贛州」とあり、宋慈は江西提点刑獄についており、それは前注(5)所引の李之亮『宋代路分長官通考』一六三八頁以下によれば、淳祐四年(一二四四)から六年までである。

(7) 前注の墓誌銘によれば、「除直秘閣、核湖南。会陳公以元枢来建大閫、兼制西広、辟公参謀」とあり、陳公とは陳韡で、呉廷燮撰・張忱石点校『南宋制撫年表』(中華書局、一九八四年)によれば、陳韡は淳祐七年(一二四七)から九年まで湖南の安撫使であったから、これは淳祐七年と見てよい。前注の李之亮『宋代路分長官通考』一六六九頁は、宋慈が淳祐四年から翌年まで湖南提点刑獄公事であったとするが、それは前注(6)に記した一六三八頁の記述と重複する年代となり、矛盾がある。それゆえ宋慈が湖南提点刑獄公事だったのは淳祐七年以降であろう。

(8) 原文「脚色籍」とは、脚色*を集めた履歴簿を言う。この箇所からは、路の監司(ここでは提刑司)には一路の文武官の脚色の綴りが置かれていたことが知られる。

(9) 原文「衡州」は当時の荊湖南路、現在の湖南省衡陽市。原文「州院」とは、州の録事参軍(選人)または知録事参軍が管轄する刑獄名で、司理参軍が管轄する司理院と対をなす。

(10) 原文「虞候」とは、正式には「将虞候」。軍職名で、南宋ではほぼ百人規模の禁軍の編成単位である「都」に置かれた都頭、副都頭、軍使、副軍使、左・右十将の下に位置する将官。

(11) 原文「攸県」は、当時の荊湖南路、現在の湖南省潭州市に置かれた県。

(12) 本条の典拠は、未詳。

(13) 『宋刑統』巻二五、詐欺律、詐仮官に、「諸詐仮官、仮与人官、及受仮者、流二千里《謂偽奏擬、及詐為省司判補、或得他人告身施用之類》」とある。

(14) 原文「黄岡」という地名は見あたらない。『宋史』巻四〇五、王居安伝には、嘉定三年(一二一〇)の李元励の反乱平定時に、官軍が「黄山」で勝利したとあるから、これを言うか。

(15) 原文「沙浦」は、当時の荊湖北路(現湖南省)郴州内の地名。劉克荘『後村集』(四庫全書本)巻四一、墓誌銘、刑部趙郎中墓誌銘に、「知郴州。沙浦・高垓峒猺方結連跳呼、郴六邑残其半矣」と見える。

(16) 原文「舍」とは、軍隊の一日の行程を言う。周制では三十里。

(17) 本条の出典は、未詳。

(18) 原文「知院大使行府」とは、従二品以上の文武官が安撫使に任命された時には安撫大使と呼び、その治所を「大使行府」と言う。具体的には前注(7)の陳韡を指す。

(19) 原文「周路鈐」とは、周という姓の(湖南)路分兵馬鈐轄を言う。鈐轄は路や州など各級の地区に置かれた軍の将領としての軍職名だが、南宋中後期には実質的な職事が失われていたと言われる。

(20) 原文「飛虎寨」とは、禁軍のひとつ飛虎軍の駐屯する寨を言うか。『宋史』巻三五、孝宗本紀三、淳熙七年(一一八〇)八月丁酉条に、湖南に飛虎軍を置いたことが見え、また同十年五月甲戌条には「以潭州飛虎軍隷江陵都統司」とあるから、潭州に駐屯していたことが知られる。それゆえ劄を潭州にも送る必要があったのである。

對　移

(19) 對移貪吏　蔡久軒

當職到任之初、非不知本州貪謬之吏甚多。但以州務彫疲、儻卽見之施行、恐見譴責、謂不可展布、日復一日、民怨益深、且所職謂何而可遜避。内有饒州推官舒濟、蔑視官箴、肆爲攫拏、如本州抛買金銀、則每兩自要半錢、鋌銷出剩、自袖入宅。提督酒庫、科取糯米、受納受糯米、官税之外、自取百金。以配吏呉傑爲腹心、受成其手、交通關節、略無忌憚。未欲案劾、先牒本州對移鄱陽縣東尉、限一日、取遵稟狀申。仍追呉傑赴本司、仍榜本司衙門、許被害人陳訴。本司已追呉傑赴司、押送司理院、根勘到上件情節、尋呈僉廳官書擬因依。欲將呉傑決脊杖七十、於原配州上加刺配一千里、照已行準條籍沒家產外、餘分受贓人、令取台旨、奉允決判照斷、候監贓畢日押遣、併牒本州照會。

【校勘】

(1) 原文三行目「受納受糯米」は、「受納糯米」の誤記であろう。

(2) 原文五行目「決脊杖七十」は、「決脊杖十七」の誤記。折杖法に七十という数はない。

対移*

「貪欲な官吏を対移する」　蔡久軒

私が赴任した当初、本州には貪欲で出鱈目な仕事ぶりの官吏が甚だ多いということを知らなかったわけではない。ただ州の行政は疲弊しきっており、もし即座にその取り締まりを行えば、(官吏は)譴責されるのを恐れて仕事に精励しなくなるのではと思ったが、一日また一日と民衆の怨みは益々深まってゆき、かつ私の職務はどう思おうと避けるわけにはゆかない。

そうした官吏の中に、饒州の推官舒済なる者がおり、官としての戒めを蔑視して好き勝手に財物を手に入れ、例えば本州が金銀を買い入れるとあれば、毎両半銭(1)を要求し、削り取ってあまりを出し、それを袖に入れて帰宅する。また酒庫を監督し、糯米を割り当て徴収し、糯米を受納する際には、官税の外に多額の金銭を取り立てる。配吏*の呉傑を腹心として、彼に実行させ、(官吏と)内通して賄賂をやり取りし、ほぼ忌憚がない。まだ弾劾しようとは思わないが、まずは饒州に牒文を出して鄱陽県の東の県尉と対移させ、一日以内に(舒済の)遵稟状*を取って上申せよ。なお呉傑を召喚して州司に赴かせ、また州司の衙門にふれ文を張り出して、被害者が申し出ることを許す。

饒州はすでに呉傑を呼び出して州司に赴かせ、司理院に護送して上件の事情を徹底調査し、ついで僉庁官の判決原案と理由書を私のもとへ上呈してきた。そこで呉傑を脊杖十七、本来配軍*とした州にさらに入れ墨のうえ一千里を加え、先の命令どおりに法律に従って家産を没収するほか、その他の贓物*を分かち受けた者は、知州の命令を取り判決に従って処断し、贓物を返し終わった日に配所へ護送する。併せて本州に牒文を出して照会せよ。

【注釈】

(1)　原文「毎両自要半銭」とは、一両(＝三十七、三グラム)が十銭なので、百分の五を要求したという意味。

（20）對移司理

胡化龍訴趙司理回任、已牒本府。契勘、今胡化龍就哀哭赴訴、謂趙司理已回任、擧宴相宴、且謂化龍之父死、事必爲其所轉移、無以自伸。一命之士、持身不謹、至爲百姓見疾如此、尚可以爲獄官乎。改對移寧國李縣尉、牒府卽差人押赴寧國縣任所、限一日申、違追都吏。仍牒府院、催勘正圓結、照限申、不許淹延。

【校勘】

（1）原文三行目「押赴」は、明刊本では「牌赴」。原校が「押」に改める。

（2）原文三行目「不許淹延」は、明刊本では「不請淹延」。原校が「許」に改める。

「司理参軍*を対移する」

胡化龍が趙司理が帰任した件につき訴えたので、すでに本府に牒文を出した。調べたところ、いま胡化龍は泣いて哀訴し、「趙司理はすでに帰任し宴会を開いています」と言い、かつ「私化龍の父親が死んだ件は、きっと彼が証拠を外の部局に移してしまったので、事実を明らかにする手だてがありません」と言っている。

一命の士*が身を持すこと慎まず、百姓に憎まれることこうであれば、なお裁判の担当官でいられようか。改めて寧国(1)の李県尉と対移し、府に牒文を出しただちに人を派遣して寧国県の任所へ連行し、一日以内に結果を上申せよ。この命令に違えば都吏*を召喚する。なお府院に牒文を出し、公正に調査して円満に決着してもらい、期限どおりに上申させる。遅延は許さぬ。

【注釈】

（1）原文「寧国」は、当時の江南東路寧国府寧国県、現在の安徽省寧国市。

（21） 對移縣丞

叵浸未解、生理蕭然、爲民父母者、正當寛之一分、抑納之箴笥。本司追吏、藏匿不解、所訴詞人則枷而赴州、有人心者如是乎。諸公爲邑大夫、則至矣。獨不爲同邑生靈動念乎。對移縣丞、姑示薄責。少俟胥吏到司、卽與復舊。併帖縣、催追解許慶。

「県丞を対移する」

洪水被害がまだ残っており、民衆の生活には活気がない。民の父母たる県官は少しく寛大な措置を採らねばならぬのに、強制的に納めさせてこれを自分らの懐に入れている。本司が胥吏を召喚すると、匿って送って寄こさず、訴え出た原告には首枷をつけて州に送って寄こしているが、人の心を持つ者はこうであるか。

諸公は県の大夫《かんりょう》であるからには、すなわち最高位の者である。同じ県内の民衆のために心を動かされることはないのだろうか。県丞を対移し、しばし少しく罰を加える。（召喚を命じた）胥吏が当庁に来るのを待って、ただちに（対移を）もとに戻すことを許す。併せて県に帖文を出し、許慶[1]の身柄を送るよう催促せよ。

【注釈】

（1） 原文「許慶」なる人物は、本巻（25）にも「押録許慶」と出てくる。同一人物であろう。

（22） 對移縣丞

本司追一吏不到。何物縣丞、敢爾侮慢。追請縣丞赴司、限一日、錫匣。此係本司綱紀所在、於本縣無預。併帖縣。續章縣丞司具腳色呈。奉台判、朝廷張官置吏、一司有一司之紀綱、尤爲不輕。昨本司因朝廷送下名件内人朱祖榮在縣獄身死、帖縣丞、追解推獄、乃頑然不解。及本司追丞廳吏、又敢占護不遣。到任曾幾何時、已黨吏侮上如此。將來狗吏貪殘可知、便合按奏、以有親老、且從輕、對移本縣縣尉。只今行。

【校勘】

（1）原文二行目「章縣丞司具腳色」は、「章縣丞開具腳色」の誤記ではないか。また中華書局本は、「續章縣丞司具腳色呈奉台判」とするが、原文のように断句した。

（2）原文四行目「便合按奏」は、明刊本では「便令按奏」。原校が「合」に改める。

「県丞を対移する」

本司が一胥吏を召喚したがやって来ない。県丞はいったいどんな人物でこうも上司を侮り蔑ろにするのか。県丞を呼び出して当方へ赴かせよ、一日以内に、錫匣*で。これは本司の綱紀に関わる問題で、当該県が干与すべき問題ではない。併せて県に帖文を出せ。

その後章県丞が脚色*を書いて差し出してきた。以下命ずる。朝廷が官吏を置き、一司には一司の紀綱がある。最も重視すべきことである。さきごろ本司は朝廷が下した案件の中の人朱祖栄が県の獄内で死亡したというものがあったので、県丞に帖文を出して推獄[1]を召喚連行させたが、かたくなに送ってこなかった。本司が県丞庁の胥吏を呼び出した時も、またもや身柄を匿って派遣しなかった。任に到ってからこれまでどれだけの時間が経ったのか（長くはないのに）、すでに胥吏と結託して上司を侮辱することこうである。将来胥吏と一緒に貪婪凶悪なことをしでかすこと確実で、弾劾上奏すべきところであるが、年老いた親がいるので、しばし軽く罰し本県の県尉と対移する。すぐに行え。

【注釈】
（1） 原文「推獄」とは、推吏と獄子（獄卒）であろう。

【補説】
本条は前条を承け、それに続く書判であろう。

（23） 對移贓汚

縣丞身爲監官、乃與吏作套取財、甚至鹽米之類亦責民戶納錢。今見劉仁送獄、恐蹤跡敗露、乃敢突然申來、欲取劉仁下縣、可謂狼藉無忌憚之甚。姑對移本縣主簿、仍仰僉廳連呈州院勘到縣丞與劉仁同取受情節。其催租一節、牒通州、請別選委清勤官吏。仍嚴與約束、毋令擾民、限只今、申。

【校勘】
（1） 原文二行目、中華書局本は「仍仰僉廳連呈州院、勘到縣丞與劉仁同取受情節」と断句するが、原文のように改めた。

「収奪収賄の官を対移する」

県丞は自身監督する立場の官でありながら、胥吏とグルになって財物を取り、さらには塩や米の類（の費用分）まで民戸に強制して銭を納めさせた。いま劉仁が獄に送られたのを見て、実情が露見するのを恐れ、突然に上申書を送り寄こし、劉仁の身柄を県に下してほしいと言ってきた。全くの狼藉者で忌憚がないと言うべきである。しばし本県の主簿と対移し、なお僉庁に命じ、州院*[1]が調査した県丞と劉仁とが一緒に財物を収奪した状況を併せて呈上させる。民戸から租税を徴収した一件は、通州に牒文を出し別に清廉勤勉なる官吏に調査を委ねよう。なお厳しく取り締まり、民戸に迷惑をかけてはならない。現在すぐに措置し、結果を上申せよ。

【注釈】

（1） 原文「通州」は、当時の淮南東路に置かれた州、現在の江蘇省通州。

（24） 監稅遷怒、不免對移

昨來民部訴趙監稅違法恐嚇取財、本司只是帖問。今不自反、乃遷怒於人、張皇擒捉以咆哮、脫漏州判送獄。如此則貪吏害民、人戶不得陳訴、監司亦不得問著。何物小子、乃敢如此。除已一面契勘對移外、先牒本州從公行。直日排軍只今追包旺・胡茂赴司。繼據所差排軍取到饒州院申、準本州押下陳俊・包旺・胡茂、爲趙監稅申陳俊咆哮喧嘁事、院司具此鞫勘未圓、除已一面申州具解外、申本司乞台旨。奉台判、饒州獄乃朝廷爲民求直之司、非爲趙監稅報復之地。趙監稅律身不嚴、以二卒包旺・胡茂爲腹心、縱其邀索恐喝、取人財物。及路見不平、合辭伸訴、本司雖嘗帖問、卽未見之施行。監稅者懼其事之彰、怒其人之言、委曲計會、卻將所訴二卒併詞人、同以咆哮本官送獄、意欲借此以脫二吏之罪、箝詞人之口、使詞人受苦、而二卒苟免、其爲計亦甚巧矣。臺府鼎立、詎容貪謬小吏得以行胸臆、視州獄者保私房、挾公行私、惟其所欲。本司姑惟聽之、帖州院候斷遣咆哮罪訖、卻請解赴本司、切待送別獄推勘、正其害民取財之罪。又據本州城下商稅務節級陳宣教・潘馬福等供狀、訴包旺・胡茂酷虐害衆等事。奉台判、包旺・胡茂乃監稅腹心、決非咆哮者。監稅見陳訴者多、恣本司追究、借州獄以藏匿之、一則爲抗拒本司之計、一則爲媒以苦詞人、而泄私忿耳。排軍只今就州獄、取上兩名、押送南康軍司理院、限三日、根勘情由、牒申。仍牒本州照會。其南康軍司理院帖內、再奉台判、請究心推勘。如縱吏受賕、先將本官對移。並據饒州申、已將趙監稅對移本州監押、申乞臺照。

【校勘】

（1）原文一行目「昨來民部」は、文脈からして「昨來部民」ないしは「昨來民詞」の誤記であろう。

（2）原文一行目、三行目、六行目、八行目、十行目の「咆哮」は、明刊本ではいずれも「咆啍」に作り、原校が「哮」に改める。

（3）原文四行目「求直之司」は、明刊本では「永直之司」。原校が「求」に改める。

（4）原文五行目「合辭伸訴」は、明刊本では「令辭伸訴」。原校が「合」に改める。

（5）原文十行目「恣本司追究」は、文脈からして「恐本司追究」の誤記であろう。

（6）原文十一行目「根勘情由」は、明刊本では「根勘情」。原校が「由」字を補う。

「監税が八つ当たりすれば、対移は避けられない」

さきごろ管轄地の民が監税*が違法に財物を脅し取ったと訴え出たが、本司は帖文で問い合わせただけであった。いま監税は反省もせず逆に訴人に怒りを向け、喚き散らしたという理由で慌てて身柄を拘束し、州の判決を無視して獄に送った。こうであれば、貪欲な官吏は民を害し、人戸は抑圧を訴えられず、監司もまた問い質すことができない。なんたる小物があえてこんなことをしでかすのか。一方で調査して対移するほか、まずは州に牒文を送って公平に措置させる。当直の軍兵は即刻包旺と胡茂を召喚し州司へ赴かせよ。

ついで派遣した軍兵が受け取った饒州*の州院*の申文には、「本州*（饒州）から陳俊・包旺・胡茂を連行し、趙監税が上申してきた陳俊が官吏に対して喚き立て騒ぎを起こしたという件を審理せよとの命令を受けました。州院はつぶさに審問しましたがまだ決着を見ず、すでに一方で州に具申して当事者を送るとともに、本司（＝監司）に上申してご判断を頂きたい」とあった。

判決を奉じよ。饒州の獄は朝廷が民が正義を得るために設けた官署であり、趙監税が報復を行うための場所ではない。趙監税は身を厳しく律せず、二人の手下の包旺・胡茂を腹心とし、恣に彼らに取り立て・恐喝をさせ、他人の財物を手に入れた。人びとが不公平を見て集団で訴え出た時、本司はかつて帖文で問い合わせたが、特に手だては講じなかった。監税なる者は事が露見するのを恐れ、人が言うことに腹を立て、子細に計略を立て、訴えられた二卒と原告を一緒に本官に喚き散らしたという理由で獄に送ったが、これを口実に二吏の罪を脱し、原告の口を封じ、原告に苦痛を与えて二卒を免罪にしようとしたのであった。その計略は甚だ巧妙である。監司（漕司、臬司、倉司）は鼎立しており、どうして貪欲で出鱈目な小吏の思うままにさせ、州獄を耆長(1)・保正*の私房のごとく見なし、欲するがまま公を装い私を行うことを許そうか。本司はしばし聞き置くだけとし、州院に帖文を出して喚き散らしたという罪に決着をつけ終わったなら、本司へ身柄を送り寄こし、別の獄に送って審問し、民を害し財物を奪った罪を糺してくれるよう切に期待する。

また本州の城下にある商税務の節級*の陳宣教郎(2)・潘馬福らが供述書で訴えている包旺・胡茂が手ひどく民衆を虐げているという一件について。判決を奉じよ。包旺・胡茂は監税の腹心で、決して官吏に対し喚き立てる者ではない。監税は訴え出る者が多いのを見、本司の追及を恐れ、州獄を借りて彼らを匿ったが、それは一方では本司の追及に抵抗する手だてとし、一方では間に立って原告を苦しめ、その私憤を晴らそうとしたにすぎない。軍兵はただちに州獄に行き、両名を捕まえて南康軍*の司理院へ護送せよ。三日以内に実情を徹底調査し、牒文・申文で報告せよ。なお本州に牒文を出して照会せよ。

（饒州から）南康軍司理院への帖文には、「再度ご命令を頂いた。どうか徹底調査してほしい。もし胥吏が賄賂を受ければ、まず司理院の官を対移する」とあり、ならびに饒州の申文には「すでに趙監税を本州の監押(3)に対移しました。報告しますのでご覧下さい」とあった。

【注釈】

（1）原文「耆保」の「耆」は「耆長」を言い、北宋代に郷村の戸等が第一・二等戸の者を充てた郷役で、北宋中期の保甲法以降はやがて大保長や都保正副に取って代わられ（それゆえ「耆保」とも言う）、残った地域でも雇傭されるようになった。いずれも当初は治安維持を主要な任務としたがやがて郷村の行政をも担うように変化した。

（2）原文「宣教」とは、文階三十階の第二十六階の宣教郎の略称。寄禄官名で従八品。

（3）原文「監押」とは、州・軍・監・県や鎮・寨に置かれた軍職名で、兵馬監押が正式な名称。武臣の三班使臣を充て、また文臣は京官の知県・知鎮等が兼務した。

（25）謬令

知縣到任以來、略無善政、大辟刑名公事、件件不理、但有縱吏受賕、貪聲載路。百姓章夔昨經本司陳訴、本縣差徐發統領寨兵下鄉、如捕盜賊。寨兵下鄉、法所不許、徐發特本縣一卒、且横如此。押錄許慶既脅取七百貫矣、而知縣不滿所欲、又將詞人扯毀衣冠、搙拔頭髮、將民詞八十餘紙、判送南房、當廳焼毀、此何等繆政。本司兩入錫匣遣許慶、乃横身庇吏、拒遣不解、何待吏之厚也。本縣受詞、必須官紙、必賣兩劵、受詞必須傳押、亦須定價、如不依此、並送南房、甚至有宣敎紙墨錢、縣主坯粉錢。貪繆無狀、一至於此。未欲案奏、但對移本州所差權縣丞吳主簿、並限一日、取遵稟狀。

【校勘】

（1）原文五行目「案奏」は、「按奏」（＝按劾奏上）の誤記であろう。

「出鱈目な政治をする県令」

知県は任に赴いて以来、ほぼ善政がなく、殺人刑事裁判もどれひとつ審理せず、ひたすら県の胥吏に賄賂を取らせるだけで、その貪欲との風評は世間に満ちている。

庶民の章夔が先般本司に訴え出たところでは、「当該県は徐発を派遣し寨兵を引き連れて郷村に赴かせ、まるで盗賊を捕らえるかの体でありました」と言う。寨兵が郷村に下ることは法が禁ずるところであり、徐発は当該県の一吏卒にすぎないのに、その横暴さはこのようである。押録(1)の許慶はすでに七百貫を脅し取っていたが、知県はなお満足せず、原告の衣冠を引き裂き、頭髪をむしり取り、民の訴状八十余紙を南房(2)に送らせ、そこで焼き捨てさせた。これはなんたる出鱈目な行政であるか。

本司は二度にわたって錫匣*に入れて許慶を護送するよう命じたが、しかし知県は身を挺して胥吏を庇い、護送を拒否して身柄を送ってこなかった。何とも胥吏を厚遇していることよ。当該県は詞状を受理する際には必ず官紙を用いさせ、必ず二枚を買わせ、詞状を受理する際には必ず伝押《でんれい》を用い、また一定の手数料があり、もしそうしなければすべて南房に送り、さらにひどいことに(知県の)宣教《むすこ》の紙墨銭《きょういくひ》、県主《むすめ》(3)の坯粉銭《けしょうだい》まで要求する。ひどく貪欲で曲がった行政ぶりはここにまで至っている。まだ弾劾上奏したくはなく、ただ本州が派遣した権県丞の呉主簿と対移することとし、さらに一日の期限をつけて遵稟状*を取れ。

【注釈】

（1） 原文「押録」とは、本来は押司と録事を併称したものだが、ここでは地方官庁の胥吏＝事務職の一般名称。

（2） 原文「南房」とは、南側の建物という意味であろうが、あるいはそこに県獄があったか。

（3） 原文「県主」とは、親王女や功臣の女の封号名だが、時には地位ある者の女子の尊称として、「宣教(郎)」(＝男子)とともに用いられていた。ここも同じ。

昭雪

(26) 縣吏妄供知縣取絹

呉雨巖

行部以洗冤爲急。民冤尙欲申、何況士大夫之冤。前貴溪知縣黃輅、昨因赴上大急、毛提刑責其冒銜、正欲加罪。適値吏鄭勳等妄供本縣絹事、謂黃知縣取八十六疋、折爲陳設、遂致信憑申劾。旣而黃知縣辨明、毛提刑再有一判之失絹、黃知縣檢舉發擿鄭勳所供與方涇不同、蓋至是則毛提刑已知其風聞之誤矣。但黃知縣先賢的嗣、具有家法、安得此事。當職久聞其枉、及到信州、州院疎決、鄭勳適以他事收禁在獄、引上取聞〔一〕、就令獄官責供。如所供則黃知縣未嘗將去、安得以竊絹誣之。鄭勳等初焉所供、乃是盜憎主人、怒黃知縣之發覺耳。鄭勳別犯重罪斷治外、黃知縣之冤當與昭雪。具申尙書省、乞與放行注授、庶幾是非明白、士夫知所勸。

〔一〕 引上取聞 「聞」、疑作「問」。

冤罪を晴らす

「県の胥吏が知県が絹を取ったと出鱈目を言う」

呉雨巌

管轄区域を巡回して勤務評定する時には冤罪を雪ぐことが急務である。民の冤罪は晴らさねばならないのであるが、ましてや士大夫の冤罪は尚更である。

前貴渓県知県の黄輅(1)は先般昇進が甚だ速かったので、毛提刑(3)は彼が官称を詐り用いたとして罪を加えようとした。たまたま胥吏の鄭勲等が当該県の絹のことを出鱈目に供述し、「黄知県が八十六疋を取り、金銭に換えて宴会費用にしました」と言ったので、結局信じて弾劾文を中央に送ったのであった。その後黄知県は弁明したが、毛提刑は再度「絹が規定額に満たなかった」との判決を出した。黄知県は鄭勲の供述と方涇の供述が異なっていることを取り上げて指摘したが、おそらくそこで毛提刑は風聞が正しくなかったことを知ったのである。黄知県は先賢の子息で、家法が備わっており、どうしてこんなことがありえようか。

私は以前から黄知県が無実の罪に陥れられたと聞いていたが、信州に到り州院*が疎決(4)する時に、鄭勲は偶然ほかのことで獄に拘禁されていたので引き出して訊問し、獄官にしっかりと供述を取らせた。供述どおりであれば、黄知県はこれまで絹を持ち去ったことがないのであるから、絹を窃盗したと言って誣告することはできないはずである。鄭勲等が最初に供述したことは、盗人が主人(＝所有者)を憎み(5)、黄知県の告発に腹を立てたにすぎない。鄭勲は別に重罪を犯しているので処罰することとし、黄知県の冤罪はまさに晴らさねばならない。尚書省に上申し、放免して職務につけるよう要請(6)する。そうすれば是非は明白となり、士大夫は何をやるべきかを理解しよう。

【注釈】

（1）原文「貴渓」は、貴渓県の略で当時の江南東路、現在の江西省の信州に置かれた県。

（2）原文「黄幹」とは、「黄知県先賢的嗣」とあることから、字は子木、閩県の人で、黄榦の長子、朱熹の外孫であろう。『宋元学案』巻六三に伝がある。

（3）原文「毛提刑」は、未詳。

（4）原文「疎決」とは、本来未決囚の審理や既決囚で未執行の者の処分促進のための審査を意味したが、やがて恩赦の意味合いが強まり、毎歳の酷暑、酷寒、天候不順の時などに囚人を審査し、謀殺・故殺などの重大な犯罪を除き、その他の雑犯死罪は流罪に、流罪は徒罪に、徒罪は杖罪に減刑し、杖罪以下は釈放することを言う。例えば『宋史』巻二〇〇、刑法二、理宗の条を参照。なお「疎」は「疏」の俗字で、正しくは「疏決」。

（5）原文「盗憎主人」は、『左伝』成公十五年に、「伯宗毎朝、其妻必戒之曰、盗憎主人、民悪其上、子好直言、必及於難」とあり、悪人が善人を恨むことを言う。

（6）原文「注授」とは、官僚の任官や遷官に際して登記を行うこと。

舉留生祠立碑

（27）取悅知縣、爲干預公事之地　蔡久軒

當職所至、最嫌舉留之人。今日之舉留者、即平日之把持縣道者也。此狀舉留姓名數中、必有譁徒、欲取悅知縣爲此、殊不知知縣賢否・政事美惡、有耳目者必能知之、何待于此曹哉。狀首不過爲譁徒所使耳、姑與責戒勵一次、仍帖縣、具譁徒姓名申。

【校勘】

（1）原校は標題の脇に「此下二條當附前禁戢之末」と記す。原校者は『永楽大典』によって校勘をしたのであるから、『永楽大典』では巻一の末尾にこの二条が置かれていたと思われる。

再任を求めて生前に祠《ほこら》と石碑を建てる[1]

「知県を喜ばせて、行政に干与する足がかりにする」　蔡久軒

私は行く先々で最も嫌いなのは再任要求である。今日再任要求する者は平日県の行政を牛耳っていた者たちである。この書状中に姓名が記されている者の中には必ず譁徒《ごろつき》がおり、知県を喜ばせるためにそうしているのである。よいか、知県の賢否と政治の美悪《よしあし》は、耳目がある者は必ず知っており、どうしてこうした連中の再任申請を必要とすることがあろう。書状の筆頭者は譁徒に唆されたにすぎないから、しばし戒励状《はんせいぶん》を一度出させ、なお県に帖文を出し、譁徒の姓名を書いて上申させよ。

【注釈】

（1）原文「挙留」とは、善政を施した官僚の任期満了時に再任を求める行為。『朝野類要』巻三、職任、挙留に、「見任官有成績、

而吏民願得再任者、須本処進士同耆老以下列状経歴司挙留、次請上司申乞」とある。南宋には知県の徳政を顕彰することを禁ずる事例がある。それに関しては、高橋芳郎『宋-清身分法の研究』（北海道大学図書刊行会、二〇〇一年）第五章「宋代の士人身分」を参照。

（28） 生祠立碑

前政創備荒、有徳於民、某不過就其節目之未盡者略加討論、而變通之。但欲扶植其初意、俾勿壞、何敢掠美於己。諸位省元過訪、示以生祠碑刻、某無功徳、於是非但曰不喜諛而已、實揣於心、無其實、而厭然受其名、非某之福。或者亦得以議諸公之輕於稱美、則美者刺之媒也。敢告勿立碑、受賜尤侈。使某之爲政自是有加于前、則路上行人口是碑、雖無碑無祠可也。否則、如行人口碑何。

【校勘】

（1） 原文二行目「省元」は、明刊本では「肖元」。原校が「省」に改める。

「生前に祠堂と石碑を立てる」

前任者は飢饉対策を立て、民衆に徳を示したが、私はそのいくつかの項目の不備な点につき議論し変更を加えたにすぎない。ただ前任者の初志を貫徹させ駄目にしないようにと思っただけで、その功績を掠め取って自分のものにするつもりなどない。省元諸氏（1）がやって来て生前に祠堂を立て石碑に刻もうと提案してきたが、私には功徳はなく、こうした状況下では、おもねりが嫌いなだけでなく、実際心に揣《はか》ってその実がないのにそれを隠して美名を受けるのは私の幸せではない。ある者はまた、諸公が軽率に私を称揚していると論ずるであろうし、そうすれば、功績は誹謗を招くもとなのである。

あえて立碑しないように告げる。それを受けることは過分のことである。もし私の政治が前任者に加えることがあるとすれば、道行く人びとの語るところがすなわち碑であり、石碑や祠堂がなくともよいのである。私の政治がよくなければ、道行く人びとの口碑《ひょうか》は如何ともしがたい。

【注釈】

（1） 原文「省元」とは、本来省試及第第一名を言うが、ここは士人の尊称として用いられている。宋代には「省元」のみならず、「解元」「進士」「貢士」「秀才」など、科挙試に関係する称号で尊敬の念を表示する言い方が多い。その用例につき詳しくは、高橋芳郎『宋－清身分法の研究』（北海道大学図書刊行会、二〇〇一年）第五章「宋代の士人身分」を参照。

財　賦

（1）　財賦造簿之法　　　　　　　　　　眞西山

以上數條皆可采用、而歙縣造簿之法尤爲切要。蓋簿書乃財賦之根柢、財賦之出於簿書、猶禾稼之出於田畝也。故縣令於簿書、當如舉子之治本經。近世不然、雖秋夏之簿未嘗不置、然爲宰者罕曾親閲、則所用以催科者、鄉司之草簿而已。彼其平時飛走産錢、出入賣弄、無所不至。若據其草簿以催科、則指未納爲已納、已納爲未納、皆惟其意所欲。官賦之陷失、人戶之被擾、皆由於此。若用歙縣之法、則各都之納有欠無欠、一目瞭然。故嘗謂催科之權在己而不在吏、則不擾而辦、在吏而不在己、則擾而不辦、蓋謂此也。今屬縣財賦之不辦、大抵由其不能用歙縣之法、故予於此尤惓惓焉。

財　賦

「課税台帳作成法」　　　　　　　　　　真西山

以上の数条（の提案）はすべて採用すべきであるが、歙県(1)の課税台帳作成法は最も緊要である。それと言うのも、課税台帳は財賦の根幹であり、財賦が課税台帳から生ずることは、あたかも穀物が田土から生ずるようなものだからである。それゆえ県令は、科挙受験生が経書を修得するのと同じように課税台帳を重視せねばならないのである。
最近はしかしそうではない。夏税と秋糧の課税台帳[2]がこれまでなかったわけではないが、しかし県令たる者は自ら目を通したことがなく、[3]徴収に用いられる台帳はと言えば郷司[4]が作った草簿《てもち》ということになる。彼の郷司は普段から財産評価額*を移し替え、不法に操作し、やりたい放題である。もし草簿によって徴収すれば、未納のものは既納となり、既納は未納とされて、全く彼の意のままとなる。官税の失陥、人戸の被害はみなこれに由来する。もし歙県の方法を用いれば、各都*の納税に欠損があるかないかは一目瞭然となる。ゆえに私が常々「徴税の権限が長官にあって胥吏になければ、スムースに徴収ができ、権限が胥吏にあって長官になければ、問題が生じて徴収できない」と言ってきたのは、このことにほかならない。いま管下の県で税金を満額徴収できないのは、大抵歙県の方法を採用できないからで、それゆえ私はこの点に関して最も心を砕いているのである。

【注釈】

（1）原文「歙県」は、当時の江南東路徽州の附郭の県である歙県、現在の安徽省黄山市歙県である。

（2）原文「秋夏之簿」とは、「税租等第産業簿」か「夏秋税租簿」（また「夏秋税管額帳」）を言う。『慶元条法事類』巻四八、賦役門二、税租帳にそれらの書式が見える。なお当時の租税は夏と秋に二度徴収されていた。

（3）原文「牢会（會）」は、未詳。おそらく文脈からすれば訳文のようなことが書かれていたに違いなく、「不曾」という文字を書き損じたのではないかと疑われる。

（4）原文「郷司」とは、郷書手のことで、一郷の行政や租税徴収に関わる書類作成や事務手続きを行う役目の者。当初は差役（＝職役）であったがこの時期には専業化していた。

（2）戒攬戸不得過取　　胡石壁

當職軫念郡民困於賦斂之重、故於去歳秋苗、特與減斛面米、罷市利錢、蓋將以惠服田力穡之農也。又慮攬戸欺罔愚民、仍前多取、復與立定規約、令除輸官之外、所贏不得過三分。既見之鏤牓曉示、又勒各人責其決配罪狀、付案爲照、三令五申、亦云至矣。意謂幽遠小民、必已俱被其澤。茲因張燈之夕、村夫野老雜沓戸庭、當職微服詭辭、問所疾苦、言及税事、莫不蹙然以悲、多者一㪷納及千六以上、少者亦不在千二以下。參考衆論、如出一口。若是則攬戸之取盈、不啻加陪於官府矣、何無忌憚之甚。誅之不可勝誅、不誅則無以示戒、合擇其太甚者、懲治一二、以警其餘。魏六乙周七乙各決脊杖十五、刺配本州、枷項市曹、示衆十日。餘人責戒勵一次、仍備榜。

税　賦

「攬戸*に取りすぎてはならぬと戒める」　胡石壁

私は州内の民が税の重さに苦しむのを思いやり、昨年秋の徴税時には特別に斛面米(1)を減額し、市利銭(2)を止めさせた。それは耕作に勤しむ農民に恩恵を与えたかったからである。また攬戸が愚かな民を虐め騙し、これまでどおりに多く徴収するのではと思い、そこで規約を作り、官に輸納する額以外の各種の手数料は（税額の）三割を超えてはならないとした。このことは立て札に書いて周知しただけでなく、攬戸に「違反すれば配軍刑*にされてもよい」との誓約書を提出させ、それを書類綴りに入れて証拠とし、何度も念押しをしたが、周到であったと言うべきであろう。それは官府から遠く離れて暮らす小民も、この恩恵に与れるようにと思ったからである。

そこで、張燈節(3)の晩に村人たちが家々の庭に溢れかえっている時に、私は粗末な服を着て身分を偽った物言いで何に苦しんでいるかを問うてみたところ、税のことに言い及ぶや、顔をしかめて悲しまない者はなく、多くは一斗につき一貫六百文以上、少なくも一貫二百文以下の者はいなかった。(4)他の人びとも言うことは全く同じであった。こうであれば攬戸が利得を得ることは官府の二倍以上で、なんと忌憚のないことであるか。これを誅しても誅し切れないが、誅しなければ戒めを示すことはできないので、最も悪い者を選んで一人二人を懲罰し、それで他の者たちに警告を与えることにする。

魏六乙と周七乙とは脊杖十五を執行し、入れ墨して本州の廂軍に配属することとし、(その前に)首枷をつけて目抜き通りに十日間晒し者とする。他の者たちは「もう致しません」との誓約書を出させ、なおこの措置を掲示する。

【注釈】

(1) 原文「斛面米」とは、租税納入の際に穀物を枡で量り、高く盛り上げて取る分を言う。一種の附加税。

(2) 原文「市利銭」とは、市例銭とも言い、商税や和買などの徴収の際に百文ごとに十文を徴収する一種の附加税。

(3) 原文「張燈」とは、張燈節のことで、正月十五日の晩に提灯を飾って楽しむ祭りを言う。元宵節、観燈とも言う。

(4) 後に「攬戸之取盈、不啻加陪於官府矣」とあるように、攬戸の手数料が高額に及んでいたことは、周藤吉之『宋代史研究』(東洋文庫、一九六九年)第五章「南宋の耗米と倉吏・攬戸との関係 (補)南宋斛斗マス考」を参照。

催科

(3) 重覆抑勒

蔡久軒

催科固不可緩、然重覆抑勒至再三、民力其何以堪之邪。據程上舍所訴、始焉輸納、已有李壽親領狀、繼而重覆、不免鬻田重納。李壽等不容到庫交錢、只還領狀、今又將其僕朱七二枷杖。剝牀及膚、剝膚及骨、可念甚矣。亘浸方退、生理如線、官吏更忍魚肉一邑之生靈乎。帖縣、且追李壽一名、併朱七二賫領批、赴司比對、限五日。

徴 税

蔡久軒

「繰り返し強制納入させる」

税の徴収はもとよりしっかりやらねばならないが、しかし重複して強制徴収すること再三に及べば、民はどのようにしてそれに堪えることができようか。

程上舎[1]の訴えでは、「最初に税を納めた時には李寿が自ら受け取ったという受領書がすでにあったのに、ついで二度目の徴収があり、田を売って再度納入するほかありませんでした。李寿らは(当方が)県の倉庫に行って銭を手渡すことを許さず[2]、ただ(先の)領収書を取り戻そうとし、そのうえ私の奴僕《めしつかい》の朱七二に枷をし杖《むち》で叩きました」と言う。牀《ベッド》を剥いで膚に及び[3]、膚を剥いで骨に及ぶとは何ともひどい仕打ちである。洪水がようやく引いたばかりで、民の生活はきわめて苦しく、官吏はこれ以上一県の民がむざむざ痛めつけられるのを見るに忍びない。県に帖文を下し、李寿一名を召喚し、朱七二に領収書を持ってこさせ、担当部局へ行かせて対照せよ。期限は五日以内。

【注釈】

(1) 原文「上舎」とは、上舎生のこと。三舎法の下で太学生を成績順に外舎、内舎、上舎に分け、上舎で優秀な者には直接官職を授けるという制度下の呼称。

(2) 李寿らは重複徴収した分を着服するため、県の倉庫での受け渡しを拒んだのであろう。

(3) これは『易経』剥に見える言葉。「剥ぎ取ることが進んで牀の上の人の皮膚にまで及ぶ」こと、すなわち災いが身近に及ぶこと。

（4）巡檢催稅、無此法　蔡久軒

自信州來者、皆言巡檢在彼催稅、何待張天驥狀、然後知之。巡檢催稅固不可、吏貼就寨催稅、有此法乎。姦吏與悍卒並同、其流毒四出也。固宜且照所申、緩追、候本司探問得實、專人追之以來、併帖示巡檢。

【校勘】

（1）原文二行目、中華書局本は「固宜且照所申緩追」とするが、これでは申文に「緩追」するよう要請されていた意味となってしまうので、原文のように改めた。

「巡検が税を徴収するという法はない」　蔡久軒

信州から来た者はみな「巡検が信州では税の徴収をしています」と言っており、張天驥の訴状を見る前から分かっていたことだ。巡検が税の徴収をすることはもとより許されないが、吏貼[1]が巡検の寨で税徴収するなどという法があるものか。悪賢い胥吏と荒々しい兵卒とが一緒になり、その害毒があちこちに流れ出ている。もとより（信州が）上申してきたように措置すべきだが、（巡検等はしばし）召喚猶予とし、本司が調査し事実確認した後に、専人を派遣して（巡検等を提刑司に）召喚連行させるのを待て。併せて巡検に帖文*で告示する。

【注釈】

（1）原文「吏貼」とは、胥吏の貼司かあるいは胥吏一般を指す呼称。貼司は文書を担当する胥吏の職名である。

（5）州縣不當勒納預借稅色　劉後村

當職入信州界、鋪寨兵則論縣道欠其衣糧〔一〕、都保役人又論縣道勒納預借、謂如五年田方夏秋米已交足〔二〕、又借及六年之米〔三〕。剗下如此、所不忍聞。知縣或奮由科第、或出於名門、豈其略無學道愛人之心哉。諒亦迫於州郡期會軍兵糧食之故。訪聞、預借始於近年、同此郡縣、昔何爲而有餘、今何爲而不足。任牧養撫字之責者、盍於源頭上討論一番〔四〕、自州寬縣、自縣寬民、庶幾一郡百姓、漸有甦息之望。今賢而明者、但有顰蹙歎息、謬而闇者、又縦姦吏舞智其間。如預借税色、既不開具戸眼、止據吏貼敷秤數目、抑勒都保、必欲如數催到、錢物或歸官庫、或歸吏手、亦何所稽考〔五〕。爲百姓與都保者、不亦苦哉。今雖未能盡革、亦須以漸講求。牒州帖縣、各以牧養撫字爲念、共議所以寬一分者。所論縣吏取乞、且帖各縣、於被論人内擇其尤甚、謂如乾沒百姓都保錢會、不以輸官者、斷刺一二、以謝百姓、其贓多者解赴本州施行。仍牓縣市〔六〕。

〔一〕論縣道欠其衣糧　「道」、據《後村先生大全集》巻一九二《弋陽縣民戸訴本縣預借事》補。
〔二〕方夏秋米已交足　《後村先生大全集》巻一九二《弋陽縣民戸訴本縣預借事》作「方下秧米已借足」。
〔三〕又借及六年之米　「及」、據《後村先生大全集》巻一九二《弋陽縣民戸訴本縣預借事》補。
〔四〕於源頭上討論一番　「上」、據《後村先生大全集》巻一九二《弋陽縣民戸訴本縣預借事》補。
〔五〕亦何所稽考　「亦」、《後村先生大全集》巻一九二《弋陽縣民戸訴本縣預借事》作「不知」。
〔六〕仍牓縣市　「市」之下、《後村先生大全集》巻一九二《弋陽縣民戸訴本縣預借事》有「并榜鉛山」四字。

【校勘】
（1）四部叢刊本『後村先生大全集』では、原文三行目の「撫字」を「拊字」に、四行目の「歎息」を「太息」に、五行目「不開具戸眼」を「不開其戸眼」に、同行「敷秤數目」を「敷抨數目」に、八行目「本州施行」を「本司施行」に作る。
（2）原文七行目「謂如乾沒百姓都保錢會、不以輸官者」の箇所は、本来「被論人内擇其尤甚（者）」を説明する割注（あるいはそうした役割の文章）だったはずである。

「州県は次年度以降の税の前納を強要すべきではない」

劉後村

私が信州の境域に入ると、鋪寨の兵(1)が「県政府は私共の衣糧を未払いにしています」と言ったが、都保*の徭役に充たっている者も「県政府は来年度以降の税を強制徴収しています」と言い、それは「(淳祐(2))五年の税として夏秋の米を払い終わったのに、六年の米を前納させる」ということで、こうした搾取は聞くに忍びないことである。知県は、あるいは科挙に合格し、あるいは(恩蔭による)名門の出であるから、道を学び人を愛する心がないはずがない。実際は州政府の徴収催促(3)や軍兵の糧食支給に迫られてのことであろう。

聞くところでは、前納は近年始まったことで、同じ州・県ではありながら昔はどうして財政に余裕があり、いまはどうして不足しているのであろう。民を養い慈しむ責任を負っている官吏は、なぜに一度その原因を討論し、州から県へ、県から民へと徴収を緩めてやらないのか。そうすれば一州の民衆は息を蘇らせるという希望が出るというものだろう。ところが現在賢明なる官僚も顔をしかめて溜息をつくだけ、正しい政治を弁えず愚かな官僚は、邪な胥吏がそこにつけいって悪事をなすに任せている。例えば(官僚は)税を前納させる時に、納税者の名前を帳簿に書き付けることなく、吏貼*が税の数目を割り振り、都保に強いて必ず数目どおりに取り立てるに任せ、(その結果)銭物が官庫に帰属しようが胥吏の懐にゆこうが、全く調査確認しようとしない。これでは民衆と都保(の徭役担当者)は苦しまずにおれようか。いますべてを改めることができないにせよ、一歩ずつ改善策を講じなければならない。州に牒文を送り、県に帖文を下し、各々民を養い慈しむということを心にかけて、少しでも免除してやる方法を一緒に議論させよう。

問題となっている県の胥吏の誅求については、しばし各県に帖文を下し、訴えられている者の中から最もひどい者を選び出し、それは例えば民衆や都保(の徭役担当者)の金銭を没収しながら官に納めなかった者を言うのだが、一人二人を入れ墨の刑に処して民衆に謝罪し、贓*が多い者は本州に身柄を送らせて処分することにしたい。なおこの措置を県の目抜き通りに立て札せよ。

【注釈】

（1）これが前条に見た巡検配下の兵士である。

（2）劉克荘は淳祐四年（一二四四）から六年まで江東提刑の任にあったので、ここは淳祐年間を指すに相違ない。

（3）原文「期会」とは、ここでは（期限を定めた財物の）徴発の意。宮崎市定『宮崎市定全集』第三巻（岩波書店、一九九一年）「古代中国賦税制度」四章の注（15）（九三頁）を参照。また『漢語大詞典』も見よ。

（6）州縣催科不許專人　劉後村

通天下使都保耆長催科、豈有須用吏卒下鄉之理。若有耆保不服差使、州縣自合追斷枷項、傳都號令、孰敢不畏。今州縣皆曰、官物不辦、因不差專人之故。去年蔡提刑任内亦禁專人、亦自不妨州縣催科。無政事則財用不足、恐有之矣。未聞無專人而財用不足也。苗絹失陷、緣人戶規避和糴、飛走產錢之故、今不覈版籍、併產稅、整理失陷、而歸咎於不專人、豈不與近日朝廷詔旨〔一〕臺諫申請背馳乎。當職舊曾試邑作郡、未嘗專人、亦未嘗闕事、近日雖連被版曹督責、終不肯專人至饒州及徽州南康。縱使州縣力能撼搖、當職不過歸奉宮觀。當職平生無意仕宦、決不以浮議輒差專人。案牒帖報州縣、仍牒諸司。

〔一〕近日朝廷詔旨　《後村先生大全集》卷一九二《饒州申備鄱陽縣申催科事》無「廷詔」兩字。

【校勘】

（1）四部叢刊本『後村先生大全集』では、原文一行目の「不服」を「不伏」に、三行目の二箇所の「失陷」を「失限」に、同行の「版籍」を「板籍」に、同行の「產稅」を「產說」に、五行目の「平生」を「生平」に、五〜六行目の「案牒」を「案牘」に作る。

「州県の徴税に専人*は許さない」

劉後村

天下を通じて都保・耆長*に徴税をさせており、どうして吏卒《しょり》を郷に下す理屈などあろうか。もしも耆長や都保が指示に従わないと言うのであれば、州県は呼び出して処罰・首枷をし、伝都[1]し晒し者にすべきであって、そうすれば誰があえて指示に逆らおうか。

いま州県はみな「官物がきちんと徴収できないのは専人を派遣しないからです」と言う。去年蔡提刑[2]の任期内にもまた専人を禁止したが、それでも州県の徴税に妨げはなかった。政治をきちんとやらなければ財賦が不足するということはあるだろう。しかし専人が行われないので財源が不足するということは聞いたことがない。穀物や絹に未納分が生ずるのは、民衆が和糴[3]を逃れ避け、産銭*を移し替えるからであって、現在徴税台帳を調査し、産税を併合し、未納分を整理することなしに原因を専人を派遣しないことに帰することは、近日の朝廷の詔や御史台の申請に背馳しないであろうか。

私はかつて知県・知州を経験したが、専人を派遣したことはなく、またこれまで徴税不足を出したこともない。近日戸部(左曹)の督促を何度も受けたが、結局専人を饒州・徽州・南康[4]に派遣することはしなかった。たとえ州県の官が中央政府を動かし(て私を弾劾でき)たにせよ、私は郷里に帰って宮観職[5]につくだけである。私は平生から仕官に重きを置いておらず、決していい加減な議論によって妄りに専人を派遣することなどない。担当係は州県に牒文・帖文で連絡し、なお(路の)諸部局にも牒文を出せ。

【注釈】

(1) 原文「伝都」は、南宋の端平乙未(二年〔一二三五〕)の序を持つ胡太初『昼簾緒論』期限篇第十三にも、期限に違った場合の懲罰として「勘杖若干、枷監追集」などが示され、さらにそれより火急の場合として、「然或恐県道有十分緊急事務、非可以傾刻稽違、断欲必集、則当給加牌不展引。此牌引違則有大罰、如勘錮、如伝都、皆当先示戒警」とある。それゆえ「伝都」とは「勘錮(勘杖のうえ禁錮であろう)」と並列されるようなこの時期の懲罰ないしは刑罰のように思われるが、なお未詳。あるいは引き回しか。

(2) 原文「蔡提刑」とは、本書巻一(4)の注釈(1)に見た蔡杭であろうと思われるが、その提刑在任の時期が合致しない。あるいは別人か。

(3) 原文「和糴」とは、本来政府による糧草の買い上げを言ったが、南宋には強制的な割り当てとなり一種の租税と化した。

(4) 原文「饒州及徽州南康(軍)」は、いずれも劉克荘が提点刑獄公事であった江南東路に属す州・軍名。

(5) 原文「宮観」とは、祠禄官名で、某々宮使、某々観使の総称である。多くは単に俸禄を与えられるだけで、実際の職務を伴わない官名であった。

(7) 頑戸抵負税賦　胡石壁

趙桂等抵負國税、數年不納。今追到官、本合便行勘斷、懲一戒百。當職又念爾等既爲上戸、平日在家、爲奴僕之所敬畏、郷曲之所仰望、若一旦遭撻、市曹械繫、則自今已後、奴僕皆得侮慢之、郷曲皆得欺虐之、終身擡頭不起矣。當職於百姓身上、毎事務從寛厚、不欲因此事遽生忿嫉之心、各人且免勘斷。但保正戸長前後爲催爾等税錢不到、不知是受了幾多荊杖、陪了幾多錢財。若爾等今日只恁清脱而去、略不傷及毫毛、則非惟姦民得計、國賦益虧、而保正戸長亦不得吐氣矣。案具各郷欠戸姓名、錮身趙桂等以次人、承引下郷、逐戸催追、立爲三限、毎限十日。其各人正身並寄收廂房、候催足日、方與收納。本戸税如違不到、照戸長例訊決。一則可以少紓戸長之勞、一則可以薄爲頑戸之戒。

【校勘】

(1) 原文六行目、中華書局本は「候催足日、方與收納本戸税。如違不到」とするが、文脈から原文のように改めた。

胡石壁

「頑迷な戸が税の支払いを拒否する」

趙桂等が国税の支払いを拒否して数年未納となっている。いま官に召喚したが、本来なら当然懲罰を加え、一罰百戒とすべきである。私はしかし「お前達は裕福な戸で、平日家にあっては奴僕《めしつかい》が畏敬し、地元民が仰ぎ見る存在であるから、もしも一旦鞭打ちの刑を受け、目抜き通りに枷をつけて晒し者となれば、それ以降奴僕はみな侮辱して軽視し、地元民もまた侮蔑して虐めることとなり、一生立ち直れまい」と思った。私は民衆のことに関しては、事ごとに努めて寛大で手厚くと心がけており、こうしたことでにわかに恨み憎む気持ちを生じさせたくはない。各人はしばし処罰を免ずることにしたい。

ただ保正や戸長*はこれまでお前達の税銭を徴収できないことからどれだけ鞭打ちの罰を受け、どれだけの銭財を賠償させられたか知れない。お前等が何の罪もなく釈放され、何のお咎めもなかったとあっては、狡賢い者が思いを遂げ、国税に益々欠損を来すだけでなく、保正や戸長もまた鬱憤を晴らすことができないであろう。

担当係は各郷の未納の者の姓名を書き出し、趙桂等以下の人びとに首枷をし、(1)文引*を持って郷に下り戸ごとに徴収し、三つの期限を設け、一期限は十日とせよ。(趙桂等)各人の身柄は全員廂房(2)に預け、徴収し終わった日に(家族に)引き取らせせる。本戸の税がもし期限内に納められなければ、戸長の例に照らして鞭打ちの罰を与えよ。そうすれば一つにはわずかながら戸長の苦労をねぎらうことになり、一つにはいささか頑迷な戸の戒めとなろう。

【注釈】

(1) 原文「錮身」とは、枷をかけて身柄を拘束することを言う。元・徐元瑞『吏学指南』獄具、錮身に、「重繫也。始於周、宋以盤枷代之也」と見える。

(2) 原文「廂房」とは、大きな都市を廂という区画に分けて治安や防火を担当する廂官を置いたが、その詰め所を言う。廂房は時に官に召喚された者や容疑者の留置所としても用いられていた。本書巻一(3)の注釈(1)をも参照。

（8）不許差兵卒下郷、及禁獄羅織　　葉提刑筆

縣尉所有獄具略備、問何所用之、則本州委之驅催官物、專用以羅織欠戸者也。國家憲用保長催税苗、其出違省限、亦自有此比較之法。未聞使巡尉差兵卒、下郷追捕、而佐官輒置枷杖縄索等、以威劫之也。據縣民黃澄等數狀、且有未嘗充攬戸、而妄指作攬戸、追納官物之詞、此尤無狀。今時民力亦已困矣、催科雖是州縣急務、其忍復於法外肆其虐邪。在法、非州縣而輒置獄、若縣令容縱捕盜官置者、各杖一百、縣尉且罰俸兩月。催承吏來、牒諸州、今後管照條比較、若出違省限、只令委官一員驅催、不許輒委巡尉用兵卒下郷、及禁獄羅織。爲國家愛養根本、誠非小補。

【校勘】

（1）原文四行目「若縣令容縱捕盜官置者」は、「獄」字の脱落で、本来「若縣令容縱捕盜官置獄者」であろう。

（2）原文四行目「今後管照條比較」の「管」字は落ち着きが悪く、衍字ないしは誤字ではないか。

「兵卒を郷に派遣すること、および獄に捕らえて罪を着せることを許さない」　葉提刑の判決(1)

県尉のところにはあらゆる獄具(＝尋問・拷問用の道具)が揃っていて、「何に使うのか」と問うと、州が彼に委託して税を徴収する際に、専ら未納者に罪を着せるためのものであった。国家の法では保長を用いて税を徴収するのであり、納入期限に違えばまた自ずとこの比較の法(2)がある。巡検・県尉が兵卒を派遣し、郷に下して逮捕し、県の佐官(＝県尉)が勝手に枷《かせ》・杖《むち》・縄《なわ》・索《てかせ》などを置き、威嚇し痛めつけるなど、これまで聞いたことがない。

県の民戸である黄澄等の数通の訴状によれば、「攬戸*になったことなどないのに攬戸だとされて、税を納入させられました」とあるが、これは最もひどいやり方である。現在民衆は経済的に困窮しており、徴税は州県の急務ではあるが、これ以上法外に民衆を痛めつけるのは忍びないではないか。法律では、「州県政府以外で勝手に獄*を置き、も

しくは県令が捕盗の官たる県尉が獄を置くのを容認すれば、各々杖一百とし、県尉はかつ罰俸二箇月とする」とある。担当の胥吏をこちらに赴かせ、諸州に牒文を出し、今後は法律どおりに比較の法を適用し、もし期限に違えばただ一人の官僚に委任して督促を行い、巡検・県尉が兵卒を郷に下すこと、および獄に閉じ込めて罪を着せることを許さない。そうすれば国家が農民を愛養するという点において、まことに大きな効果があろう。[3]

【注釈】

（1）葉提刑とは、慶元二年（一一九六）の進士で江西提刑となった葉莫か。『淳熙三山志』巻三一、人物類六、科名、慶元二年榜に、「字実之、候官人、……歴吏部郎中江西憲漕、終中奉大夫」とある。また、李之亮『宋代路分長官通考』（巴蜀書社、二〇〇三年）一六三六頁以下には、紹定二年（一二二九）から翌年に葉宰が繫年されているが、この繫年の根拠は確たるものではない。次条からは、「葉提刑」はおよそ嘉定十五年（一二二二）ごろに江西提刑であったと考えられるが、葉莫か葉宰のいずれか、あるいは別の人物か、なお未詳。

（2）原文「比較之法」とは、役に充てられた者が期限内に任務を完遂できなかった時に懲罰として杖刑を受ける法を言い、また「限棒」とも言う。

（3）『慶元条法事類』巻七六、当贖門、罰贖、断獄格によれば、従八品から従九品の県尉の場合、一箇月の罰俸は一貫三百文から一貫五十文であった。

（9）已減放租、不應抄估吏人貲產、以償其數　葉提刑筆

贛州嘉定十四年旱歉、比諸州最甚、而減放分數最少。臺臣論列、有旨施行。今有減放未盡去處、優加寬恤。漕倉兩司節節行下、而本州竟不肯實減本年苗數、僅以十二十三年十縣殘苗塞責、已非從實減放矣。其事既申朝廷、徧報諸司、榜示民戶、乃復於守臣將離任之際、再責諸縣舉催、急於星火、此何理也。諸縣催剝如故、惟信豐寧知縣以撫字爲心、不敢奉命。本州遂將縣吏李仲等一十四家抄估貲產、以償其數。本州適遇歲惡、視民秦越、略無救災恤患之意、已失長

民之職、其所施行、又自相背戻、上不有朝廷、下不有諸司、率意肆行、使吏民皆受其禍、虐政有甚於此者乎。且吏人犯枉法贓、或侵盗官物、則有估籍之條、未聞不催已蠲之租、而可以抄籍者也。況數家非皆當行吏人、尤爲濫及無辜。近制、抄估合申本司審覆、本州亦無一字關白、是國家法度行於天下、而獨不行於贛一郡矣。但當時書擬判行等官各已替去、不欲案劾。承吏劉輝游文質各脊杖十五、配鄰州、都吏程佾勘杖一百、勒罷。牒縣將所估賣到家業錢、限一日發下原估官、給還買業之人、以原業歸其主。其已估未賣者、並與給還。所有已蠲之租、諸縣並不得再催。申朝廷、牒轉運司、報諸縣並照會、仍牓縣市。

「税を減免したからには、吏人の資産を没収して不足分に充当すべきではない」

葉提刑の判決

贛州(1)は嘉定十四年(一二二一)に旱魃があり、他の州に比べて最も被害が甚大であったが、しかし税の減免額は最も少なかった。高官たちが陳情し、皇帝の諭旨を頂いて減税を実施した。現在減免をやりきっていないところでは、大いに優遇措置を与えるべきである。転運司と提挙司の二つの官庁が何度も命令を出したが、本州では結局本年分の税額を減額せず、わずかに嘉定十二年・十三年分の十県の未納分の税額を免除することで責を塞いだだけで、実際の減税指示どおりには減免を行わなかった。この間の事情はすでに朝廷に申上し、遍く各部局に通達し、民戸に立て札で知らせたのであったが、しかるに今度は知州が離任しようとする時になって、再度諸県に税の徴収を言い渡すことはきわめて慌ただしかった。これはどんな道理があってのことであるか。

諸県の取り立ては元どおりに行われたが、ただ信豊県の寧知県だけは民を慈しむことを心とし、あえて命令に従わなかった。すると本州は遂には県の吏人の李仲等十四家の財産を没収し、未納の税額に充当した。本州は不作の年であったのに、民衆の事情には全く無関心で、ほぼ災害・困難を救おうという気持ちはなかった。すでに民の上に立つという職責を果たさず、行う施策も自ずと適切さを欠き、上は朝廷を無視し、下は各官庁を無視し、思うがままに振る舞って吏人や民衆に被害を及ぼしたのであって、これほどの虐政はない。そのうえ、吏人が枉法の贓罪*を犯した場合、あるいは官物を盗み取った場合には、財産没収という条文があるが(2)、すでに減免された税を徴収しなかったからといって財産を没収してよいなどとは聞いたことがない。ましてや没収に遭った内の数家は全く徴税とは無関係の吏人で、無辜の者に妄りに害を及ぼすこと甚だしいものがある。

現在の法制では、財産没収の際には提刑司に上申して再審査することになっているが、本州は一字の上申もなく、これは国家の法制が天下に行われても、独り贛州にだけは行われないということである。ただし当時原案を作成し、命令を書いた官僚たちは各々すでに交替しているので、弾劾を行いたくはない。

担当した胥吏の劉輝と游文質は各々脊杖十五とし、隣州に配軍*する。胥吏頭*の程脩は杖一百、罷免とする。県に牒文*を出し売却した家産の金銭を一日を期限として評価を行った官に引き渡し、(銭は)財産を買った者に与え、財産はもとの持ち主に返還せよ。値積もりはしたがまだ売っていないものは(もとの持ち主に)返却せよ。すべてのすでに減免した租税は、諸県では再度徴収してはならない。この結果を朝廷に上申し、転運司に牒文を出し、諸県に連絡して照会させる。なお県の目抜き通りに立て札を出せ。

【注釈】

(1) 原文「贛州」は、当時の江南西路の南端に属した州で、現在も江西省にその名で存続。十県を管轄し、文中の信豊県は州庁が置かれた贛県から南へ二百里弱に位置した。

(2) これに対応する条文は、未詳。なお原文「枉法贓」とは、収賄して違法な裁定をすることを言う。

受納

（10）革受納弊倖　　方秋崖

頗聞諸倉舊多弊倖、於是民受其病、則苛取並緣、官受其病、則濕惡碎雜、徒以左右罔利、而公私俱不便矣。蓋緣受納有官員之弊、有典吏之弊、有揲攬之弊〔一〕、須至約束。

一、官員之弊。受納之官、正當以己律人、所謂事例者、倖門也。此例一開、則無往而非弊矣。垂涎染指、亦能幾何、而此身亦墮諸吏膠漆之中矣。受制於人、方將畏首畏尾之不暇、豈能鈐束吏姦、釐革民病。今所委受納官必能相體、不待多言。然官員潔身、自是革弊之第一義、至於人從亦不可帶入倉門。蓋添一人、則添一人之弊。除帶兩名輪日當直外、其餘無本州給牌輒入倉門者、杖一百、編管。

一、典吏之弊。倉場受納、最苦於羣眾打攬、革此弊、當先汰去冗雜之人。今再定稅倉專㪷一人㪷級一人、並仰都吏保明、如有違犯、併坐都吏。諸處衙番、並不許作名色取乞、使㪷級賠賍、作弊取償、仰㪷級陳告、亦準前斷。㪷級敢縱容揲攬、交量濕惡、賣弄㪷斛、虧官虐民、究見得實、定行決配。

一、揲攬之弊。一應人戶自行輸送、而不付之揲攬之手、在官在民、實爲兩便。纔付揲攬、則民間爲其賣弄取多餘、官司爲其把持、入納濕惡。在法、官員買應納官之物、准盜論。何況宗室上舍學職子弟等、兜攬官物、豪霸倉使、官司虛受多量之名、民間實受多取之害、委爲不便。前項人當職並有姓名、未欲榜示。儻能悛改、何幸相安、如蹈前非、必貽後悔。

〔一〕　揲攬之弊　　「揲」、疑作「搭」。

【校勘】

（1）原文一行目、中華書局本は「於是民受其病則苛取並緣、官受其病則濕惡碎雜」とするが、原文のように改めた。

(2) 原文八～九行目、中華書局本は「斗級敢縦容採攬交量濕惡、賣弄斗斛」とするが、原文のように改めた。

受納　　　　　　　　　　　　方秋崖(1)

「受納の悪弊を改める」

官倉での税の受納に際して悪弊が多いとは、何度も聞き及んでいるところである。そこでは、民はその害を被って過剰な取り立てが次々生じ、官はその害を被って湿って質が悪く砕けて夾雑物のある穀物を受け取り、徒に双方利益がなく、公私ともに不都合となる。およそ受納の官員の弊害、典吏の弊害(2)、搭攬(3)の弊害があることが原因で、きちんと取り締まらねばならない。

一、官員の弊害。受納の官は己をもって他人を律すべきで、いわゆる「事例《しきたり》」というのは金儲けの門である。この門が一度開くと弊害でないものはないということになる。欲望から悪事に手を染めてもいくらにもならないのに、身は胥吏の術中に嵌って身動きがとれなくなってしまう。他人に押さえ込まれ終始びくびくしているようでは、どうして胥吏の悪事を取り締まり民衆の困難を改めることができよう。今回委任した受納の官は必ずや私の意を体しているであろうから多言を要しまい。しかし官員が身を潔くしておくことは自ずと弊害を改める第一義であり、従者に関しても連れて倉門に入ってはいけない。というのは一人を連れてゆけば一人の弊害が生ずるからである。二名が一日交替で当直する以外、その他本州が与えた証明書を持たない者が妄りに倉門に入れば、杖一百、編管*とする。

一、典吏の弊害。倉庫で受納する際に、群衆が押し合い圧し合いすることが最も問題である。この弊害を改めるにはまず関係のない者を取り除かねばならない。いま改めて、税倉の専斗(4)一人、斗級一人と定め、胥吏頭*に命じて人物保証させ、もし違反があれば胥吏頭も一緒に処罰する。諸処の役所の雑役係は決して口実を設けて手数料を徴収することを許さず、斛級に立て替え払いさせたり、問題を起こして取り立てすれば、斛級に官に告発させ、前のように(杖一百、編管で)処罰する。斛級があえて搭攬に勝手な真似をさせたり、湿った質の悪い穀物を受け取ったり、数量を不法に変更し、官の利益を損ない民を虐げれば、事実確認の後、必ず配軍*の刑に当てる。

一、搭攬の弊害。すべての人戸が自ら税を輸納し、それを搭攬の手に委ねなければ、官も民も実に便宜である。搭攬に頼むやいなや、民間では不法な手段で多くを取られ、官司は彼らに掣肘されて湿った質の悪い穀物を受け取ることになる。法律では「官員が官に納めるべき物を買えば、盗罪に準じて罪に当てる(5)」とある。(それにもまして)宗室《こうぞく》や上舎生*、学職の子弟等が官物納入を請け負い、倉庫員を力ずくで押さえ込む結果、官司が事実に反して多くを徴収しているという汚名をかぶり、民間が実際に多くを取られるという弊害を来していることは実に不都合である。前項の(宗室などの)人物に関して私は姓名を把握しているが、まだ高札で公開しようとは思わぬ。もし改悛すれば安泰でいられるが、もし前非を踏めば、必ず後悔することになるぞ。

【注釈】

(1) 方岳(一一九九～一二六二)、字は巨山、秋崖は号。江南東路徽州歙県の人で、紹定五年(一二三二)の進士。知南康軍、知邵武軍、知袁州等を歴任。『秋崖小稿』がいまに伝わり、『宋史翼』巻一七に伝がある。

(2) 原文「典吏」とは、胥吏の職名で事務職を言う。

(3) 原文「揲(搭)攬」とは、租税の徴収請負、ないしその人を言う。

(4) 原文「専斛」とは、後出の「斛級」(斗子と節級の合称)とともに州県に置かれた吏人。農民が租税を納入する際にその徴収実務に充たる役で、枡を掌った。

(5) これに対応する条文は、未詳。

（11）義米不容蠲除、合令照例送納　　胡石壁

義米之增、其來已久。揆之於法、雖非所宜、然推原其由、亦是因郡計窘縮之故、不得已而爲之、非皆作法於貪也。區迪功之訴於上臺、其詞固不可謂之不直、但本府兩縣、凡有田之家、無多無少、皆是如此輸納。官司逐年靠定此米、以充經常之用、一日去此、則官吏欠四五月之俸、士卒欠四五月之糧、不復可以爲州。爲太守者、雖廉如夷齊、循如龔黄、亦無緣可以去之、非不欲去也。蓋以官吏決不可以數月無俸、士卒決不可以數月無糧也。兩縣之間、非無豪富之家、非無健訟之人、皆俯首帖耳、甘心聽命、無一人有詞者、亦知其勢不得行耳〔一〕。兩縣之人皆無詞、而區迪功乃獨有詞、何哉。本府當來若見得此米當去、則當一切蠲除、不當獨免區迪功之一家。若見得不可去、則當條具利害、申聞上臺、不當泯泯而止免一家、而不免兩縣、則是放飯流歠而問無齒決也。有詞者則得免、無詞者則不得免、則是吐剛茹柔、虐煢獨而畏高明也。當官而行、當如是乎。當職假守兩年、未嘗分毫過取百姓、官吏士民皆知之、天地神祇與聞之。乃者受納秋苗、減斛面米、罷市利錢、會無一毫靳惜〔二〕、使此義米可去、則必不待來年然後已矣。以當職拳拳爲民之心、如此其切至、尚不能去、則豈是州郡之虐取哉。大桀小桀、故賢者之所不爲、大貉小貉、亦賢者之所不能也。本府每歳苗額、相近二萬、倉廩之盈虛、固不以一家爲輕重、第一家既免、則人人皆將援例、不從則無以爲詞、從之則無以爲繼、合勒令照衆例送納。所有三年内未納之米、今不欲監賠。訪聞其家頗好施舍、近見躍龍橋未有屋宇、自欲捐金捐廩、成此美事。若果能如此、當以此米爲助。帖知縣、更行勸諭。

〔一〕亦知其勢不得行耳　「得」下疑脱「不」字。
〔二〕會無一毫靳惜　「會」、疑作「曾」。

【校勘】

（1）原文十二行目、中華書局本は「合勒令照衆例送納所有三年内未納之米、今不欲監賠」とするが、文脈から原文のように改めた。

「義米(1)は徴収免除を許さず、これまでどおりに輸納させる」

胡石壁

義米が(正税に)上乗せされるようになったのは、随分と前からのことである。法律から言えば良いことではないが、しかし由来を尋ねてみると、これは府の財政が窮迫したからであって、やむをえずして行っているのであり、官が貪欲なるがゆえにこうしたやり方を採っているのではない。

区迪功(2)が上司に訴えたことに関して、その言い様はもとよりこれを出鱈目だと言うことはできないが、ただ本府の両県では、およそ田有る家はその多少に拘わらずみなこのように輸納している。官司は毎年この米に頼って経常の費用に充てており、一旦これを止めれば、官吏は四、五箇月の俸給を欠き、士卒は四、五箇月の糧食を欠くことになり、州政府を維持できなくなる。太守《ちょうかん》たる者、廉潔なること伯夷・叔斉のごとく、(3)淳良なること龔遂・黄覇のごとく(4)であってもこれを取り去ることはできないのであって、止めようと思わないのではない。というのは、官吏は決して数箇月俸給なしではやってゆけないし、士卒は決して数箇月糧食なしではやってゆけないからである。両県の中に豪富の家がないわけではなく、訴訟ゴロがいないわけではないが、みな頭を垂れて従順で、甘んじて命に従い、一人として訴え出た者がいないのは、勢いとして(義米徴収を)行わないわけにはゆかないからなのである。

両県の人が誰も訴え出ないというのに、区迪功ひとりが訴え出たのは何故であるか。本府がこれまでにこの米は削除すべきであると考えたなら当然すべてを取り除いたはずで、独り区迪功の一家だけを免除するはずはない。もしも削除できないと考えたなら利害を具体的に書き連ねて上司に申上するはずで、道理にはずれて一家だけを免除し、両県は免除しないはずはなく、(そうでなければ)自らの欠陥を覆い隠して他を責めるようなものとなる。(5)訴え出た者は免除され、訴えない者は免除されないのでは、強きに従い弱きは挫くということになる。(6)官職にある者の行いは、これでよいと言うのか。

私は二年間この職にあるが、いまだかつて少しも民から余分に取ったことはなく、官吏士民はみなこのことを知っており、天地の神もこれを聞き及んでいる。ちかごろ秋苗を受納した時に、斛面米*を減じ、市利銭*を止めたが、少しも惜しむことはなかったのである。もしこの義米を止めるならば、必ずや来年を待たずにいますぐ止めればよいのである。私は民のために忠実にかくも切実な心を用いているのではあるが、それでもなお止めることができないのであって、どうしてこれが府州政府の虐取だと言えようか。

大桀・小桀(のように税を重くすること)は古の賢者がしなかったことであり、大貉・小貉(のように税を軽くすること)もまた賢者ならできなかったことである。(7) 本府の毎年の穀物徴収額は二万石に近く、倉庫の備蓄量の増減はもとより一家の支払い分に影響されないが、ただ一家が免ぜられれば人びとはみな先例と見なして免除を求めるであろう。そうした要請に従わなければ訴えは起こるであろうし、従えば府州の政府を維持できない。区迪功に他の者達の例に照らして(今年の)義米を強制送納させるべきである。

問題の区迪功が三年間未納した米はいまは強制的に輸納させたくない。聞くところでは、区の家はとても寄附を好む家で、最近躍龍橋にまだ屋根がかかっていない(8)のを見て自ら金銭や食料を提供しこの美事を成し遂げたいと思っているという。もし本当にそうであれば、未納分の米をその支出分の援助《うめあわせ》としてやろう。知県に帖文を送り、さらに説得させせよ。

【注釈】

(1) 原文「義米」とは、義倉米のことで、北宋の熙寧年間以降正税に附随して一斗ごとに五合の米を徴収し飢饉の年に備えた。しかしここに見るように、実際にはその目的は多く達せられず流用されていた。

(2) 原文「迪功」とは、選人の階官名で迪功郎、従九品。

(3) 原文「夷斉」とは、伯夷・叔斉という殷代の兄弟の名前で、清廉潔白な人物とされる。『孟子』万章章句下、また『史記』

巻六一、伯夷伝を参照。

（4）原文「龔黄」とは、前漢の人で有名な循吏である龔遂（『漢書』巻八九を参照）と、同じく前漢の人で、治民の吏と言えば筆頭に挙げられた黄覇（『史記』巻九六、『漢書』巻八六、黄覇伝を参照）を言う。

（5）原文「放飯流歠而問無歯決」とは、『孟子』尽心章句上に見える言葉で、「自らは大飯をかっ込んだり吸い物を大口で流し込んだりしながら、他人には乾し肉を歯で食いちぎるような不作法をするなと責める」ことを言う。

（6）原文「吐剛茹柔」とは、『詩経』大雅、蒸民に「人亦有言、柔則茹之、剛則吐之」と見え、原文「虐煢独而畏高明」とは、『尚書』周書、洪範に見える言葉。いずれも訳文のような意味である。

（7）原文「大桀・小桀」「大貉・小貉」とは、『孟子』告子章句下に、「欲軽之於尭舜之道者、大貉小貉也。欲重之於尭舜之道者、大桀小桀也」と見える。立派な政治には経費がかかるので、聖人が決めた十分の一を軽重いずれに動かすことも不可であることを言う。

（8）原文「屋宇」とは、ここでは橋につけた屋根を言う。中国華中南地方には多くの屋根付き橋（＝廊橋）が見られる。研究や写真集は多いが、例えば『劉敦楨建築史論著選集』（中国建築工業出版社、一九九七年）所収の「中国の廊橋」（一九四三年執筆）を参照。屋根付き橋は欧州や日本でも見ることができるし、映画「マディソン郡の橋（The Bridges of Madison Country）」（一九九五年）に出てくる橋はアメリカ式のものと言えよう。なお、本書巻一（24）の注釈（1）に記したように、右の書判は胡穎が知邵州の時のものではないかと思われる。

綱運

（12）綱運折閲〔一〕皆稍火等人〔二〕作弊　胡石壁

州縣裝發綱米、斗斛升合、皆有定數、縦是東量西折、相去亦能幾何。皆緣稍火等人、侵移偸盗、押綱官吏或與通同爲姦、或不用心照管、所以折欠過多。且如今此張細王太運載和糴米、自新化裝發、至潭州交卸、以水程計之、不過千四五百里、溪水泛漲、順流而下、半月可達。何爲六月旦日離岸、至七月望日纔到、濡滯若是、意果何爲。多爲一日之留、則多作一日之弊。當時官吏亦且聽其所爲、更不催督、豈皆念不到此哉。路上有花幷有酒、一程分作兩程行、蓋亦有所利而然也。遂使虧折之數、已居十分之二。千里之程、半月之内、其弊已如此、若更遠於此、必至於滿船空載月明歸矣。儻或佚罰、則自此人人是則是傚。將吏人既已均賠、船戶各決脊杖十五、配本州。

〔一〕綱運折閲　「折」、原作「所」、《文獻通考》卷二五、「惟六路上供、猶循用轉般法、吏卒靡費與在路折閲、動以萬數。」今據以改。

〔二〕稍火等人　「稍」、疑作「梢」。下同。

船団輸送

「船団輸送における穀物減少は、みな船頭等が悪事を働くからである」　　胡石壁

州県が長距離船団で税米輸送を行う際には、その数量についてみな決まった数目があり、たとえこちらで計った数量があちらで減じたにせよ、その差は大したことであるはずがない。（しかし実際は）すべて船頭等が盗み取り、輸送担当の官吏もあるいはグルになって悪事を行い、あるいは真面目に監督せず、それゆえ減損量がきわめて多いのである。

例えばいまここにいる張細・王太は和羅米を運んで新化県(1)から出発し潭州(2)に到って荷揚げしたが、水上の距離を計れば千四、五百里にすぎず、河川の水は増水しているから流れに乗って下れば半月で到達できる(3)。それが何と六月一日に出発し、七月十五日にやっと到達しており、かくも停滞したのはどんな意図があってのことか。一日多く停留すれば一日分の弊害がある。当時官吏もまたそれを放任し、一向に督促しなかったのだが、みななぜそうなのかは分かっていたはずである。「路上には花がありまた酒がある。一度の旅程を二倍かけて行く(4)」というのは、およそ利得

があるからそうしたのであろう。結局損失額は十分の二になっている。千里の旅程、半月のケースでその弊害がすでにこうであれば、もしさらにこれより遠ければ必ず「船全体が空しく月明かりだけを載せて帰ってくる」(5)ことになろう。

もし処罰をしないとあれば、これ以降人びとはそれに倣って悪事を繰り返す。吏人にすでに均等に弁償させたので、船頭は各人脊杖十五を執行し、本州に配軍*とする。

【注釈】

(1) 原文「新化」は、当時の荊湖南路邵州管下の県名で、現在の湖南省新化県。本書巻一(24)の注釈(1)に記したように、右の書判は胡穎が知邵州の時のものではないかと思われる。

(2) 原文「潭州」は、当時の荊湖南路の中心地で、ほぼ現在の湖南省長沙市に位置する。

(3) 新化県から潭州城へ水運で行くには、資水を下って洞庭湖に到りそこから湘水を遡ることになるが、「順流而下、半月可達」という記述からすれば、潭州城へ行ったのではなく潭州の境域内の洞庭湖附近の港に到ったのであろう。

(4) 原文「路上有花幷有酒、一程分作両程行」は、清の王奕清等『御定曲譜』巻一一所収の南曲、集鶯花に見える一節。

(5) 原文「満船空載月明帰」は、宋の釈恵洪『冷斎夜話』巻七、船子和尚偈に見える一句。

差役

(13) 比並白脚之高産者差役　范西堂

差役之法、先従白脚、自有専條。蘄春守義坊缺役、自去年三月定差、至今年五月索案、猶未結絶。據所追到通計八名、内張世昌產錢三十六貫、明現產錢二十四貫、謝通產錢一十七貫、係是白腳、合與比並差充。其餘如張子高、如明球、如陳文蔚、如明琦、如明珍、物力雖有厚薄、歇役雖有淺深、既無倍法、豈宜追逮。今展轉供牽、淹延逾歲、訖無定說。及送獄司、責據呈上、明現情願承認、眾戶各有陪貼。外條法而用己意、獄吏之私、夫豈可從。且三名白腳、其體一同、捨產錢三十六貫、而差及二十四貫、雖使强認、烏能絕詞。拖照案牘、初據張世昌所供、本戶昔嘗出產與鮑通阿蔡、未曾過割、取到合狀、乞爲照行。出業與人、所幹何事、直至臨役、方退產錢、自是不可憑使。又據謝通所供、明現節次置到蔡海鄭汝賢產業、不行收入。縱或有之、未至便在張世昌之上、且無實跡、只聽虛詞、尤不可信。此項須待張世昌執役年滿、明謝比較當差、方合窮究、何至以此預爲遷延。且縣有版籍、一年戶口之所從考、不與照使、反滋眾訟、何以籍爲。又觀定役之初、鄉司具帳、乃於張世昌名下朱批稅色曰、十三年夏稅。卽此一節、已見爲欺。知縣批判、國家正法、保長不理、此小役不折大役之法也。洞燭吏姦、夫豈無見。儻執此說、久而不移、張之入役已及滿替、豈容至今尙爾終訟。張因此得計、從而入詞、又謂產錢雖有高下、役之先後、憑此定差、初不曾有山園水湖之分、此說尤爲枝蔓。使州判狀、謂張世昌所管之湖、旣是己業、豈得妄稱浮產、送縣比並、可謂允當。大抵一鄉役次、鄉司役案、夢寐知之、不便從公與之定差、蓋欲走弄以其私、追逮一人、則有一人之費。不伐其謀、何憚不爲。今勒令當廳供合差姓名一人、鄉司伍璉役案許壽咸以張世昌爲首。旣有定見、何不就本縣保明、直至倅廳、方可從實。自當懲斷、且以今來所供不致面謾、姑與從恕。推司成沖在獄鞫勘、旣不曾究竟明現陞進產業實計若干、平白勒令承認、又取得陳文蔚三人出錢陪貼文狀、以此具呈、不知用何役法。本合懲斷、以合充人張世昌原不曾預禁、只據送獄三人、卻不在明現之先、又非專成沖之罪。惟典押承行、明有知縣書判、喚上張世昌隨司、非不分曉、本案卽不曾行移、本人卽不曾到官、始終計屬、意不難見、罪當勘杖、夫復何說。且免追上、聽本縣自作施行。張世昌勘下杖一百、押赴蘄春縣日下着役、如更敢拒頑、就行申解照斷。

【校勘】

（1）原文四行目、中華書局本は「及送獄司責據、呈上明現情願承認」とするが、文脈から原文のように改めた。

差役

范西堂[2]

「白脚[1]で財産高が高い者を順に並べて役に充てる」

差役の法では先に白脚が充たるのであって、これにはそれを定めた特定の条文がある。蘄春県[3]守義坊では役充当者がおらず、去年三月に選定を命じたが、今年五月になって関係書類を取り寄せてみるとまだ決着していない。召喚した計八名の中で、張世昌の産銭は三十六貫、明現の産銭は二十四貫、謝通の産銭は一十七貫で、すべて白脚であるからこの順に役に充てるべきである。その他の張子高のごとき、明球のごとき、陳文蔚のごとき、明琦のごとき、明珍のごときは財産評価額に差があり、役に充たらない期間に長短があるが、倍役法[4]に該当しない以上は連行すべきではなかったのである。いま次々と連行し、遅延して年を越し、結局一定の結論を得ていない。獄司[5]に送って根拠ある供述を取って上申させたところ、そこには「明現が進んで役を引き受け、他の者たちが各々資金援助します」とある。これは法律条文を離れて己の意向を用いたもので、獄吏の私心にどうして従えようか。かつ三名の白脚は事情に違いはなく、産銭三十六貫の者を捨てて二十四貫の者を役に充てるとは、強制的に承諾させても、後の訴えを絶つことはできない。

一件書類を引っ張り出して見てみると、最初、張世昌の供述には、「私の家は昔土地を鮑通・阿蔡に売りましたがまだ税籍の登録替えをしておりません。その契約書をお手に取り、それに従って処置して下さい」とあった。土地を売って人に与えておきながら、いったい何をしているのか。そのまま放っておき、役に充たる時になって初めて産銭を移し替えたいとしているが、当然その言を信じて行うことはできない。また謝通の供述では、「明現は何度か蔡海・鄭汝賢の土地を買いながら税籍には入れておりません」とある。仮にこうしたことがあっても(明現を)張世昌の上に置くことは不適当であり、そのうえそうした事実はなく、ただの出鱈目な話で全く信用できない。

この問題は張世昌が役に充たり終えて後、明と謝とを比較して役に充て、それで初めて実情を究めたことになる。なぜこうしたことで引き延ばしすることがあろうか。かつ県には戸籍があり、一年間の財産と人口の推移を知ることができるが、いまそれを参照使用せず、逆に多くの訴えを引き起こしている。どうして戸籍を参照しないのか[6]。また役を定めた当初の事態を見ると、郷司*が書いた帳面では張世昌の名前の下に税の種類を朱書きして「十三年の夏税」と記してある。この一節からすでに詐欺だと見て取れる。知県は判決して、「国家の法律では、保長の役は役とは見なさない。これは些細な役は重い役と同等に比較しないという法なのだ」と言っているが、胥吏の悪事を見抜く見識があったということである。もしこの考えを堅持して長く変えることがなかったならば、張の役はすでに満期で交替となっていたはずで、現在に至ってもなお終わりなき訴訟が続いていることはなかったであろう。張はこれに託け《かこつ》計略を立てて訴え状を出し、さらには「産銭には高い低いがありますが、役の先後は産銭高に従って充当されるもので、これまでに山、園、田、湖それぞれの産銭というものはありませんでした」と言った。この言い様は最も本質から離れたいい加減なものである。知州が判決の中で、「張世昌が使用している湖は、自分の資産であるからには、どうして浮産(=産銭の評価にならない資産)と言えようか。この件を県に送って(産銭高で)順位づけよ」と言っているのは妥当だと言うべきである。

およそ一郷の役の順番は、郷司・役担当胥吏が夢の中でもこれを知っているのであるが、公平に役に充てることを不都合とするのは、私心でもって不法に役の順番を変更しようとし、一人を連行すれば一人分の手数料収入があるからである。その企みを断ち切ることに何の憚りがあろうか。いま強制的に私の面前で役に充てるべき者の姓名一人を供述させたところ、郷司の伍璉、役担当胥吏の許寿はともに「張世昌が一番目です」と言った。こうした定見があるからには、なぜ県庁でそのことを保証せず、通判庁に到って初めて事実を述べたのか。懲罰すべきではあるが今回自供したところは私に面と向かって嘘をついたわけではないので、しばし寛恕してやる。

推司*の成沖は獄*で尋問したが、明現が上乗せした土地が実際どれだけだったのかを究明せずに、根拠なく役に充たることを認めさせただけでなく、陳文蔚ら三人が銭を出して援助するという書付を取って（官に）提出したが、いったいどんな役法を用いたというのか。懲罰すべきではあるが、役に充てるべき張世昌はこれまで拘束されておらず、獄に送られた三人は明現の先に位置しているわけではないので、全く成沖の罪だというわけでもない。

ただ典押*のみは本件を担当しながら、明らかに知県の判決に「張世昌を召喚して官司の沙汰に従わせよ」ときわめて明確な指示があったのに、担当係はこの指示をただちに伝達せず、張世昌本人もただちに官に到らず、終始（賄賂を贈って）頼み事をしていたが、その意向は見やすいことだ。（典押の）罪は杖罪に当たるが、これ以上何の言い分もあるまい。しばし（典押を府に）連行することは免じ、本県が自ら措置するのを許す。

張世昌は杖一百を科し、蘄春県に護送してただちに役につかせ、もしさらに抗うようなら、私のところに護送して来させ処断する。

【注釈】

（1） 原文「白脚」とは、当時差役に充たった戸には帳簿の就役の欄に朱墨で書き込みをし、いまだ充たらない戸にはその印がないことから、未差充の戸を意味した。

（2） この書判は、范応鈴が蘄州通判の時のものと判断される。

（3） 原文「蘄春」は、当時の淮南西路蘄州蘄春県、現在の湖北省蘄春県。

（4） 原文「倍法」とは、「倍役法」のことで、既就役戸の物力（課税対象となる資産額）が白脚戸の二倍あれば十年の間役を休み、三倍あれば八年、四倍あれば六年休み、その後は白脚戸と同じく扱い役に充てるという規定。詳しくは、曾我部静雄『宋代財政史』（生活社、一九四一年）第三章「南宋の役法」を参照。また次条「倍役之法」を見よ。

（5）原文「獄司」とは、ここでは県尉司を指す。
（6）原文は「何以籍為」だが、これでは文意が通じず文字が脱落しているのではないかと思われる。文脈から仮に訳文のようにしておく。

（14）倍役之法　范西堂

準倍役法、税錢一倍、歇役十年、税錢兩倍、歇役八年、税錢三倍、歇役六年、並理爲白腳。張茂兄弟三人、有母在堂、産錢共計五十一貫、未應均分、合作一戸、不可謂未應充保正。然保内有張法政産錢四百十六貫、有鄧汝賢産錢二百四十貫、較之張茂産錢、一係四倍、一係八倍、又各歇役十年已上。今張法政鄧汝賢兩戸比較、張法政執役在嘉定七年、鄧汝賢執役在嘉定元年、鄧汝賢歇在先、而張法政未及一倍、難用倍法。合告示鄧汝賢先充、次及張法政、又次及張茂。本里保正只差一人、今乃三名並追、顯是賣弄。鄉司役案合從杖六十、牒縣施行。

「倍役の法」　范西堂

倍役の法によれば、「税銭*が一倍（すなわちわが国の二倍[1]）以上は役を休むこと十年、税銭二倍（すなわち三倍）以上は役を休むこと八年、税銭三倍（すなわち四倍）以上は役を休むこと六年で、すべて白脚*と同じ扱いにする」とある。張茂兄弟三人は母親が生きており、産銭*は合計五十一貫だが、まだ家産分割してはならず、三人合わせて一戸とすべきであって、「まだ保正の役に充たるべきではありません」と言ってはならない。しかし保内には張法政産銭四百十六貫、鄧汝賢産銭二百四十貫があり、これを張茂の産銭と比べると、一方は四倍（すなわち五倍）、一方は八倍（すなわち九倍）であり、さらに各々役を休むこと十年以上である。いま張法政と鄧汝賢の両戸を比較すると、張法政が役に充たったのは嘉定七年（一二一四）、鄧汝賢が役に充たったのは嘉定元年で、鄧汝賢が役を休んだのが先で、張法政の産銭は（鄧の）二倍に及ばないので倍役法を用いがたい。鄧汝賢に告示して先に役に充て、ついで張法政に及び、その次に張茂に及ぶことにする。

本里の保正はただ一人を充てるだけなのに、いま三名も召喚しているのは明らかに不法なやり方である。郷司・職役担当の胥吏は杖六十を科すべきで、県に牒文を送って措置させる。

【注釈】

（1）周知のように、中国の一倍とは1＋（1×1）で、わが国で言う二倍である。三倍は1＋（1×3）で、わが国で言う四倍となる。

（15）父母服闋、合用析戸

準法、父母服闋、合用析戸、輪差役色、合従煙爨。載在令甲、昭如日星、州縣官司所當謹守。今來劉益父母倶亡、服闋年深。兄弟五人、内二弟破產、見無寸土、其餘三名亦已分析、各有鬮書。鄉司爲姦、不與開戶。宋良肱見居石佛煙爨、保分自有役次、岐陂田業係是寄產、不應入帳。若欲捨煙爨而用產業、祖宗役法自是可廢。兩名充役、倶爲未當、縱已定差、烏得無詞。今勒鄉司供具本里合充一人姓名、責據保明、謂是宋天啓產錢一百二十四貫、歇役十七年、與前來所差兩名殊爲不合。顯是姦欺、勘杖六十、牒本縣告示、如更有詞、併鄉司申解、以憑根究。宋良肱既自戶、又敢存留祖名、輒爲詭挾、勘下杖六十、併劉益押赴主簿廳。當開者析而爲三、當併者合而爲一、取已開併狀、回申。

「父母の喪が明けたら、家産分割してよい」

法律によれば、父母の喪が明けたら家産分割してよく、役に充当するのは生活している場所である。法律に規定することと太陽や星のように明らかで、州県の官司は謹み遵守すべきものである。

現在のところ、劉益の父母はともに亡くなり、喪が明けて長年経っている。兄弟五人の内二人の弟は破産して少しの土地すらなく、その他の三名もまたすでに家産分割していて、各々家産分割文書がある。郷司は悪事を働き、戸籍に家産分割した戸を記載していない。宋良肱は現在石仏(1)で生活しており、所属の保には自ずと役の順番があるが、「岐陂の土地は寄産(2)だから、当地(石仏)の土地台帳に入れるべきではありません」としている。もしも生活地を捨てて土地がある場所を基準とすれば、祖宗の役法は自ずと運用できなくなる。(劉益と宋良肱の)両名が役に充たるのはともに適当ではなく、たとえすでに役に選定し終えたにせよ、訴えはきっと起こるであろう。

いま郷司に強制して本里で充てるべき一名の姓名を供述させ、根拠を示して保証させたところ、「宋天啓は産銭*一百二十四貫で、役を休むこと十七年です」と言い、以前に充てようとした両名とは全く別人であった。明らかにこれは不法な差し替えであるから、(郷司は)杖六十を科し、本県に牒文を出して告示し、もしさらに(差役に不満な者の)訴えがあれば郷司と一緒に私のところに連行して徹底審理する。宋良肱は自分の戸があるだけでなく、さらに祖父の戸を残して詭名挟戸(3)を行ったので杖六十を科し、また劉益は主簿庁に連れて行って、戸籍を分けるべき者(＝劉益兄弟)は三戸とし、戸籍を合併すべき者(＝宋良肱)は一つの戸とし、すでに分割しまた合併した旨の書状を各人から取って上申して寄こせ。

【注釈】

(1) 原文「石仏」は、当時の江南東路信州鉛山県石仏寨。本書巻一(16)の注釈(2)を参照。原文「岐陂」は、どこか未詳。

（2） 原文「寄産」とは、戸籍がある県、あるいは居住地以外の県に所有している土地を言う。
（3） 原文「詭挾」とは、詭名挾戸の略で、架空の戸または他人名義のを立てて家産を分割し、税役を免れることを言う。

（16） 以宗女夫蓋役　范西堂

照對、差役之法以白脚、今立作趙八郡主、升爲百戶。知縣定差、謂是婦人從夫、若欲以宗女蓋蔽編民戶役、世無此條、不可謂之非通曉役法者。其後趙氏陳訴、備錄提刑司行下間立女戶撫恤孤遺之文、意在脫免。尋送法司具條、已爲無義、案吏並緣此意、便欲轉移。當趙氏未嫁鄭讜之時、孤遺固當念、女戶固當立、今既從夫、其戶猶是趙八郡主、其意猶欲官司恤孤、不知所嫁之夫將爲何用、不審所具之法引用何條。其後又曰、鄭讜住在廣濟、難以差應。人在廣濟、田在蘄春、役隨田充、又何難差之有。果如此說、外寄產、役皆不可得而及矣。此非鄉司・役案之姦而何。役法不憑、而以提刑行下爲憑、知縣不當、而以吏人立說爲當、事之倒置、未有若是之甚者。孫法迎已充析生役次、陳文彬已經知縣監分、各爲都戶如故。本廳去冬遍牒五邑、取鄉司知委、分析收退、各要分明、繳狀回申、已行遵稟。今索到差帳、猶作一戶具呈、可見姦猾。鄉司役案各從杖一百、備牒照知縣初判施行、限十日。如鄭讜有詞、解上先行懲斷、仍押鄉司下主簿廳、限一日、將兩戶開析。

【校勘】

（1） 原文一行目「升爲百戶」の「百戶」は、「女戶」の誤記であろう。

「宗女[1]の夫だとして役につかない」　范西堂

調査検討した。差役の法では白脚*の者を用いるのだが、いま（趙氏は）趙八郡主[2]の名で戸籍を立て、女戸[3]と記載している。知県は役充当の順番を定めた際に、「婦人は夫に従うものである。もし宗女であることをもって一般民戸の役には充たらないというのなら、世の中にはそうした法はない」と言っているが、これを「役法に通じていない者である」と言うことはできない。

その後趙氏は訴え出て、提刑司が下した「しばし女戸を立てて親のいない者を援助せよ」という文書を書き写して提出したが、その意図は役を不当に逃れることにある。ついで司法参軍に送って関係条文を書き連ねさせたが、そうした条文はなく、担当の胥吏がすべて彼女の意向に従って勝手に役充当者を代えようとしたのであった。趙氏がまだ嫁に行かぬ時であれば、親がいないということは当然考慮すべきで、女戸は当然立てるべきだが、いまはすでに夫がいるのにその戸を依然趙八郡主としており、その意図は依然官司の援助を欲しているということである。いったい嫁に行った先の夫は何の役に立ち、果たしてそれを裏づける法律はどのような条文だと言うのであろうか。

後にはまた「夫鄭讜は広済[4]に行っており、役につくことができません」と言っている。人は広済にいるが田は蘄春*にある。役は田のあるところでつくのであって、これを役に充てるのに何の問題があろうか。もし本当に彼女の言うとおりなら、外地に寄産すれば役はみな充てることができなくなろう。これは郷司・役担当胥吏の悪事でなくて何であろうか。役法に依拠せずに提刑司の命令に依拠し、知県は不当だとして吏人の言うことが正しいとする。物事を逆立ちさせることこれ以上のことはない。

孫法迎はすでに家産を分けた際の役につき、陳文彬はすでに知県が強制して家産分割させたのに、依然として戸籍では一戸となっている。本庁(＝蘄州通判庁)は昨年冬に五県に遍く牒文を出し、郷司の誓約書を取って、家産分割した際の(税銭や家産の)移動は各々明確にし、書状で報告して寄こすよう指示し、指示に従う旨の回答を得たが、いま差役の帳簿を取り寄せてみると、なおも一戸のままで上呈してきた。狡賢さを見てとれよう。

郷司・役担当胥吏は各々杖一百を科し、牒文に書いて知県の最初の判決どおりに実施させる、期限は十日。もし鄭讜が訴え出れば、まずは身柄を私のところに連行して懲罰を加える。なお郷司を主簿庁に護送する、期限は一日。孫と陳の両戸は家産分割した旨を戸籍に書け。

【注釈】

（1） 原文「宗女」とは、皇族の血統の女性をいう。

（2） 原文「郡主」とは、親王の女《むすめ》に与えられる封号。

（3） 原文「百(女)戸」とは、女性を戸籍筆頭者とする戸を言う。『慶元条法事類』巻四八、賦役門二、支移折変、賦役令によれば、戸内に婿や姪《おい》といった男子がいても、その男子が十六歳以下であれば女戸で、女戸は徭役が免除されるほか、戸等が三等以上は支移や科配が減ぜられ、四等以下は全免された。なお女戸につき詳しくは、柳田節子『宋元社会経済史研究』(創文社、一九九五年)第二篇第二章「宋代の女戸」を参照。

（4） 原文「広済」は、当時の淮南西路蘄州広済県、現在の湖北省広済県。

（17） 借名避役　　蔡久軒

始借趙姓、詭名以避役、今爲趙杕夫所奪、亦所自取、無足憫者。牒軍、催已斷因依申。

「他人の名義を借りて役を避ける」　　蔡久軒

最初は趙姓を借り、戸籍上の名を偽って職役を避けたものの、いまは趙杕夫にその土地を奪われているが、自業自得で憐れむに足りない。軍(1)に牒文を出し、以前の判決理由書を急ぎ取って上申して寄こせ。

【注釈】

（1）原文「軍」とは、軍隊ではなく府、州、監と並ぶ行政区画名である。蔡杭の書判は江南東路提点刑獄公事の時のものが多いので、ここは南康軍か。

限　田

（18）限田外合計産應役　　闕宰瑨

陳坦父鈐幹官承議郎、卽非自擢科第、已承父朝散大夫蔭。朝散四子、身後減半、其三子各已於田外計産應役〔一〕。陳坦祖官高於其父、父官亦是承蔭、照條止得從一高者。今紐計本縣産錢見在一十四貫有餘、若以每畝産錢十文爲率、亦計有田一千餘畝、本都産錢無有高於此者、合從條制應役。范岩受囑、輙具單稱、贍塋産錢不應收併、可見欺罔、王昌老所糾允當。兼陳坦産錢比之、已有四倍、更有何詞。案從條告示陳坦應役。

〔一〕各已於田外計産應役　　按文義、「田」之上、疑脱「限」字。

限　田

「限田[1]外は家産を計算して役に充てる」　関宰瑨[2]

陳坦の父鈐幹[3]の官は（従七品の）承議郎であるが、自ら科挙に及第したのではなく、その父の（従六品の）朝散大夫の恩蔭を承けたのである。朝散の四子は、父親死亡後は限田額が半減され、各々限田外の土地は産銭を計算して役についている。陳坦の祖父の官は父より高いが、父の官は恩蔭を承けたもので、条文に照らせばただ一番高い官に従うことができるのみである。

いま本県にある産銭(4)を合計すると一十四貫余りあり、もし毎畝産銭十文を定率にすれば田一千余畝となり、本都で産銭がこれより高い者はいないから、法律条文に従って役に応ずるべきである。范岩は(賄賂を受け)頼まれて「祖先祭祀分の産銭は一緒にすべきではありません」と書面に書いたが、それは出鱈目であり、王昌老が告訴していることが妥当である。そのうえ陳坦の産銭は王に比べて五倍あり、これ以上何の言い分があろうか。担当係は条文に従って陳坦に告示し役に応ぜしめよ。

【注釈】

(1) 原文「限田」とは、「限田免役法」(略して「限田法」とも言う)に規定された官戸の徭役免除の田土面積を言う。孝宗の乾道八年(一一七二)に政和令格の規定額を半減し、一品五十頃、二品四十五頃、三品四十頃、四品三十五頃、五品三十頃、六品二十五頃、七品二十頃、八品十頃、九品五頃を限田額と定めた。これを超えた分は一般人戸と同じく役に充て、本人死亡後は子孫は限田額を半減とし、子孫が戸を分けている時はそれらを通計して半減額を超えないようにした。詳しくは、周藤吉之『宋代官僚制と大土地所有』(『社会構成史大系』第二部、東洋社会構成の発展、日本評論社、一九五〇年)を参照。

(2) 原文「関宰瑨」とは、関瑨という姓名の知県か。『浙江通史』巻一二六、選挙四、宋進士の条に、紹熙元年(一一九〇)榜に関瑨の名があり、「臨海県人、安撫機宜」と記す。また『嘉定赤城志』巻三三、人物門三、仕進には紹熙元年余復榜に「関嶒」と記し、「臨海人、字仲山、終江東安撫司機宜文字」と注記するが、同一人物であろう。この人物と推定しても、本条は時期的に問題はないように見える。

(3) 原文「鈐幹」とは、後の(21)条に「成都府鈐幹」とあるから「成都府兵馬鈐轄」の属官の官職名の略称と思われる。北宋の安撫勾当公事、転運司勾当公事は、南宋の高宗の名(構)を避けて安撫幹弁公事、転運司幹弁公事と改められ、撫幹、運幹と略称されたから、鈐幹も兵馬鈐轄の属官の略称と思われる。

(4) ここで言う「産銭」とは、家産の銭立評価額ではなく税銭を指す。

【補説】

本条から(21)条までは同じ問題を扱っており、問題の陳家は、朝散大夫―承議郎(鈐幹)―陳坦(陳某・陳履道)―陳鎔という世代順になっている。

(19) 父官雖卑於祖、祖子孫眾而父只一子、卽合從父限田法　　擬筆

限田官品、當從一高、蓋從其優也。若曾高官品分眾子孫、視其父所得之限爲多、則固當從高、若曾高與祖官品雖高、而子孫已眾、以分法計之、所得不多、而其父之官雖卑於祖、所得之限差勝、則卻應用父之限。若使必用其祖、而置其父勿論、則祖是七品而有五子、父是九品而只一子、其父所得限田乃皆無用。今陳某之祖官六品、合得田二十五頃、而有四子、亡歿減半、四子分之、每人合得三頃有零。其父雖是七品、卻自合得二十頃、亡歿減半、猶合得十頃。所謂蔭補、若原非七色補官、合用官品、而實與自擢科第一般、特原是七色非泛、而奏補子孫、則不可比科第者爾。本縣若必欲陳某以祖官品分析限田爲當役、則固未可、但卻有所當契勘陳某之父凡有幾子。陳某若有兄弟、合用分法、則限田又自無多。兼本縣但均其產、以爲十頃有餘、而不曾明行勘會田實有若干、贍塋之田固不應豁出、其他山林之類、皆有比折法。十四貫之產錢、決不止於百畝之產、明矣。此項最爲的實、而本縣未曾着實根究、遂使頑者得以爲詞。兩爭人並知在、帖縣、限十日、監鄉司從實根究、要見陳某目今管佃田畝若干、或用產錢比算、亦合照鄉例從實指定、無容鄉司巧行賣弄。仍請下鄉保、係勘會陳某有無兄弟、逐一具申、以憑施行。

【校勘】

(1) 原文八行目「決不止於百畝之產」は、前条から見て「決不止於一千畝之產」の誤記であろう。

(2) 原文十行目「係勘會陳某有無兄弟」の「係」は、文脈からして「案」字の誤記であろう。

「父の官位が祖父より低くとも、祖父の子孫が多く父に一子しかなければ、父親の限田法*に従うべきである」

限田法における官品は最も高いものに従うというのは、優遇するという意味なのである。もし曾祖父・高祖父の官品（相当の限田額）が多くの子孫に分けられても、父が獲得した限田額に比べて多ければ、もとより高いほうに従うべきである。もし曾祖父・高祖父と祖父の官品が高かったとしても、子孫が多く、相続法によって計算して（一戸が）得るところの限田額が多くなく、かえって父親の官品が祖父より低くとも得るところの限田額がやや多ければ、その時は父親の限田法を適用すべきなのである。もしも必ずその祖父の官品を用いるべきとして父親を無視すると、例えば祖父が七品で五人の子があり、父親が九品で一子だけなら、父親が獲得した限田額は（祖父より多いのに）みな無用となってしまおう。

いま陳某の祖父は六品官で、二十五頃の限田額を得たが、四人の子があり、死後は半分なので四人で分ければ各人三頃余りとなる。父親は七品官だが、自分で二十頃を得、死後半分でもなお十頃を得ることができる。いわゆる蔭補*というのは、もし本来（父が）七色補官*でないのであれば、用いるべき官品は科挙及第と同じなのである。ただ本来（父が）七色非泛による官品保持者で、推挙され蔭補された子孫ならば科挙及第者と同じく扱うことはできないだけなのである。

本県がもし必ず陳某は祖父の官品を分割相続した限田額で役に充たるべきだとするなら、それはもとより不可であり、陳某の父に何人の子がいるのかを調査せねばならない。陳某にもし兄弟がいれば分割相続法を用いるべきで、そうすれば彼の限田額は自ずと多くはないはずである。そのうえ本県は陳家の家産を計算して十頃余りと認定しただけで、田産が実際いくらあるのかを調査しておらず、祖先祭祀用の土地はもとより控除すべきではないし、その他の山林の類もすべて換算方法がある。十四貫の産銭は決して一千畝の産に止まらないこと明白である。

右に述べたことは最も的確でなければならないことなのに、本県はこれまで実地に徹底調査しておらず、結局は頑迷な者に訴えを出させる結果となった。双方の訴え人は拘留しておき、県に帖文を送り、十日以内に郷司に強いて実地に調査させ、陳某が現在どれだけの田畝を持っているかを知らねばならない。もし産銭*で推定計算するのであれば、その時には当地の計算例で間違いなく確定し、郷司が巧妙に誤魔化すことがないようにさせよ。なお、郷の保正に命じ、陳某に兄弟がいるかどうかを調査し、逐一県に上申させ、それによって措置するよう(長官に)お願い致します。

(20) 申發干照　　建陽丞

準使帖、追究郷司、及勘會耆保。見得、陳鈐幹只有分曉所管田産、除在外州難以勘當、本縣見管産錢簿籍者計八貫五百一十六文、又有諸里烝嘗六貫一百四十七文、又一項崇正里九百三十三文、通計一十五貫六百三十三文。本府及諸縣官民所立烝嘗、無如此之盛者、其爲詭立可見。今據陳某之子陳鎔供稱、烝嘗見有支書、係作四分、則陳某一分、亦自見管産錢一貫八百文。況彼三分、或居外州、其田並已倍併入陳某之家、見收租管業。緣産錢視田美惡、多寡不等、合遵照使判、盡索陳某干照、計算頃畝。其陳某復乃推稱原契等並發上提舉司、致無可憑計算、反得以此罔惑官司。今使限已逼、合先具此因依、申乞使臺、監陳某就索原發去契書、送還僉廳、就追所隸郷司江壬、見在本府銷註、一併計算、聽從明斷施行。見索到烝嘗砧基簿幷支書各一本、又正契一十九道、隨狀申發、取自指揮。

【校勘】

(1) 原文四行目「況彼三分」の「況」は、文脈からして「但」字の誤記ではないか。

(2) 原文四行目「其田並已倍併入陳某之家」の「倍」は、文脈からして「俱」字の誤記であろう。

(3) 原文五行目「推稱」は、「詐稱」か「供稱」の誤記ではないか。

建陽県の県丞

「証拠書類を進上する」

（建寧府）知府の帖文を受け、郷司を追及し、さらに耆保*を審問した。当面判明したところでは、陳鈴幹*が明らかに持っている田産は、外州にあって調査しがたいものを除き、本県が産銭帳簿に把握しているものが合計八貫五百十六文、またあちこちに祖先祭祀用が六貫一百四十七文、さらに崇正里に九百三十三文、合計一十五貫六百三十三文である。本府および諸県の官民が置いた祖先祭祀用の田産でこれほど多いものはなく、税金逃れの隠れ蓑にしていることは明白である。

いま陳某の息子陳鎔の供述によると、「祖先祭祀用の田には現に家産分割文書があり、四分割して陳某の相続分はその四分の一で、現に持っている産銭は一貫八百文分です」とある。しかし田の残り四分の三を持っている者は、ある者は外州に居住しているが、その田はともに陳某の家に登録されており、（陳某が）現に収穫物を収納し管理下に置いている。

産銭は田の肥瘠に応じて決まるので、（同じ面積でも）産銭の額は同じではない。知府の判決に従って陳某の証明文書をすべて取り寄せ、面積を計算すべきところであるが、陳某はまた「もとの契約書はすべて提挙司に送ってあります」と言い逃れし、計算するすべがない状態で、逆にこのことを利用して官司を困惑させている。

現在知府が定めた期限が迫っており、まずはこうした事情を書いて知府へ上申し、陳某に強いて以前に（提挙司に）提出した契約書を取り戻して僉庁に送り届け、県庁付き(1)の郷司江壬を呼び出し、府庁でチェックを入れながら一括計算させ、知府のご判断に従って措置することにしたい。ここに取り寄せた祖先祭祀用の田産の砧基簿(2)ならびに家産分割書各々一本、さらに正規の契約書十九枚はこの書状とともにお送りしますので、指示をお願いします。

【注釈】

（1）原文「郷司」すなわち郷書手は、南宋代には専業化しまた一部胥吏化したので「所隷郷司」という表現が用いられる。

（2）原文「砧基簿」とは、南宋時代に作成された土地台帳を言う。土地の所在地、面積、形状、所有者などを記載していた。

（21）章都運台判

本司再拖照、昨據建陽縣丞申、索到本縣王某糾論陳某爭役案連及陳承議一宗告敕批書分析田業干照。尋送法司檢坐條令、及畫宗枝圖看詳。照得、陳徽猷生四子、陳履道父承議居其長、有官、乾道六年任成都府鈐幹、自將田業經官起立鈐幹爲戶。至乾道八年、三弟分擘祖業析居、各以其祖經略立爲戶籍、干照分明。淳熙六年、陳履道父轉官承議郎、任福州侯官知縣。以此考之、則是陳承議生前自用己官立戶、至轉官承議、已經九年、卽與三弟無官、用祖爲戶、事體不同。當縣先來以其三房限田過滿、各差應役、獨承議一位應得見存官品、於法聽免、其理甚當。爲承議之子者、席父之蔭、承父之產、止應得七品官限田身後減半格法、外有田業、卽合充役。今據追到鄉司江壬所供、紐計田畝、方及八頃二分、以法揆之、實未出限田之數、本縣令其應役、委是不公。所有見爭人王昌老、當來已係知佐聚廳選差、合該入役名次、卻將限田未滿人妄行糾論、究其詞說、大抵枝蔓引援、不合人情、顯是健訟。理合照條斷治、且與押下本縣、照原擬差定、監勒日下入役、如再妄生詞說、別有施行。江壬受囑、將陳履道戶下產錢以十文紐爲一畝、委是違法、決脊杖二十、配處州。

【校勘】

（1）原文一行目、中華書局本は「——陳某爭役、案連——」とするが、争役の一件書類に告勅などが附帯されていたのであれば「連及」を動詞と見て「陳某爭役案、連及陳承議一宗告敕・批書」と断句すべきであり、あるいは「案連」を「案卷」ないしは

「案牘」の誤記と見て「陳某争役案連、及陳承議一宗告敕・批書」と断句すべきであろう。ここでは「案連」は誤記と見ておく。

「章都転運使(1)の判決」

本司が再度書面審理をした。先に建陽県丞の申文とともに、本県の王某が陳某を告発して役を争う一件書類および陳承議郎の告勅・批書(2)、田業を分割した際の証文を取り寄せた。ついで司法参軍に送って条令《ほうりつ》を調べさせ、また宗枝図《かけいず》を画いて検討した。

判明したのは次のとおり。陳徽猷(3)は四人の息子を生み、陳履道の父承議郎は長男で官位があり、乾道六年(一一七〇)に成都府(4)鈐幹*となり、田業を官に届けて鈐幹の戸を立てた。乾道八年になって三人の弟は祖業《かさん》を分割して分居し、各々祖父の経略(安撫使)の名で戸籍を立てたが、これについては明確な証拠文書がある。

淳熙六年(一一七九)、陳履道の父は承議郎に転官し、福州侯官県知県となった。このことから考えると、陳承議郎は生前に自ら自分の官で戸籍を立て、承議郎に転官してすでに九年が過ぎているから、三人の弟が官位がなく祖父の官位で戸籍を立てたこととは事情が異なる。知県が先に三弟の家は(所有地が)限田額を超えているので各々役に充て、承議郎の家だけは現存の官品で法律上免役するべきだとしたのは、甚だ理に適っている。承議郎の子たる者は、父親の蔭を占め、父親の産を承けるが、七品官の限田額から死後半額という法が適用されるのみで、その外に田業があれば役に充たらねばならない。いま呼び出した郷司の江壬は、「田土面積を合計しますと八頃二分です」と言っており、法律からすれば限田額を超えてはおらず、本県が役に充てようとしたのは実に不公平であった。

問題の原告王昌老は、以前に知県・佐官が庁舎に集まって役に充てる者を選定した際に役に充たるべき名前に該当していたのであるが、逆に限田額に達していない人を出鱈目に告発した。その言い分を調査すると、およそあれこれ言い立てて自分に都合のいいことばかりで、人情に合致せず、明らかに訴訟ゴロである。当然条文に照らして処罰すべきであるが、しばし本県に護送し、もとの判決原案に照らして役に充て、即刻役につくよう強制する。もし再度出鱈目に訴えれば別に措置する。江壬は頼まれ(賄賂を受け)て陳履道の家の産銭を十文で一畝と計算したが、これはまことに違法であり、脊杖二十に決して、処州に配軍*とする。

【注釈】

(1) 原文「都運台」とは、中書門下ないし尚書省の五品官以上の官が転運使に任ぜられた場合や、重要な地域の転運使、あるいは数路を兼ねる転運使などに「都」字を冠した。

(2) 原文「告勅」とは、官人に与えられた任官証書、「批書」とは、主管官庁が官人に与えた派遣指令書や勤務評定書など官人としての勤務に関する書面を言う。

(3) 原文「徽猷」とは、徽猷閣をもって命名された職名一般を指す。例えば徽猷閣直学士、徽猷閣待制、直徽猷閣など。

(4) 原文「成都府」は、当時の成都府路の中心地、現在の四川省成都市、後出の「福州侯官県」は当時の福建路福州、現在の福建省福州市閩侯県、「処州」は当時の両浙東路処州、現在の浙江省麗水県。

(22) 走弄產錢之弊　　人境

當職昨來定差石才、承替第九都周資謀役次、其石才不肯責認入役、致蒙縣衙再委勘定。今契勘石才所以不肯責認入役之由、其意蓋謂義役關約、都例產錢至一貫者合當充役、本都戶稅數計一千一百六十二文、昨將原買來陳某土名某處田若干畝、賣與韓伯玉、欲得除豁此項產錢、則戶下稅數不及都例、庶幾可以苟免應役。然拖照、當來陳某實計產錢一百八十一文、今賣與韓伯玉契內具載產數、乃謂二百七十三文、及至到官供責、又謂三百餘文、其產數之不同也如此。所賣韓伯玉田契內具載、實約價錢二百五十貫、續後節次供責、或謂得價錢二百三十貫、後謂得價錢二百二十貫、是其貫之不同也如此。原價韓伯玉田契内具載成契之日、係是嘉定九年五月、而供責在案〔一〕、乃謂嘉定九年七月、其成契月分之不同也又如此。及據王珍狀陳、韓伯玉係娶潘氏、其賣田契内具載代書潘子仁、乃石才之妻黨、爲牙者周夢德、乃石才之女婿。合是數端論之、則石才意在隱寄產錢、規避應役、遂與其親屬通同作弊、以至弄巧成拙、每出輒異、產錢價貫之數目與夫賣買成契之月分、往往差舛、不相照應、官司何以信憑。竊緣、在法不許臨役推割。今石才既是出賣田業、隔年五月成契、自合於當秋照契除割產錢、顧乃拖廷至次年周資謀役次垂滿之時、始入狀推割。及招王珍論破、又乃於款詞之中、有朱腳白腳之辨、意欲官司勒令王珍先次入役。殊不知有差役、有義役、二者事體不同。兩下既皆係義役之數、則關約一定、悉當遵守。而石才則原初供吐、亦既明言本都續入義役人王珍、則是兩下皆係義役之數目、自合以排定名次論、不當以產錢高下朱腳白腳論。設使石才之賣田也、果是正行交易、除豁產錢一百十一文外、其戶下稅數不及都例者、亦僅十數文耳。官司定差、不應若是纖悉也、而況其所爭事理、有如此前數之可疑者乎。定驗至此、目今石才合當充應、更取自臺旨〔二〕。

【校勘】

〔一〕供責在案　「供」、原作「拱」、據上圖校勘本改。

〔二〕本篇應編排於差役類、明刊本編排於限田類、有誤。

（1）原文六行目「原價韓伯玉田契内具載成契之日」の「原價」は、文脈からして「原賣」の誤記であろう。

（2）原文十三行目「除豁產錢一百十一文外」は、「除豁產錢一百八十一文外」でなければ計算が合わないから、「八」字の脱落である。

「産銭を不正に書きかえるという悪事」　人鏡（1）

私はさきごろ石才を役に指名し、第九都の周資謀の役と交替させることにしたが、石才は役につくことを承知せず、知県庁から再度私に調査選定せよとの命令を受けることになった。

いま石才が役につくことを承知しない理由を調べてみると、「義役の取り決めでは、都*の規定で産銭が一貫文に達した者が役につくことになっており、本都の(私の)戸(2)の税数は一千一百六十二文ですが、さきごろ以前に買った陳某の土名某処の田若干畝を韓伯玉に売りました。この項目の産銭を取り除けば戸下の税数は都の規定に達せず、役につくのを免れることができましょう」という点にあった。しかし関係書類を見ると、これまで陳某の実際の産銭は一百八十一文で、いま韓伯玉に売った契約書内に記載している産銭は「二百七十三文です」と言うが、官庁での供述では「三百余文です」と言い、産銭数はかくも異なっている。韓伯玉に売った契約書に記載している約定の価格は二百五十貫だが、その後何度かの供述の際には、ある時は「価銭二百三十貫を得ました」と言い、後には「価銭二百二十貫を得ました」と言うなど、貫数もまたかくも異なっている。以前に韓伯玉に売った際の契約書記載の契約日は、嘉定九年(一二一六)五月であるが、一件書類に入っている供述では嘉定九年七月となっており、契約月もまたかくも異なっている。さらに王珍が書状で論述したところでは、「韓伯玉は潘氏を娶っていますが、売田の契約書内に記載している代書人の潘子仁は石才の妻の親属で、仲介者周夢徳は石才の娘婿です」とある。この数項目を併せ論ずれば、石才の意図は産銭を密かに他人に移し替えて役につくのを避けることにあり、遂には親属とグルになって悪事を働いたのだが、頭隠して尻隠さずで、出頭するごとに供述は異なり、産銭・価格の数字と売買契約の月とは往々食い違ってぴったりと合うことがない。官司はどうしてそれを信用できようか。

思うに、法律では役に臨んでの税の移動を許してはいない。いま石才はすでに田業を出売し、翌年五月に契約したのであるから、その年の秋には契約書どおりに産銭を取り除くべきであったのに、(役を)顧慮し引き延ばしてその次の年に周資謀の役が終わろうとする時になって初めて書状を官に入れて税の移動を行おうとした。王珍が告訴したとなると、今度は供述の中で朱脚・白脚の別を論じているが、それは官司が王珍を先に役に充てるよう望んでいたからなのである。よいか、差役があり義役があるが、二者は事情が同じではないのだ。両人はすでに（財産高からして）義役に充たるべき人の中に入っており、（義役に関する）取り決めが一度定まれば、ことごとく遵守しなければならない。しかも石才は最初に供述した時にも、「本都で（私に）続いて義役に充たる人王珍」と明言しているが、ということは両人はともに義役担当者であり、自ずと決められた順番に従うべきであって、産銭の高下や朱脚・白脚で順番を争うべきではないのである。もしも石才の売田が本当に正式の取引で産銭一百八十一文を取り除いたにせよ、彼の戸の税数で都の規定に達しない部分はわずか十数文でしかない。官司が役を指定する際にこんな微細な数は取り合うべきではなく、ましてや争う事理は先ほど述べたように疑わしいからにはなおさらである。しっかりと検証してここに至れば、目下のところ石才は役に応ずるべきである。改めて知県の意向を聞いてそれに従う。

【注釈】

（1）原文「人境」は未詳だが、右の内容からして県の佐官おそらくは主簿である。

（2）原文「本都戸税数」は、「本都における（石才の）戸の税数」か、「私の都戸の税数」か、あるいは「都」は衍字か不明だが、ここでは「本都の戸の税数」と見ておく。

（23）産錢比白腳一倍、歇役十年、理爲白腳

照對、在法、充役人戸物力、比未役白腳之家、如增及一倍、歇役十年、理爲白腳。此其爲法、疎數得中、極爲公當。今來第十五都保正熊俊英滿替、縣司差熊瀾充應。其熊瀾雖是白腳、戸下税錢見計三貫二百四文、不肯承充、遂經使府論訴、蒙帖送本廳定差。今拖照熊瀾詞内所糾論者凡六人、曰熊俊乂俊民、曰張師説師華、曰師承之望之。當追上各人

當廳看驗、及喚鄉司陳坦、根刷每戶卽目税數並歇役年分、參稽互考、得見、熊俊乂俊民皆年未及令、不應差充、昨來官司依條免放、仍給憑由、與之爲照分明。其張師說師華見立張衮戶、本戶税數雖高於眾戶、然近於嘉定五年祗應本都保正、歇役未久、兼有少丁寡婦、尙未分煙析業、亦不應差充。外有師承之一戶、税錢計七貫六百文有零、較之熊瀾税數、則不啻一倍。又昨於紹熙年間應役一次、歇役已經二十餘年。參之物力增及一倍、歇役十年、理爲白腳之法、則亦不啻一倍矣。以人情法意論之、合當差師承之充應目今役次。竊見、熊俊英替役日久、本都事件並是差毗保幹辦、殊費力、仰師承之日下卽便入役、不得妄有推托、如再妄狀遷延、以致本都事件無得了絕、官司當重作施行。令備申使府、取指揮〔二〕。

〔二〕本篇應編排於差役類、明刊本編排於限田類、有誤。

【校勘】

（1）原文九行目「令備申使府」の「令」は落ち着き悪く、あるいは「仍」字の誤記か。

「産銭が白脚に比べて二倍あり、役を休むこと十年ならば、白脚と見なす」

調査したところ、法律では「役に充たる人戸の物力*がまだ役についていない白脚の家に比べて、もし二倍に達し、役を休むこと十年ならば白脚と同じと見なす」とある。これは法律として(役に充たる)頻度が適当であり、きわめて公平なものである。

いま、第十五都の保正熊俊英の役の期限が終わり、県司は熊瀾を指名して役に充たらせた。熊瀾は白脚で戸下の税銭は三貫二百四文だが、役を引き受けようとせず、遂には知府へ訴え出、本庁へ帖文が下されて選定を行えとの命令が出た。

いま熊瀾の訴状の中に告訴されている六人につき書面審査すると、熊俊乂、俊民がおり、張師説、師華がおり、師承之、望之がいる。各人を召喚して対面審査し、郷司陳坦を呼んで各戸の現在の税数ならびに役に充たっていない年数を徹底調査し、突き比べつつ考察した結果、次のことが判明した。

熊俊乂、俊民はみな年齢がまだ成丁(1)に達していないので役に充てるべきではなく、先に官司が法律に従って就役を免じ、なお証明書を給付し彼らに与えて証拠とさせたが、それは明白な事実である。張師説、師華は現に張裘名義の戸を立て、本戸の税数は他の者よりは高いが、しかし最近嘉定五年(一二一二)に本都の保正に任じており、役を休むことまだ短く、さらには年若い弟や寡婦がいてまだ家産分割しておらず、これまた役に充てるべきではない。その外に師承之の一戸があり、税銭は合計七貫六百文余りで、熊瀾の税数と比べると二倍どころではない。さらにかつて紹熙年間(一一九〇~九四)に一度役についたが、役を休むことすでに二十余年で、これを「物力が二倍に達し、役を休むこと十年ならば白脚と同じと見なす」という法律に照らせば、役を休むことも二倍どころではない。人情と法意をもってこれを論ずれば、まさに師承之が目下の役に充たるべきである。

見るに、熊俊英が役を替わって長い時間が経ったが、本都の事柄はすべて隣の保が担当しており、とりわけ大変な目に遭っている。師承之に命じただちに役につき、妄りに押しつけ合いをしてはならず、もし再度出鱈目な訴状を出して先延ばしをし、本都の問題が決着しないようなら官司は厳重に処分するべきである。知府に詳しく上申し、(知府の)指示を取る。

【注釈】

(1) 原文「及令」とは、成丁になることで、徭役の場合は二十一歳以上五十九歳までであった。『慶元条法事類』巻七五、刑獄門五、侍丁の戸令を参照。

（24）乞用限田免役　　范西堂

準法、品官限田、合照原立限田條格減半、與免差役。其死亡之後、承蔭人許用生前曾任官品格與減半置田。如子孫分析、不以戸數多寡、通計不許過減半之數。謂如生前曾任一品官、許置田五十頃。死亡之後、子孫義居、合減半置田二十五頃。如諸子孫分析、不以戸數多寡、通計共不得過減半二十五頃之數、仍於分書並砧基簿内、分明該說父祖官品並本戸合置限田數目、今來析作幾戸、毎戸各合限田若干。日後諸孫分析、依前開說、曾玄孫准此、並要開具田段畝歩並坐落州縣鄉村去處。如遇差役、卽齎出照驗免役、若分書並砧基簿内不曾開說、並不在免役之限。緣品官之家、有於一州管下諸縣皆置田產、切慮重疊免役、合令連狀、自行指定就一縣用限田免役、其餘數目及別縣田產並同編戸、餘官品依此。永州黃知府任朝奉大夫、係從六品、合占限田二十五頃、死後半之、計一十二頃半。知府五子、毎位二頃半。四子受澤、獨陞一位無官。今省簿黃侍郎大夫莊指爲黃陞產業、有稅錢一貫四百三十六文。若以朝奉五子之一所占、合免差役。然據所賫到干照、有侍郎告軸、而無分關聲說簿書、有知府戸契、而無本位受分干照。今以侍郎直下無官、而侍郎限田盡以承占、於法有違。若以爲知府第五子合占朝奉五分之一、則莊名侍郎、無以爲證。況本都役次最狹、纍政以來、無可選差、毎歲催科、不過勒鄉司代承。吏輩利於下鄉、通同作弊、不復考究。又黃侍郎諸位並居城内、占籍臨川、兩縣稅錢尤難稽考。侍郎之後、子孫分析、不知其爲幾位、儻無關書、斷然難憑。先與知在、如賫到分關明白、見得侍郎大夫莊果是知府幼子、知府入戸契書果是本位受分、自合從條照免。通直知縣既已充役、必是別位、難以歸併、仍給斷由。

「限田免役を適用するよう求める」　范西堂

法によれば、「品官の限田は元来の限田の条文の規定（＝政和令格）の半分として差役を免じる、（本人死亡後）蔭を承けた者は生前に任じた官品の規定の半分を限田として置くことができる。もし子孫が家産分割しても、戸数の多寡に関わりなく合計額が半分にした数を超えることはできない」とある。

例えば、生前一品官に任じたなら田五十頃を免役田として置くことができる。本人死亡後、子孫が家産分割せずに暮らしていれば(1)、半分にして田二十五頃を置くことができる。もし子孫が家産分割しても戸数の多寡に関わりなく、合計して半分の二十五頃という数を超えることはできず、なお家産分割書ならびに砧基簿*内に父祖の官品と本戸が置くことができる免役田の数目、いまいくつの戸に分割されたか、各戸の免役田はいくらかをはっきりと書き記さねばならない。その後諸孫が家産分割しても前と同じように書き記し、曾孫・玄孫もこれと同じく書き、ならびに田段の面積と所在地の州県郷村の場所とを書いておく。もし差役があれば提出した証拠文書で役を免ずるが、もしも家産分割書ならびに砧基簿内に書き記していなければ、免役するわけにはゆかない。品官の家には一州管下の諸県に田を置いている者がいることから、重複して免役になることを考慮し、関係者全員が署名した書状を出させ、自ら一つの県を指定してそこで限田免役を行わせ、限田額を超えた数量と別県の田産については一般民戸と同じく役に充てる。その他の官品も同様である。

永州(2)の黄知府は朝奉大夫に任じ、従六品で、限田は二十五頃、死後半分であるから合計一十二頃半となる。知府の五人の息子(の限田)は各人二頃半である。四人の息子は官位があり、独り陞だけが無官である。いま省簿《こせき》の黄侍郎大夫荘は黄陞の産業《ざいさん》と指定されており、税銭が一貫四百三十六文ある。もし朝奉の五人の息子の一人が限田額を独占しているのなら、当然差役を免ずるべきである。しかし提出した証拠文書には、侍郎の任官辞令書はあるが家産分割書につき書かれた簿書はなく、知府の家産に関する契約書はあるが、本人がそれを相続したという証明書はない。いま侍郎の息子（＝黄陞）に官位がないのに、侍郎の限田額はすべて（黄陞が）独占相続したというのであれば、法に違反する。もしも知府の第五子は朝奉の（限田の）五分の一を相続すべきだと考えれば、「侍郎」という荘名は、それ（五分の一しか相続していないということ）を証明するものではない。ましてや本都の役の順番は最も窮屈で、これまで代々の知県達も選定して充てることができず、毎年の徴税は郷司に強いて代行させている。胥吏たちは郷に行くことを利得とし、グルになって悪事を行うが、それを調査究明できない状態である。また黄侍郎の子孫はみなこの県城に住んでいるが、戸籍は臨川県(3)にあり、二つに分かれた県の税銭はとりわけ調べにくいものである。侍郎の死後、子孫は家産分割していま第何代目なのかが分からず、もし家産分割書がなければ全く依拠することができない。

まずは（黄陞を）禁足処分とし、もしも提出した家産分割書が明白で、侍郎大夫荘が本当に知府の末子のものであり、知府が買い入れた家産の契約書が本当に本人が相続したものだと確認できたら、当然条文に従って役を免ずるべきである。通直郎の知県はすでに役に充たっており、きっと別の血筋の者であるから、侍郎の戸と一緒にするわけにはゆかない。なお、判決理由書を発給する。

【注釈】

（1）原文「義居」とは、家産分割せずに何世代かにわたり同居共財の下に生活していることを言う。

（2）原文「永州」は、当時の荊湖南路永州、現在の湖南省零陵県。

（3）原文「臨川」は、当時の江南西路撫州臨川県、現在の江西省臨川市。

（25）　歸併黄知府三位子戸

黄知府以朝奉大夫知筠州、所立契書曰縣丞、曰知縣、曰通判、皆知府所歷之任、曰縣尉、曰主簿、曰將仕、皆知府所生之子、其實一戶。參對干照、並有可考。今雖不存、其幹人任慶乃言、本官見今義居、不曾分析。然拖照省簿、有黄知府大夫莊、有黄通判朝奉莊、又有黄朝議、而指爲縣尉莊。一家而三戶、乃曰義居、無乃不可。稅錢共計四貫三百五十、合併而爲一、並作知府大夫莊。又准法、朝奉大夫係是正郎、爲從六品、可占限田二十五頃、死後半之、計十二頃半。以本鄉則例、中等每頃五百四十五文、十二頃半共計七貫五百三十三文。今所有稅錢合在限田之內、責狀歸併、作一戶送納、干照當廳責付交領、仍給斷由。

「黄知府(1)の三人の息子の戸を一つにする」

黄知府は朝奉大夫の官位で筠州(2)の知州となり、立てた契約書には県丞と言い、知県と言い、通判と言っているが、みな知府が歴任した官であり、県尉と言い、主簿と言い、将仕(郎)と言っているのは、みな知府が生んだ息子たちであって、その実一戸なのである。証文を参照すればすべて根拠がある。いま彼らは死んだが、その幹人《しつじ》の任慶は「本官は現在義居*していて、これまで家産分割したことはありません」と言う。しかし省簿《こせき》を引き出してみると、黄知府大夫荘があり、黄通判朝奉荘があり、さらに黄朝議(の戸名)があって、県尉荘と言っている。一家で三戸なのに義居と言うのは、認めることができようか。税銭は合計四貫三百五十文であるが、合併して一戸とし、(土地名義は)すべて知府大夫荘とする。

また法律では、朝奉大夫は正郎(3)であり、従六品であるから、限田二十五頃を占めることができ、死後半分にして合計十二頃半である。当地の計算方法では中等の土地で毎頃五百四十五文、十二頃半では合計七貫五百三十三文となる。(4)いま問題の税銭は限田の内にあるから、承認書を取って合併し、一戸として納付させ、証文は官の面前で与えて受け取らせ、なお判決理由書を与えよ。

【注釈】

（1）原文「黄知府」とは、李之亮『宋両江郡守易替考』（巴蜀書社、二〇〇一年）によれば、嘉定三年（一二一〇）から同四年に知筠州であった黄栄かと思われる。前条の「黄知府」とは別人であろう。

（2）原文「筠州」は、当時の江南西路筠州、現在の江西省高安県。

（3）原文「正郎」とは、元豊以後の寄禄官である朝請大夫、朝散大夫、朝奉大夫の三階官の別称。いずれも従六品。

（4）五百四十五文に十二頃半を乗じると六貫八百十二文五分となり、計算が合わない。計算の間違いか、あるいは中等以外の土地があったということであろうか。

（26）贍墳田無免役之例　　范西堂

拖照省簿、樂侍郎戶有税錢一貫七百七十二文、並無告敕砧基簿書可以稽考。崇仁樂侍郎生於南唐、仕於國初、今不見得子孫分作幾位、每位合占限田若干、仍省簿內税錢是與不是樂侍郎宅產業。雖據賫出官司文牓、係樂侍郎撥作贍墳田產、每年付安原東林鍾山三寺主管、然律之設法、難以此免。合監充今年六都税長、先與召保、如將來有分明干照、見得合在限田之內、卻與施行。

【校勘】

（1）原文一行目、中華書局本は「並無告敕・砧基簿書、可以稽考」とするが、文脈からして原文のように改めた。

（2）原文三行目「然律之設法」の「設法」は、文脈からして「役法」の誤記であろう。

「祖先祭祀用の田は免役の例がない」　　范西堂

省簿《こせき》を引き出してみると、楽侍郎の戸には税銭一貫七百七十二文があるが、（官戸であることの）証拠とすべき告勅・砧基簿書はない。崇仁県(1)の楽侍郎は南唐に生まれ(2)、国初に本朝に仕えたが、いま子孫が分かれて第何代目なのか、各人が持つべき限田額がいくらなのか、さらには省簿内の税銭は楽侍郎宅の産業《ざいさん》なのか否か確認できない。提出してきた官司の文牓《ふれぶみ》によれば、楽侍郎が自己の家産から取り出して祖先祭祀用の田産とし、毎年(その収穫物を)安原・東林・鐘山の三寺(3)に給付して寺のものとすることになってはいるが、しかしこれを役法に照らせば、このことを理由に役を免除しがたい。

今年の第六都の税長(4)に強制的に充当すべきであり、まずは(呼び出した楽家の者を)保釈し、もし将来明確な証拠文書があり、限田の内にあると確認できれば免役を許し行うことにする。

【注釈】

(1) 原文「崇仁」は、当時の江南西路撫州崇仁県、現在の江西省崇仁県。

(2) 原文「楽侍郎」とは、後の(31)条に「名は史」とあるように楽史(九三〇～一〇〇七)で、字は子正、江南西路撫州宜黄県の人、太平興国五年(九八〇)の進士で、『太平寰宇記』の撰者として有名。また原文「南唐」は、宋に先立つ五代の王朝で、現在の江蘇省南部・浙江省西部および江西省を領土とし、九三七年から九七五年まで存続した。

(3) 魏嵩山主編『中国歴史地名大辞典』(広東高等教育出版社、一九九五年)によれば、安原(源)寺、鐘山寺は江西省崇仁県境にあり、東林寺は江西省九江市の南の廬山の北麓にあった。

(4) 原文「税長」とは、戸長や保正など徴税の役に充たる者の一般名称と思われる。

(27) 須憑簿開析産錢分曉　范西堂

王鉅到縣、亦賫出慶遠軍承宣使告敕呈驗、非不明白。若論限田、合照免、然承宣乃紹興已前人物、即不見得承宣之後今有幾位、限田合占若干、儻非砧基簿書開析分曉、難以照使。准法、應官戶子孫、不於砧基簿分明聲說、並不理役

〔一〕、正所以防民之姦。當職嘗於本戸點下以次人呉信戸、計税錢二百三十八文、當廳比較、而呉信不服、只得告示承充。若穎秀一鄉凡有告敕便作官戸照免、役法不可得而行、版籍不可得而正。並繳原判回申、乞行照會。

〔二〕不於砧基簿分明聲説並不理役　「並不理役」一句不通、《宋會要輯稿》食貨六之六、「若分書並砧基内不曾合説、並不在免役之限。」可作參考。

【校勘】

（1）原文二行目「並不理役」に関して中華書局本は校勘を附しているが、中華書局本七四頁三行目に「保長不理」とあり、八七頁後ろから三行目に「不理官戸」とあるように、このままでも意味は通じそうである。これは取意文なので、こうした表現を用いたのではないか。

「帳簿に書いてある明確な産銭に依拠すべきである」　范西堂

王鉅が県庁に来たが、提出した慶遠軍承宣使の告勅[1]・証明書[2]は明らかに本物であった。もし限田を問題にするなら免役すべきであるが、しかし承宣使は紹興年間（一一三一～六二）以前の人物で、承宣使の子孫がいま何家族おり、限田額がいくらになるかが確認できず、もしも砧基簿に明確に記載していなければ、これに依拠して実施することは難しい。法律では「あらゆる官戸の子孫は、砧基簿に明確に書き記していなければ役に関して取り合わない」とあるが、これはまさに民の悪事を防止するためなのである。

私は以前に本戸（＝王鉅）が指名した次の順番の人呉信の戸の税銭二百三十八文を、当庁で（王鉅と）比較したが、しかし呉信は承伏せず、ただ（王鉅に）役に充たれと告示せざるをえなかった。穎秀郷[3]で、およそ告勅があればただちに官戸として役を免ずるとすれば役法は行うことができず、戸籍は正確を期すことができない。もとの（王は免役し、呉を役に充てるという）判決を州庁から取り戻して再度上申し、知州に照会して頂く。

【注釈】
（1）原文「慶遠軍」とは、北宋末から南宋初めに一時期当時の広南西路宜州方面をこの地名としたもの、原文「承宣使」とは、政和七年（一一一七）に節度観察留後を改めた武階名で正四品。必ず某軍承宣使と軍額名が冠せられる。
（2）原文「呈験」とは、証拠として官に提出した文書や物品、あるいはそれらを提出することを言う。
（3）原文「穎秀（二）郷」は、撫州崇仁県所属の郷名。『宋史』巻八八、地理志四、江南西路、撫州臨川県に「紹興十九年、析恵安・頴秀二郷、入崇仁」とある。また本巻の（31）条を参照。なお「頴」は「穎」の俗字。

【補説】
本条は、時間的には次の（28）条の後に書かれたものと考えられる。

（28）使州判下王鉅狀　范西堂

照對、王鉅初狀、元準台判、賫到慶遠軍承宣告敕呈訖、送縣、照依限田法行、已於十月十六日回申訖。王承宣係在紹興已前、若無分關簿書、不見得自今見有幾位、合限田若干。如二十四都王承宣戶有稅錢兩貫八百文、作幹人汪源賫出承宣孫武翼郎告呈上、已照條從限田免差訖。今二十三都乃是王承宣贍墳莊、豈得謂別無田產、更將承宣告敕影占行使、若無分關簿書、實難照應。況本都省簿並是城中寄居產業、無非立爲官戶、尤難一例免差。合具本都役帳申上、如其他官戶亦有合充、或案吏鄉司所具不實、乞勒王鉅供出一名、以憑追斷、儻所差不當、卻當根究施行。

【校勘】
（1）原文一行目「賫到慶遠軍承宣告敕呈訖、送縣」の「呈訖」は、「呈驗」の誤記であろう。本巻（27）条、（31）条、（33）条の「呈驗」の用例を参照。
（2）原文二行目「作幹人汪源」の「作」は、「昨」字の誤記であろう。

「知州が王鉅の訴状に対して判決し（私に）下してきた」調査検討した。王鉅の最初の訴状については、以前に知州の判決に、「（王鉅が）提出した慶遠軍承宣使*の告勅・証明書を県に送るので、限田法に基づいて（免役を）行え」とあるのを受け、それについては十月十六日に知州に報告済みである。

王承宣使は紹興以前の人物で、もしも家産分割に関する簿書がないとあれば、現在何家族がいるのか、限田額はいくらかを確認できない。二十四都の王承宣の戸の場合は、税銭が二貫八百文あり、以前に幹人《しつじ》の汪源が承宣の孫の武翼郎[1]の告勅を上呈したので、すでに条文に従って限田免役した。しかし二十三都には王承宣の祭祀用の田地がある。そうであればどうして「ほかに田産はありません」と言い、そのうえ承宣の告勅でそれをも不法に免役田とすることができよう。もしも家産分割の簿書がなければまことに準拠実行しがたいのである。ましてや本都の省簿《こせき》ではすべて城中（居住者）の寄産で、官戸でない者はいないのだから、とりわけ一律に徭役免除とはしがたいのである。

本都の差役帳簿を一緒に上呈するが、もしその他の官戸にも役に充てるべき者がいたにせよ、担当胥吏や郷司が（差役帳簿に）記載したことは事実ではないので、どうか王鉅に一名を指名させ、その者を召喚して就役させたい。もしも王鉅の指名が不当であれば、（王鉅を）徹底的に追及し処分する。

【注釈】

（1）原文「武翼郎」とは、武官のランクを表す名称で従七品、武階五十二階中の第四十二階。

（29）白關難憑

準役法、應官戸免役、並要於分書前該載某官原占限田之數、今是幾代、合得若干、子孫以至曾玄、各要開析。如分書不曾該載、並不理爲官戶。劉儒宗所賫從義郎告、係是紹興三十一年、自從義至儒宗、不知幾代、合占幾畝、並無可考。又不知從義告是與不是儒宗之祖。在法、分書不載、不理官戶、正防此僞冒。今儒宗賫到白關兩本、意在行使、尤爲欺詐。本戶產錢五百餘貫、聽從脫免、卻以貧民下戶充應、殊失朝廷立法之意。押下本都着役、更敢抵頑、解上懲斷。

「官印のない家産分割書は依拠できない」

役法によれば、あらゆる官戸の免役は、すべて家産分割書の前面に某官の本来持っていた限田数、現在は第何世代目、持つべき限田額いくらかを記載し、子・孫から曾孫・玄孫に至るまで逐一書き込まねばならない。もし家産分割書に記載していなければ、官戸として扱わないのである。

劉儒宗が持ってきた従義郎(1)の告勅《じれいしょ》は、紹興三十一年(一一六一)のもので、従義郎から儒宗まで幾世代経つか、幾畝の限田があるかが分からず、全く根拠にできない。さらに従義郎の告勅が儒宗の祖先のものかどうかも分からない。法律に「家産分割書に記載がなければ官戸とは扱わない」とあるのは、まさにこうした嘘偽りを防止するためなのである。

いま儒宗は官印のない家産分割書二本を持ってきて、これで免役してほしいということだが、詐欺行為の最たるものである。本戸の産銭は五百余貫で、言うがままに根拠なく免役してやれば、貧民下戸を役に充てることになり、とりわけ朝廷立法の趣旨を失うことになる。本都に連行して役につかせ、これ以上かたくなに抵抗すれば、ここへ連れてきて懲罰を加えるぞ。

【注釈】

(1) 原文「従義郎」とは、武階名で従八品。紹興年間規定の武階五十二階中の第四十五階。

(30) 限田論官品　范西堂

照對、本縣穎秀一鄉、共計七都、相去城闉纔十五里、無非在城寄產、省簿立戸、並有官稱、無一編民。自前七都之内考之、前官悉無可差之役、所有催科、或勒鄉司代承、或差專人追上。付之鄉司、則官物侵欺、責專人、則鄉鄰搔動。且所居人戸咸在臺府之側、役一及之、羣然而訟、朝發暮至、縣吏束手、莫敢誰何。甚而貧民下戸稅纔滿百、便使承認、役未終更、家卒用喪、尤爲可念。此一鄉之宿弊、凡一二十年、未有能正其名者。往歲到官之初、嘗取版籍、逐一考覈、其間眞僞相半、而實有憑可以免役者無幾。索上干照、從條參對、而七都之役、三歲無缺。劉知府戸計稅錢一貫六百文、合充今年役長。昨據陳訴、雖嘗賫出告敕、而無分關簿書、卽不見得所置田產是與不是劉知府正派。再世無叔伯、將何所憑、三傳爲的孫、亦何所考。儻執一告、便可立戸、纔頓一戸、便可免役、是族人之有官品、同宗皆可影占、父祖之有限田、子孫皆可互使、朝廷役法、何所適從。准乾道八年六月二十六日敕、品官限田、照應原立限田格條、減半與免差役、其死亡之後、承蔭之人許用生前曾任官品格、與減半置田。如子孫分析、不以戸數多寡、通計不許過減半之數。謂生前曾任一品官、許置田五十頃。死亡之後、子孫義居、合減半置田二十五頃。如諸孫分析、不以戸數多寡、通共不得過所減半二十五頃之數、仍於分書並砧基簿內、分明該說父祖官品並本戸合置限田數目、今來析作幾戸、每戸各有限田若干。自後諸孫分析、依前開說、曾玄孫准此。仍要開具田段畝步、幷坐落州縣鄉村去處。如遇差役、卽賫出照免。若分書並砧基簿書不曾開說、不在免役之限。劉知府新婦李氏、據稱係是三代之孫、傍無叔伯。若果是如所訴、自當照免、豈致更令上煩臺府、今無片紙可照、但執一告、揆之役法、實不可行。又如其他州縣之有田與否、姑未暇論、況穎秀一鄉七都之役、凡當定差、悉用此例、積年僞冒、一無所逃。當劉知府初差之時、亦非不聽從理爲官戸、但追到幹人、監索干照、纍日無之、情願承認、只合照行。今若獨令一人倖免、七都見充計一十四人、其爲官戸而前此不差者居十之九、咸有詞訴、無復寧時。合繳原判回申、提舉使臺照會、如本戸續賫到干照、合該見行限田免役法、自當照應施行。

【校勘】
（1）原文八行目「准乾道八年六月二十六日敕」とあるのは、「十一月二十六日敕」の誤記。『宋会要輯稿』食貨六－八、限田雑録、淳熙十三年十一月十二日条、また『慶元条法事類』巻四八、賦役門二、科敷、随勅申明を参照。
（2）原文十四～十五行目「況穎秀一郷七都之役」の「況」は、「但」の誤記であろう。

「限田は官品を問題にする」

范西堂

調査検討した。本県（＝崇仁県）の穎秀郷は計七都あり、県城からわずか十五里離れているだけだが、城市居住者の寄産でないものはなく、省簿《こせき》上の戸にはみな官称があり、一戸とて庶民がいない。前記の七都の中で考えてみると、前任官は全く役に充てるべき者がいないので、あらゆる徴税はある時は郷司に代わって引き受けさせ、ある時は専人*を派遣して取り立てた。郷司に徴収させれば官物は誤魔化し取られ、専人に任せれば地元は大騒ぎとなる。そのうえ居住者はみな官庁近くに住んでおり、役が一旦及ぶや群れをなして訴えを起こすことときわめて素速く、県吏は手をこまねき誰も関わりを持とうとしない。ひどい時には貧民下戸で税がわずかに百文に至ればすなわち役に充てられ、役がまだ終わらないうちに家ではにわかに葬式を出す有様で、とりわけ可哀想である。これはこの郷の宿弊で、およそ一、二十年の間いまだに正常化できていない。往年（私は）官に着任した際、かつて版籍を手にとって逐一考験したが、その間真偽は相半ばし、実際に根拠があって免役することができる者はほとんどいなかった。証拠文書を取り寄せ、法律に従って突き合わせれば、七都の役は三年間（充当者が）欠けることはないのである。

劉知府の戸は税銭一貫六百文で、今年の役長に充てるべきである。さきごろ訴え出たが、以前に告勅を持ってきたとはいえ、家産分割の簿書がなく、持っている田産が劉知府の正統な後継者のものかどうか確認できない。二世代にわたって伯父・叔父がおらず、何を根拠となしえよう。三世代経った孫だと言うが、どこに根拠があるのか。もし一本の告勅を手にして勝手に官戸を立て、官戸を立てればただちに免役するというのであれば、族人に官品を持つ者があれば同宗の者はみな不法に限田に組み入れ、父祖に限田があれば子孫はみな互いにそれを用いることになり、朝廷の役法は何に従って行えようか。

乾道八年(一一七二)十一月二十六日の勅に、「品官の限田は、もと定めた限田の規定に照らし、半ばを減じて差役を免じ、本人死亡の後、蔭を承けた者は生前に任じた官品の規定から半ばを減じて限田を置くことを許す。もし子孫が家産分割すれば、戸数の多寡に関わりなく、合計して半ばを減じた数量を超えてはならない」とある。(1)言う心は、生前かつて一品官に任ずれば田五十頃を置くことを許す。死亡の後子孫が義居すれば半ばを減じて田二十五頃を置くことを許す。もし子孫が家産分割すれば、戸数の多寡に関わりなく、合計して半ばを減じた二十五頃という数を超えてはならず、なお家産分割書ならびに砧基簿に父祖の官品、本戸が置くことができる限田数、いま何戸に分かれたか、各戸は各々限田がいくらかを明確に書き記す。その後子孫が家産分割すればこれと同じように書き記し、曾孫・玄孫であっても同じである。なお、田段の面積ならびに所在の州県郷村の場所を書く。もし差役にあえば、ただちにそれらを提出して免役してもらう。もし家産分割書ならびに砧基簿書に記載しなければ免役はできない、ということである。

劉知府の新婦李氏は(官僚の)三代経った孫だと言うが、伯叔《おじ》がいない。もし本当に訴え出たとおりであれば、当然免役すべきで、これ以上上級官庁を煩わせることはないのだが、いま証拠とすべき一片の証文もなく、ただ一本の告勅を持っているだけで、役法によれば全く免役を行うことはできない。またその他の州県に田があるかどうかはしばし問題にする暇がないが、穎秀一郷七都の役はすべて選定に際しことごとくこの例を用いねばならず、積年の誤魔化しは一つとして逃れることはできない。劉知府の戸が初めて役に充てられた時には、官戸として扱おうとしなかったわけではなかったが、ただ幹人を呼び出して証拠文書を強制提出させたところ何日経っても提出せず、役に充たることを願い出たので、そのように行うのみである。いまもし一人を優遇して免役すれば、七都で現に役に充たっている者は十四人おり、官戸として以前に役につかなかった者はその中の十分の九に上るから、みな訴えを起こし、（官司は）休む暇もないことになろう。

先の判決を取り戻して再度上申し、提挙司に照会し、もし本戸が後に証拠文書を提出し、現行の限田免役法に合致するものなら、当然ながらそれに照らして実施することとしたい。

【注釈】

（1）この勅文は全く同文ではないが、本条の校勘（1）に示した『宋会要輯稿』と『慶元条法事類』に見える。

（31）提舉再判下乞照限田免役狀　范西堂

照對、本縣惠安穎秀兩鄉、原係臨川、續行撥隸、去城纔一二十里、所有田業、無非城中寄産、各冒官稱。其內十餘都、自二三十年間、無可差之役。間有小民、税纔滿百、勒充戸長、役滿而税與之俱亡、其禍慘甚。以故小民或有丘角之田、爭相求售、無敢存留、否則必官戸之幹人、或其宗族親戚、並縁假借、以圖影占。縣司未嘗有敢定差、縱或取會、彼執告敕而來、無能辨其僞者。自前兩鄉催科、皆勒鄉司爲之代、其鄉司者亦樂爲之、互相表裏、名有代役之苦、實滋舞弄之姦、非惟所催官物詐冒入己、而省簿姓名半入逃亡。此弊相傳、已非一日。本職交割之後、悉取在城寄産官戸、無問故家見存、具申臺府、逐一索上、律之役法、一例定差。除實有干照、見得所立官戸委合限田之制、所占限田委是本戸之産、給據照免、餘當與編戸同。又以各都税錢鼠尾排定、自多及少、次第告示。兩年以來、昔未嘗充而今已充應者、凡三十五家、其餘合充而點差未到者、亦不下數十戶。儻役法所載、堅守而行之、自是以後、不患無可差之役。劉知府無分關干照、而徒執紹興年間告敕以免役、彼但知告不限乎年之久近、卻不思澤例斬於孫之曾玄。其間分析、又以限田而均于承分之人、位有多寡、限亦如之。豈容執知府一告、而曰子曰孫、賫出呈驗、便可影占。未差之前、會與不曾充役。拖照、自前影占如劉知府、而今已入役者三十五家、或是已替、或是見充、各具于後。如欒侍郎一戶、卽名史者、生於南唐、仕於國初、越今幾三百年、猶以侍郎立戶、以侍郎免役、此本戶之產、猶有可言。若素無官品、平白起立、計囑他人、與之承認、例占限田、亦甚無謂。萬一所差只劉知府一人、姑與之免、不妨從厚、今經陳使臺者、乃合城中而爲之謀。彼以數十年無役之家、悉入差帳、咸欲起而爭之。姑以一人嘗試其姦、設或中謀、羣然胥傚、已差者利其後、見役者覬其免、未差者執其例、何特劉知府一家而已。再具申照會。

【校勘】

（1） 原文十〜十一行目、中華書局本は「便可影占未差之前、會與不曾充役」とするが、「影占」は自動詞として用いられ、かつ文脈も通じないので、原文のように断句した。

「提挙が再度限田免役の法に従ってほしいという（劉の）訴状に判決し（私に）下してきた」　范西堂

調査検討した。本県の恵安・穎秀両郷はもと臨川県であったが、その後に（崇仁県に）移され、県城からわずかに一、二十里離れているだけだが、あらゆる田地は城中居住者の寄産であり、持ち主はみな官称があると言っている。その内の十以上の都は二、三十年間、役に充てるべき者がいなかった。まま小民で税がやっと百文に満つる者がいると、無理矢理戸長の役に充てられ、役が終われば（破産して）税は彼と一緒に亡くなってしまう。その災いは惨憺たるものである。それゆえ小民はわずかの土地を争って売りに出し、あえて手元に置こうとせず、そうでなければ必ず官戸の幹人《しつじ》あるいは官戸の宗族親戚にすべて名義を借りて、役逃れの手だてとする。県司はこれまで役に充たる者を選定しようとはせず、たとえ選定調査に入っても相手は告勅を持って来るし、その真偽を弁ずることができない。これまで両都の税徴収はみな郷司に代行させてきたが、その郷司もまた喜んでこれを行い、互いに表裏となって、表向きは代役の苦しみを言うが、実際は好き勝手に悪事を重ね、徴収した税物を自分の懐に入れるだけでなく、省簿《こせき》上の姓名の半ばは逃亡してしまう。こうした弊害は代々繰り返され、すでに長きにわたっている。

私が替任でやって来て後、在城の寄産の官戸をすべて調査対象に取り上げ、もとの家が現存していても、知府に具申し、逐一証拠文書を取り寄せ、これを役法に照らし、一例に役に充てた。実際に証拠文書があり、立てた官戸が実際に限田法に合致し、持っている限田が本当に本戸の産であることを確認し、証明書を給付して免役した者以外は、一般民戸と同じとした。また各都の税銭が多い者から順に並べ、(役につく)順序を告示した。二年間で、昔は役に充たらなかったがいますでに役に充たった者は三十五家あり、その他の役に充たるべくしてまだ順番が来ない者は数十戸を下らない。もしも役法が定めていることを固く守って行えば、今後役に充てるべき者がいないことを憂慮することはないのである。

劉知府の家は家産分割の証文がなく、徒に紹興年間の告勅を根拠に免役を言うが、彼はただ告勅は何年経っているかを問題にしないというだけで、(免役の)恩沢は子孫の曾孫・玄孫で終わりだということを知らない。その間の家産分割はまた限田額を分割した人に均等に分配するのであって、一家の人数に多寡があっても限田額は一定で、どうして知府の一本の告勅を根拠に、子と言い孫と言い、証拠文書を差し出して役逃れをすることなどできようか。まだ役に充てられる前なのは、偶々これまで役に充てられなかったということにすぎない。

関係書類を調査してみると、これまで劉知府のように役逃れをした者で、現在すでに役についた者は三十五家あり、ある者はすでに交替し、ある者は現在充たっているが、各々の名を後ろに記しておく。楽侍郎*の戸のごときは、すなわち名は史であるが、南唐に生まれ、国初に仕え、現在までほぼ三百年を超えているが、それでも侍郎の名で戸を立て、侍郎であることで役を免じられている。本戸の産業のごときはなお主張に根拠がある。もともと官品がないのに根拠もなく官戸を立て、他人に(賄賂で)頼んで認めてもらい、規定どおりに限田を持つ者のごときは、全く不法そのものである。

万一役に充てられる者が劉知府一人なら、しばし免じて優遇してやってもよいが、いま提挙司へ訴え出ている者(＝劉知府の家)は、城中の者すべてが役逃れできるようにと企図しているのである。かの数十年役がなかった家をことごとく役に充てる帳簿に入れることになれば、みな立ち上がって争うであろう。しばし一人が悪事を試し、もし計略がうまく行けば、群をなしてみなそれに倣い、すでに役に充たった者は将来の利益を目指し、いま役に充たっている者は免れようと謀り、まだ役についていない者は先例を根拠とし、そうなれば劉知府一家だけではすまない。再度具申して知府に照会する。

【補説】

言うまでもなく、提挙は官戸として免役するように判決して范応鈴に差し戻したのである。本条はそれに対する反論である。

(32) 限田外合同編戸差役　范西堂

准法、權六曹侍郎係四品、合占限田三十五頃、死後半之、計一十七頃半、以六等田紐算、合計稅錢一十四貫文。李侍郎四子、每位計占稅錢三貫五百文、今長位又分作二分、合占一貫七百五十文。拖照省簿、各有稅錢三貫一百八十九文、除限田一貫七百五十文外、倘計一貫四百三十文、合同編戶差役。臨川有說、姑置勿論、先與招保、聽具帳呈。若以他位有官、欲遜作一位免役、卻無此法。

本縣一都見缺保正、鄉司役案保明董世昌。及出引告示、又據本人糾論黃監稅。契勘、黃監稅原是文學出身、見任常州稅務、今年四月已書三考、合係落權、理爲官戶。但九品當占限田五頃、算計稅錢四貫。今黃監稅錢餘錢兩貫九百文、合同編戶差科〔一〕。董世昌戶計稅錢兩貫三百文、若以稅錢多寡、黃監稅在上、然董世昌折生白腳、其黃監稅原充大役、尚是庚申辛酉年分、亦計二十餘年。備兩詞、申審提舉使臺、欲乞指定行下、以憑遵守施行。

〔一〕但九品當占限田五頃算計稅錢四貫今黃監稅錢餘錢兩貫九百文合同編戶差科　據前後文意、「黃監稅」下、疑脱「稅」字、與後文連稱「稅錢」、方與前九品官「稅錢四貫」相應。又「黃監稅錢」與「餘錢兩貫九百文」之間、原衍「兩貫九百文」五字、據上圖校勘本刪。

【校勘】

（1）原文七行目「折生白腳」の「折」は、「析」の誤記。

「限田外は編戶と同じく役に充てる」　　范西堂

法によれば、權六曹侍郎(1)は四品であるから限田は三十五頃で、死後はこれを半分にして一十七頃半、六等の田で計算すると稅錢は一十四貫文となる。李侍郎の四子は各人稅錢三貫五百文を持つことになるが、いま長男は二戶に分割したので一戶は一貫七百五十文である。省簿《こせき》を参照すると、各々稅錢は三貫一百八十九文で、限田分一貫七百五十文を除くと、一貫四百三十文が殘り、この分は一般の人戶と同じく役に充てるべきである。臨川県が言うには、「しばし問題にせず、まずは釈放して、帳簿に書いて上呈するのを許したい。もしほかに官位がある人がいれば、その分を譲り渡して（一戶分として）免役にしたい」とあるが、こうした法律はないのだ。

本県の一都は現在保正に充たる者がおらず、郷司・役担当胥吏は董世昌を役充当者として保証してきた。文引*を出して告示すると、本人は「黄監税が充たるべきです」と言ってきた。調査の結果、黄監税はもともと文学の出身(2)で、現在常州(3)の税務に任じており、今年四月にはすでに三考を書き(4)、落権(5)となったので官戸として扱われるべきである。ただし九品官は限田五頃、税銭計算で四貫である。いま黄監税の税銭の残りは二貫九百文あり、この分は編戸と同じく役に充てるべきである。董世昌の戸の税銭は二貫三百文で、もし税銭の多寡で言えば黄監税が上にいるが、しかし董世昌は(朱脚から年限によって)白脚に転じており、一方黄監税は以前に大役に任じたが、それは庚申・辛酉(一二〇〇・一二〇一)の年で、二十余年前のことである。双方の言い分を書いて、提挙司へ上申して審理して頂き、指名した命令を頂戴し、それを遵守し実施したい。

【注釈】

(1) 原文「権六曹侍郎」とは、権六部侍郎のことで、従四品。

(2) 原文「文学出身」とは、文学参軍出身という意味。文学参軍は散官名で従九品、宋代には責降官や恩授官また納粟官に与られた。

(3) 原文「常州」は、当時の両浙西路、現在の江蘇省常州市。

(4) 原文「書三考」とは、三度の考課(成績調査)を経た、あるいは単に三年を経た、という意味。考課につき詳しくは、梅原郁『宋代官僚制度研究』(同朋舎、一九八五年)を参照。

(5) 原文「落権」とは、「権(代理、臨時の意)」字を落として真の官職を与える(＝昇進させる)ことを言うようである。例えば、『宋史』巻一七七、食貨志上五、役法上に、「権江西提刑提挙金君卿首募受代官部銭帛綱趨京、不差郷戸衙前、而費減十五六。賜詔奬諭、仍落権為真」と見え、同書巻一八四、食貨志下六、茶下に、「自熙寧十年冬推行茶法、……帝謂(李)稷能推原法意、日就事功、宜速遷擢、以勧在位。遂落権発遣、以為都大提挙茶場」とある。

（33）有告敕無分書、難用限田之法

僉嗣古嗣先係是尙書之後、累世承蔭、皆有告敕可考、不得謂之非官戶。但據呈驗、徒有告敕、而無分書、卽不見得今去有蔭之祖係是幾代、析免役之戶係是幾位、律之於法、已自難行。且以畫到宗枝、賫出告敕爲據、末後一祖雖是朝散郎、可爲正七品、若論限田、子孫減半、亦在十頃之內。然所出告敕、俱是宣和五年、至今百有餘歲、豈復更有限田可占。若呈上此告、而可以免差、凡祖宗朝會有官品者〔一〕、皆可謂之官戶、皆可用之以免役、法遂可廢。前此作縣不與究竟、但據鄕司呈帳、具作官戶、便置勿論。積年姦欺、習以爲常、不知役法自有成說、押下本縣、從條定差。但嗣先兄弟兩人、父旣久喪、母將服闋、便令析分、於法未可。且充都戶、恐成頻併。合告示嗣古先充、卻理作析土役色。

〔一〕凡祖宗朝會有官品者　「會」、疑作「曾」。

【校勘】

（1）原文六行目「析土役色」は、「析生役色」の誤記であろう。(16)条では「析生役次」とあり、他の宋代史料でも「分煙析生」などと言う（例えば『続資治通鑑長編』巻二三七、熙寧五年八月甲辰条）。

「告勅があっても家産分割書がなければ、限田の法を適用しがたい」

僉嗣古・嗣先は尚書の後裔で何代にもわたって恩蔭を承け、それについては告勅で証明できるので、官戸ではないと言うことはできない。ただ証明書としては、告勅があるだけで家産分割書はなく、現在蔭ある祖先から何代経っているのか、免役される戸は分かれて何戸になっているのかが確認できず、法律からすれば免役しがたい。かつ描いた家系図と持ってきた告勅を根拠にしているが、最後の祖先は朝散郎で正七品、もし限田を論ずれば子孫は半分なので十頃の内にあることになる。しかし提出した告勅はいずれも宣和五年（一一二三）のもので、いまに至るまで百余年経っており、どうしてこれ以上限田を持てようか。もしこの告勅を差し出して免役できるのなら、およそ王朝草創期でかつて官品があった者はみな官戸と言うべく、みなこれで免役できることになり、法は無用のものとなろう。以前に県では究明を行わず、ただ郷司が提出した帳簿に官戸と書き込んであったが、それを問題にはしなかったのである。積年の悪事はそのまま常態となってしまった。よいか、役法には自ずと一定の考え方があるのだ。(兪を)本県に護送して法律どおり役に充てよ。ただし嗣先の兄弟両人は、父親が早くに亡くなったが、母親の喪が明けようとしている時期なので、家産分割することは法律上できない。[2] 都戸(＝合併した一戸)として役に充てるべきであるが、そうすれば急に(嗣古・嗣先の二戸を)合併することになろう。まずは嗣古に告示して先に役に充てるが、家産分割した際に充たるべき役目に充当することとする。

【注釈】

(1) 原文「尚書」とは、宋初では旧来の尚書省に関係する形骸化した官名となっていたが、元豊官制改革後は尚書省六部の復活に伴い、六部の長官を言う。

(2) 『宋刑統』巻一二、戸婚律、父母在及居喪別籍異財に附された居喪生子に、「諸居父母喪生子、及兄弟別籍異財者、徒一年」とあり、父母の服喪期間は家産分割が禁止されていた。

學　校

（1）學舍之士不應耕佃正將職田　胡石壁

掌計之爲人、賢否固未可知。但李癸發衣儒衣冠、名在學籍、而乃耕佃正將職田、則是以學校之士子、而作正將之莊佃也、何無廉恥如此邪。陳良之徒陳相與其弟辛負耒之滕、願爲之氓、孟子猶深闢之。樊遲請學稼、孔子猶不許之學。學者、學爲孔孟者也、李癸發所學果安在哉。且其言曰、劉掌計所以罷其供者、只欲使某僥倖預貢、無由沾丐學中分送之錢、此言尤爲鄙陋。國家大比興賢能、所望於諸生果何事、而今其所志乃在於得錢而已、何其言之不怍也。鳴鼓攻之、不亦宜乎。牒學照會。

【校勘】

（1）原文二行目「負耒之滕」は、明刊本では「負來之滕」。原校が「耒」に改める。

学　校

「学校在籍者は正将の職田[1]を小作してはならない」　胡石壁

掌計[2]の人となりは、賢明な者か否かはもとより分からない。ただ李癸発は儒者の衣冠を身につけ名は学籍にあるにり、なぜにこうも廉恥心がないのであるか。

も拘わらず正将の職田を小作しているが、それは学校の士子でありながら正将の小作人になっているということであり、なぜにこうも廉恥心がないのであるか。

『孟子』には「陳良の弟子の陳相とその弟の辛が鋤を担いで滕の国にやって来てその国の民になりたいと願ったが、孟子は(儒者には儒者の道があるとして)深くこれを退けた」という話がある。(3)『論語』には「樊遅が農業を学びたいと言った時に、孔子が(精神修養が大事だとして)やはりこれを許さなかった」という話がある。(4)学者は孔子や孟子のようになるべく学問をするのである。李癸発はいったい何を学んでいるのか。そのうえ彼は「劉掌計が小作人を罷免し(私に替え)たのは、私にうまい具合に解試《ちほうしけん》に合格させたいがためにほかならず、(しかし私には)学内の関係者に付け届けする銭がなかったからなのです」と言っているが、この言い様は最も下劣である。国家の解試は賢者を掘り起こすことにあり、学生に望んでいることはいったい何だと心得るか。しかるにいま志すことは銭を得ることだけで、その言い様の何と道にはずれたことか。太鼓を鳴らして攻め立てても何の不都合があろうか。(5)学校に牒文を出して照会する。

【注釈】

(1) 原文「正将職田」の「正将」とは軍職名で、中央の三衙軍には主帥、統制、統領、正将、副将、准備将の序列があった。「職田」とは官職に応じて支給される田畝だが、この時期は穀銭で支給され、形式的に名称のみが残存していたにすぎない。

(2) 原文「掌計」とは、会計係。

(3) 『孟子』滕文公章句上に見える逸話。

(4) 『論語』子路に見える逸話。

(5) 『論語』先進に、「小子鳴鼓而攻之、可也」とある。

（2） 學官不當私受民獻　方秋崖

蕭張之訟田、固未知其孰是非也。然以人情度之、一番爲瞞昧、則錢沒官、業還主、張氏何爲不能訟之官、而遽獻之學邪。是必有故矣。學官不問其是非而私受之、漕使所謂質之夫子辭受之義而安者、其果安乎。所在田訟、聞有官斷決沒官、而隸之學者矣、未聞學官受民所獻、而不經有司者也。以師儒之官、而行有司之事、以禮義之地、而受獻納之田、盍亦自反矣。今漕臺追索文案、乃但以學司一狀解來。意者爲此、則可諉其非邪。且據學司狀、具檢申解。

「学官は民の献納を勝手に受け入れてはならない」　方秋崖

蕭と張との田土をめぐる訴訟は、もとよりどちらが是か非かまだ分からないが、しかし人情で考えれば、一度誤魔化しが起こった以上は、銭は官に没収し土地は持ち主に還すことになるのだが[1]、張氏はどうして官に訴えることをせずににわかにこの土地を学校に献納したのだろう。これには必ず理由があるはずだ。

学官は是非を問わずに勝手にこれを受領した。転運使は「これに夫子は受けるのを辞すという故事[2]を問い質し、問題なきようにせよ」と言っているけれども、果たして（学校側に）問題はないのか。田土をめぐる訴訟では官が没収して学校に入れるという処分を聞くことがあるが、学官が（直接）民の献納を受けながら、官司に報告しないという例を聞いたことはない。儒者を教える立場の学官が官司の管轄することを行い、礼義の地たる学校なのに献納された田土を受け取っているが、なぜに反省することがないのか。

いま転運司が関係書類を送附するよう要求しているのに、学司《がっこう》の一通の書状を送ってきただけである。思うにこうしたことをするのはその非を他所に押しつけられるとでも思っているのか。しばし学司の書状は検討結果を書いて転運司に送ることにする。

【注釈】
（1）『名公書判清明集』巻五、戸婚門、争業下、従兄盗売已死弟田業に、「在法、交易諸盗及重畳之類、銭主知情者、銭没官、自首及不知情者、理還」とあり、同書巻九、戸婚門、違法交易、母在与兄弟有分に、「照違法交易条、銭没官、業還主」と見える法を念頭に置いている。
（2）原文「夫子辞受之義」とは、『孟子』公孫丑章句下に見える「陳臻問曰」で始まる逸話を指すように思われる。そこでは君子の授受・取与は理由がある時に初めて正当性を持つと述べられる。

（3）州學所塑陸文安公服色　　葉提刑筆
以德詔爵、爲之等列、本爲生者設。近世固亦有死後追封之制、然與謚法自不相關。謚法起於周人、以諱事神、生名之、死諱之、必有以易其所稱。故節以一德、取其行之大者而爲之謚耳、於爵無干也。今據彭學諭繳到箇子大紙、乃謂得謚者皆稱公、卽是公爵、欲用冕服加之文安之塑像。若爾、則當璪九旒〔一〕、服九章。今朝廷賜謚、不賜爵也。生六品服、死而以是加之、使文安有知、其肯當否。且所稱公者、如溫國文正公・荆國文公之類、有公爵而稱公者也、如胡文定・朱文公之類、無公爵而亦稱公者、蓋尊稱之耳。公者、男子之尊稱、子者、男子之通稱。如古之大夫文子・武子・正惠文子之類、豈皆子爵邪。今所塑文安像、宜用銀緋、如羅主簿之議、最爲愜當。切不可用冕旒、如彭學諭所云、深恐貽笑識者、他日像成、難改也。帖報主簿、仍請備榜祠堂。

〔一〕璪九旒　「璪」字原缺筆畫、據上圖校勘本補。

【校勘】
（1）原文二行目「故節以一德」は、明刊本では「故節以一惠」。原校が「德」に改める。
（2）原文二〜三行目、中華書局本は「今據彭學諭繳到箇子、大紙乃謂得謚者皆稱公」とするが、「大紙」は尊敬語と見て、原文のように断句した。

葉提刑の判決

「州学が彫塑した陸文安公(1)の服の色」

徳をもって爵位を与え、これを序列化することは、本来生きている者のために設けられたことである。現在でももとより死後追封という制度はあるが、しかしそれは謚法とは関係がないことである。謚法は周人から始まり、諱《いみな》で神に仕えるのだが、生きてはこれを名と言い、死んではこれを諱と言い、必ず称するところを変えるのである。それゆえ一つの徳を取り上げ、その行いの大なるものを取ってその人の諱とするのであり、爵位とは関係がないのである。

いま彭学諭(2)がよこしたお手紙には、「謚を得た者はみな公と称しますが、すなわちこれは公爵でありますので、冕服(3)を文安公の塑像に加えたく思います」とある。そうであれば璪は九旒(4)、服は九章(5)となる。いま朝廷は謚を賜うが、爵位は賜わらない。生きている時六品の服で、死して(上位の)冕服を加えることを、もし文安公が知ったならよいと言うであろうか。かつ言うところの公なるものは、温国文正公(司馬光)・荊国文公(王安石)の類(6)は、公爵があって公と称するのである。胡文定(胡安国)・朱文公の類(7)は、公爵がなくても公と称するが、尊称として言うだけのことである。公というのは男子の尊称で、子というのは男子の通称である。古の大夫の文子・武子・正恵文子の類は、みな子爵であるはずがない。

いま彫塑している文安像は、銀緋(8)を用いるべきで、羅主簿の意見は最も理に適っている。絶対に冕旒を用いてはならず、彭学諭の言うところはきっと識者に笑われることになるし、将来塑像ができあがった後では変更しがたくなる。主簿に帖文で知らせ、なお祠堂にふれ文を出して頂きたい。

【注釈】

(1)　原文「陸文安公」とは、陸九淵(一一三九〜九二)を指す。字は子静、号は象山、文安は謚。南宋の理学において朱熹の朱子学と並ぶ陸学の祖となる。『宋史』巻四三四に伝がある。

（2）原文「学諭」とは、太学から地方学にまで置かれた学官名。
（3）原文「冕服」とは、古代の統治者が礼服として身につける冠と衣服。
（4）原文「璪」とは、冠から垂らす五色のより糸に玉を通した飾り、「九旒」とは、冠の前後に垂らす九つの珠玉の飾りで、古代の諸侯が用いた。
（5）原文「九章」とは、九つの模様を言う。
（6）司馬光（一〇一九～八六）、王安石（一〇二一～八六）はあまりに有名。各々『宋史』巻三三六、巻三二七に伝あり。
（7）原文「胡文定」とは、胡安国（一〇七四～一一三八）を、「朱文公」とは、朱熹（一一三〇～一二〇〇）を指す。各々『宋史』巻四三五、巻四二九に伝がある。
（8）原文「銀緋」とは、銀魚袋と緋色の服を言うか。元豊官制改革後、六品以上の官員に使用が許された。

書院

（4）白鹿書院田

蔡久軒

判府祕書・宗丞・吏部欲一新書堂、而去其弊、其志卓矣、此非横身任怨者不能也。豈特書堂之幸、亦吾黨之幸。宿弊之多、自不待言。但東原一莊、自湯國正・呂教授經理之後、僉論以爲、此莊之一泰洞志砧基數目、該載明甚。此一項委是白敝纔誣、若不爲之辨明、則豈惟呂教授受終身之謗、而湯國正受此誣玷、亦必不瞑目於地下。牒軍僉廳、如此項信及則已、如信不及、幸只遣此項案牘來本司點對。本司亦不敢不盡其心。

【校勘】
（1）原文二行目「此莊之一泰洞志砧基數目」の「志」は、「泰洞志」という帳簿の名か、「是」の誤記か、「所志（志《しる》す所）」の「所」字の脱落か、判然としない。ここでは「是」の誤記と見て訳す。

書　院

「白鹿書院の田」(1)

蔡久軒

判府*秘書・宗丞・吏部(2)は書堂を一新しその弊害を取り除こうとしており、その志は立派である。これは身を挺し甘んじて人の怨言を引き受ける者でなければできないことである。それは書堂にとって幸いであるだけのみならず、われわれ儒者にとっても幸いなことである。

(書院に)宿弊が多いことは言を待たない。ただ東原(3)の一荘《とち》は湯国正(4)・呂教授が経営を担当して後、「この荘の一泰洞(5)は、砧基簿の数目の記載がとても明確である」と皆が言っている。この一項については報告書にわずかばかり誣告があったので、これがために弁明しないとあれば、呂教授が一生謗りを受け、湯国正が名誉を傷つけられるだけでなく、あの世にあっても瞑目できないに違いない。

南康軍の僉庁に牒文を出し、該所が昔どおりならそれでよし、もしまことに昔とは違って問題があるのなら、どうかこの項目に関する一件書類を本司に送りよこし点検させてほしい。本司もきっとそのために尽力する。

【注釈】

(1)　原文「白鹿書院」とは、宋代の有名な書院「白鹿洞書院」で、現江西省の廬山五老峰の麓にある。一時衰退していたが、南宋の淳熙六年(一一七九)朱熹が知南康軍として赴任した際に重建し、以後各地の書院の模範とされた。

(2)　原文「判府」とは、本書巻一(5)の注釈(1)で説明したように中央の高官(尚書左・右僕射、使相以上)が知府・知州となった時の尊称、「秘書」とは秘書省の何らかの官員を指す。「宗丞」とは、知大宗正司丞事(正八品)、「吏部」とは吏部の何らかの官員を言う。

(3)　原文「東原」とは、雍正『江西通史』巻二二、書院二、白鹿書院、淳熙六年条に「於建昌県置東源荘田、以給学者」とあるところの「東源」であろう。

（4） 原文「国正」とは、学官名で国子監正、正九品を言う。
（5） 本条の校勘(1)に記したところとあわせて、原文「此荘之一泰洞」は、「この荘のひとつである泰洞」か「この荘の一泰洞」か確定できない。なお「洞」とは、「白鹿洞」のように、洞にちなんで学舎を建てたことから、学舎の名称またはそれに附随する荘田名を言う。

（5） 又判

本軍教授所申、已爲詳盡。此產創置年深、田鄰豪戶、日朘月削、包占入己、不復可究詰。向來呂府教山長下莊契勘之時、已覺爲人侵占、則其流弊、蓋非一日矣。方判府祕書、生與文公同鄉、學與文公同道、心以文公爲念、所以拳拳於白鹿書院之田產、必欲復前日之原額者、豈有他哉。不過爲文公主張道場、不堪文公捐俸所置之田、爲外人侵蝕而已。學田之多寡、於方祕書何增損哉。施行之間、方喜有敍、而羣疑并興、紛不可解、信乎任事飭弊之難也。既是眾議以爲不可、不若姑仍舊額、相忘於無事。況今教授所增、不過二十五碩、於書院初無厚補。異時寺僧佃人紛紛退佃、徒費官司區處、非所以重書院也。案給據付師暄、仰依常年自出穀種糜費、歲入米二百四十碩。其方祕書任內所撥之穀、悉歸之本軍。牒本軍本學書院照會。

「また判決する」

南康軍学の教授が上申したところはきわめて詳細である。この土地は置かれてから長い年月が経っており、土地に隣接する勢力家は日に月に侵奪し、まるごと自分のものにし、すでに糾問すべくもない。これまで呂府学教授・山長(1)が荘に行って調査した時、すでに人に侵占されていると気づいていたが、その弊害は昨日今日のことではないのである。方判府秘書(2)は朱文公と生まれ故郷が一緒で、文公と同じ道を学び、心に文公を思い、それゆえ白鹿書院の田産に熱意を抱き、必ず以前の原額に戻したいと思っているのであり、ほかに動機などないのである。文公のために道場《しょいん》を維持しようとしているにすぎず、文公が寄附して置いた田産が他人に侵蝕されるのに堪えられないのである。

学田の多寡については、方秘書がどうして増やしたり減らしたりしようか。実行している最中に、初めは(問題解決の)端緒ができたことを喜んでいたが、やがて多くの疑問が並び起こり、紛々として解決できなくなってしまった。まことに仕事をする際に弊害を糺すことの難しいことであるかな。衆議が不可としている以上、しばし旧額によるのがよく、お互い何事もなかったことにするのがよかろう。ましていま教授が増やしたところは二十五碩にすぎず、書院にとっては決して大きな収入ではない。将来寺僧や小作人が騒ぎを起こして小作を止めれば、徒に官司の手を煩わすことになり、そうなれば書院を重んずることにはならない。

担当係は証明書を(会計担当の)師暄に与え、命じて例年どおり穀物や費用を支出させよ。歳入米は二百四十碩である。方秘書の任期内に書院に繰り入れた穀物はすべて南康軍に帰属させ、本軍と本学書院に牒文を出して照会せよ。

【注釈】

(1) 原文「山長」とは、書院の主講ならびに院務を主管する者を言う。

(2) 原文「方判府秘書」が誰か特定できない。前条および本条は蔡杭が淳熙十年(一一八三)から翌年にかけて江東提刑の任にあった時のものと思われるが、李之亮『宋両江郡守易替考』(巴蜀書社、二〇〇一年)によれば、そのころ方姓の知南康軍は見あたらないから、方判府秘書とは以前の官職で、この時は書院の山長か教授の職にあった者か。

祠　堂

（6）朱文公祠堂　蔡久軒

朱文公有言、書堂固欲速就、然當使伯夷築之、乃佳耳。若是贓罰非義之財、恐亦非文公所欲。令佐知所先務、能以教化爲急、甚爲可嘉。照擬帖縣尉。

祠　堂

「朱文公の祠堂」　蔡久軒

朱文公が次のように言ったことがある。「書堂はもちろん早くできあがったほうがよいが、伯夷[1]（のような潔癖な者）に造らせれば、いいものになる[2]」と。もしも贓罰[3]の銭や非義の財で造るとあれば、朱文公の望むところではないであろう。県令や佐官はまずやらねばならないことを理解し教化を急務とすれば、甚だ結構なことである。原案どおりに県尉に帖文を出せ。

【注釈】

（1）原文「伯夷」は、商の孤竹君の子、伯夷・叔斉兄弟の兄の伯夷であろう。本書巻三、賦役門（11）の注釈（3）をも参照。

（2）この語は朱熹『晦庵先生朱文公文集』巻四四、書、答蔡季通に見える。ただし「固欲速就」の箇所を、文集では「誠欲速就」に作る。

（3）原文「贓罰」とは、贓罪によって没収された銭財を言う。

（7）洪端明平齋祠　蔡久軒

竊見、故忠文端明平齋洪公、文學行誼、照映當代、曩嘗分教是邦、淑艾後學、沾丐維多。敬仰高風、炯然在目。所宜立祠學宮、與諸賢分席合侑、以示盛德必祀之敬、以迪多士興善之心。牒州委官計置、仍牒請胡兼僉提督、本司助十七界官會二百千。

「洪端明平斎の祠堂」[1]　　蔡久軒

私の見るところ、故忠文端明平斎洪公は、文学も品行も当代に抜きん出ており、かつてこの地で後進を教え、学恩の多きを残された。高い学風を仰ぎ見ればいまでもはっきりと目にうかぶ。学宮に祠堂を立て、皆さんと席を設けてお祭りし、盛徳は必ず祀るという敬意を示し、多くの人びとの善を興そうとの気持ちをかき立てようと思う。州に牒文を出し、官に委ねて費用を調達し、なお胡兼僉*に牒文を出して監督してもらおう。本司は十七界[2]の官会二百貫を援助する。

【注釈】

（1）原文「洪端明平斎」とは、臨安府於潜県の人、洪咨夔（一一七六～一二三六）、字は舜兪、平斎は号、忠文は諡。嘉泰二年（一二〇二）の進士で、饒州教授、監察御史等を経て刑部尚書、翰林学士に至り、端明殿学士を授けられた。『宋史』巻四〇六に伝がある。

（2）南宋の東南会子には界限という数年間の使用流通期間が設けられ、第一界から第十八界まで発行された。会子の界制については、草野靖「南宋東南会子の界制と発行額」（『劉子健博士頌寿紀念宋史研究論集』同朋舎、一九八九年、所収）を参照。

（8）戶貫不明、不應收試　　胡石壁

本府昨於六月十八日據鄧杰等狀、乞行收試、稱是三代居於邵陽之三溪。當職心竊疑之、遂判云、既是三世居於是邦、則就試已非一次、何爲今日始有詞。尋據所供、謂自高祖以來、惟務耕稼、至諸父始讀書應舉。於嘉泰年間、嘗因就試、爲士友所攻、遂經漕臺、蒙判下本府收試、後以疾病喪服相仍、所以蹉跌至今。當職復判云、豈有四十餘年之久、皆是居喪養病之日、伯叔兄弟之衆、皆是居喪養病之人、此說不通、送學保明。未幾、在學諸生與兩邑之士、皆羣然入詞、攻其妄冒、而鄧杰又復陳請不已。本府以科舉事重、阻其來、則恐絶其功名之路、情實可憐、容其來、則又眞僞特未可知、恐激場屋之鬨、遂委曲諭之、令其詣漕臺經陳、行下潭州、勘會累科、曾與不曾用湘鄉戶貫赴舉、及有煙爨在本縣、如果非湘鄉人、卽乞行下收試。如此、則他人不得以拒矣。此六月二十六日所判也。鄧杰若自反而縮、一聞此言、自合戴星而往、卽日投詞、自臺而州、自州而縣、不過兼旬、可以畢事。今准漕使所判之狀、乃是八月初六日所陳、不知鄧杰四十日所幹何事。狀中所乞、幷不曾言及下潭州及湘鄉縣勘會一節、但乞行下本府、照縣官保正鄉司勘會收試。此必於中有慊、所以故作遲緩、意謂迫試期而行下、則本府自不容不遵奉。殊不思戶籍既未明、非特本府不敢有違條令、場屋之士亦決不肯相容、犯衆怒而成專欲、尤非自身之利。且觀其兄弟年甲、皆方踰弱冠、少遲一科、亦未爲淹。相拒之詞、是乃相愛之語。門示、仍備士人詞、申運司。

【校勘】

（1）原文一行目「遂判云」は、明刊本では「遂判公」。原校が「云」に改める。

（2）原文九行目「幷不曾言及」は、明刊本では「並不曾言及」に作る。

科挙

胡石壁

「戸籍が不明なら、受験させるべきではない」

本府(1)はさきごろ六月十八日に鄧杰等の訴状を受けたが、そこには解試受験を乞い、「私は三代にわたり邵陽(2)の三渓に住んでおります」と書いてあった。私は心中密かにこれを疑い、結局判決して「すでに三代この地に住んでいるのなら受験は一回ではないはずで、なぜに今回初めて訴え出たのか」と言った。ついで言うには、「高祖(3)以来ただ農業につとめ、父の世代になって読書し受験するに至りました。嘉泰年間(一二〇一~〇四)にかつて受験して士友に批判され、結局転運司に訴え出て本府(=潭州)で受験するよう判決を頂きましたが、後に病気と服喪とが相継ぎ、それで受験できないまま現在に至ったのです」とあった。私はまた判決して「どうして四十年以上の長きにわたってずっと喪に服し療養しているなどということがあるか。多くの伯叔兄弟もみな服喪し療養しているなど、こんな話は通らない。この件は学校に送って証明させる」と書いた。

間もなく、在学の学生と両県(4)の士人等がみな多数連名で訴状を出し彼の偽証を攻撃したが、鄧杰は繰り返し陳情し続けた。

本府は科挙は重大事であり、その受験を阻止すれば功名の道を閉ざすことになり、人情として可哀想だと考えたが、その受験を許せばさらに真偽は分からなくなり、受験場での騒ぎを激化させるだろうと思った。そこで結局念を入れて彼に諭し、転運司へ陳情させ、(転運司から)潭州に命じて、これまでの科挙で湘郷県の戸籍で科挙を受けたことがあるかないか、生活基盤が本県(=湘郷県)にあるかどうかを調査し、もしも本当に湘郷の人でなければ命令を出して(邵州で)受験させるようにさせた。こうすれば他人は(彼の受験を)拒否できないはずである。これは六月二十六日に判決したことである。

鄧杰がもし反省して身を慎んでいるのなら、この言を聞くやいなや急ぎ赴いて当日のうちに詞状を出し、転運司から州へ、州から県へと二十日も経たずに問題を終えることができたはずである。いま転運使が判決した書状を見ると、八月六日に陳情したことに答えたもので、いったい鄧杰は四十日間何をしていたのか。その陳情書に言うところも、潭州および湘郷県に命じて調査することには全く言い及んでおらず、ただ本府（＝邵州）に命じて県官・保正*・郷司*に調査させて受験できるよう願っているだけである。これは必ず中に（隠れた）問題があり、それゆえことさらに先送りをし、「試験時期が迫ってから命令すれば本府（邵州）は自ずと命令に従わざるをえまい」と思ったのである。よいか、戸籍が明白ではない以上、本府が条例に違うことはないだけでなく、受験に来た士人達もまた決して容認はせず、人びとの怒りにさからい自分の欲望だけを追求することは[5]、決して己の利益にはならないのだぞ。そのうえその兄弟の年齢を見ると、みなやっと二十歳を過ぎたばかりで、一度の受験に遅れたからといってそれで終わりというわけではない。拒否の言葉はすなわち愛する言葉である。本府の門に掲示し、なお士人達の詞状を書き連ねて転運司に上申せよ。

【注釈】

（1）李之亮『宋代路分長官通考』（巴蜀書社、二〇〇三年）一六七〇頁によれば、胡穎（石壁）は淳祐九年（一二四九）から翌年にかけて荊湖南路提点刑獄公事兼提挙常平等事の職にあったが、本書巻一（24）の注釈（1）に記したように、右の書判は胡穎が知宝慶府の時のものと思われる。

（2）原文「邵陽」は、当時の荊湖南路邵州邵陽県、現在の湖南省邵陽市。

（3）原文「高祖」とは、四代前の男系の先祖、すなわち曾祖父の父。

（4）原文「両邑」とは、邵州（宝慶府）管下の邵陽と新化の二県を言う。

（5）この箇所、『春秋左氏伝』襄公十年に、「子産曰、衆怒難犯、専欲難成、合二難以安国、危之道也」とあるのを踏まえる。

【補説】
鄧杰は実際には湘郷県に生活基盤があり、また戸籍もそこに置いていたのであろうが、同時に邵陽にも二重に戸籍を置いていた可能性がある。おそらく潭州よりは宝慶府が及第しやすいということがあったのであろう。

（9）士人訟試官有私、考校有弊　王實齋

國家三年取士、欲其謀王斷國、所係甚重。士子三年應舉、蓋欲榮身顯親、所係尤重。責惟在太守、爲監試當與太守同一體、日督試官、精加考校、豈應屢申掲牓拆號、且言一日之費、在州府豈得如是之窘乏。膺試官者、方受他人陶鎔、今當陶鎔他人、未審有何國事殷心、急欲出院。自八月至今、詞訟交至、不言試官之有私、則云考校之有弊。試榜未開、而報者紛紛、其所報之人、多與二十七狀内姓名符合。取士如此、何以免鄉遂之疑、何以免士子之疑、何以免朝廷之疑、何以免天下之疑。今將所申八十三號權與封下、仰就所黜卷内別選、二百四十九名、候當職親到院日、自有區處。

【校勘】
（1）原文五行目、中華書局本は「仰就所黜卷内、別選二百四十九名、候當職親到院日、自有區處」と断句するが、原文のように改めた。八十三号の者の代わりに二百四十九名を選ぶことは不合理だからである。

「士人が、試験官に私心があり、成績評価に問題があると訴える」　王実斎(1)

国家が三年ごとに科挙を行うのは、王体を謀り国事を断じようとするからであり、関係するところは甚だ重い。士子が三年ごとに科挙に応ずるのは、自身の栄光と親を顕揚するためであり、関係するところはとりわけ重い。責任はただに知州にあり、試験の監督官は知州と一体になって日々試験官を監督し、精確に採点を行うべきで、どうして掲榜拆号(2)に関してしばしば上申する必要があろうか。かつ一日の費用について言えば、州府がどうしてこんなにも困窮していることがあろうか。

試験官を引き受けた者は、初めは他人の薫陶を受けた者であるが、いまは他人に薫陶を与える者であるのに、どんな国事が心に懸かって急に試験場を出ようとしたのか分からない。八月からいまに至るまで訴え状は次々と至り、試験官に私心があると言うのでなければ、採点に問題があると言っている。試験結果がまだ出ていないのに、問題点を通報してくる者は後を絶たず、その通報者は多くが二十七状の中の姓名と一致している。科挙がこのようであればどのようにして郷里の人びとの疑いを免れ、どのようにして士子の疑いを免れ、どのようにして朝廷の疑いを免れ、どのようにして天下の疑いを免れようか。いまは上申されてきた八十三号の答案は暫時封印し、命じて落第とした答案の中から別に合格者を選び、(残りの落第者)二百四十九名については、私が自ら試験場に到って処理するのを待て。

【注釈】

(1) 原文「王実斎」は、王遂、字は穎叔、後に去非、実斎は号。鎮江府金壇県の人で嘉泰二年(一二〇二)の進士。地方・中央の多くの官職を歴任した。『宋史』巻四一五に伝がある。

(2) 原文「掲牓」とは、合格者の発表を言い、「拆号」とは、答案の封弥を剝が(して姓名を榜上に書き記)すことを言う。

あとがき

あちらこちらにすでに書いたことだが、『名公書判清明集』という史料には一九七〇年代の後半から一貫して関わってきた。二〇〇六年、巻の四から九までの訳注を公刊したのもその関わりのひとつの結果である。本書の「はしがき」にも書いたように、巻の十以降は清明集研究会の方々がすでに訳注を公刊されているので、残りの巻一から三までを私が続けて公刊することにした。それが本書である。これで『清明集』は全巻の訳注が出揃った。中身の良し悪しは読者に検討・評価を願うほかないのだが、何かの機会に『清明集』を利用しようとする人々にとってはまずはたたき台となるのではないかと思われる。ただ訳注は一人でやろうが集団でやろうが完璧ではありえないし、同時に訳注者の考えに引きずられて本来の意味を見失う懸念がないわけでもない。それゆえ読者はまずは原文を十分に吟味し、ついで訳注を参考にしてほしいと思う。

次に、ここで是非附言しておきたいことがある。おそらく読者は本訳注の【校勘】の項において、あまりに多く字句の改訂が行われている、時には安易にすぎる、と感じるのではないかと思う。なぜこうした改訂が必要となるのかにつき私の考えを記しておきたい。

明刊本の張四維の序文にあるように、『清明集』明刊本は『永楽大典』から筆録されたものである。筆録したのは張に命じられた「吏」(胥吏)であった。人数は知れないが、一人ならば筆録にはおそらく数箇月から半年ほどを要したと推測される。来る日も来る日も筆録に従事した胥吏の心情と苦労とを想像してほしい。彼はもとより私のような宋代史の研究者ではないし、宋代の書判に格別の関心も持ってはいなかったであろう。何の興味もない文章をただ筆録する作業は単調で苦痛であったに相違ない。次第に緊張感は薄れ、注意力は弛み、文字は速記するために草書か草書に近い乱雑なものとなったであろう。こうした事情が、明刊本に誤字や脱字、書き損ねを多く生じさせた理由だと私は推測する。版刻に当たった刻工に問題がなかったと断言する根拠は持たないが、常識的には原稿自体の問題を重視すべきであろう。それゆえ私は訳注を行うに際し、なるべく原文を生かすべきだとは思いつつも、合理的に文脈を理解するためにやや大胆に改訂を行う必要を感じたのである。この点読者の意見や助言を待ちたい。

明刊本には以上のような問題があると考えられるが、中華書局の点校本にも問題がないわけではない。特に原校を採用したか否かの注記がほとんどなく、また原校の採否にも一貫性が見られない。それゆえ本書では【校勘】の項に煩を厭わず一々注記を行った。また中華書局本は二〇〇二年に重版を出したが、そこにも大きな問題が新たに加わった。すなわち勝手に原文を動かしたのである。原紙型を使わざるをえなかったがゆえに大幅な校訂は見送られたが、いくつかの文字や語句が書き直されている。原典や初版本の明らかな誤りの訂正それ自体は歓迎すべきことだが、そのことを注記するなり校訂の一覧表を附すべきであろう。それが原典点校の基本であろう。原典の原形を復元・提示できない史料の校訂に何の意味があるだろうか。

楊一凡・除立志主編『歴代判例判牘』第二冊（中国社会科学出版社、二〇〇五年）は『名公書判清明集』を収録しているが、これは中華書局本の編集点校者が再度修訂を加えたものなので、中華書局本の第三版に相当するものである。そこでは主編者が「在整理者做了進一歩的校勘後、再次與讀者見面」（四頁）と記しており、実際にいくつかの字句の修訂が確認できるが、それも全く注記はなく、どこをどう修訂したかという確認作業はすべて読者任せとなっている。私達読者は結局三度出された排印本を完全には信頼できず、点校本の『清明集』を読む時には絶えず明刊本の景印本を併せ参照せざるをえないのである。

ともあれ、明刊本の『清明集』が容易に見られるようになったことは嬉しいかぎりである。一九八四年の秋に上海図書館の窓のない裸電球一箇がぶら下がっているだけの一室で、明刊本のマイクロフィルムを筆写していた時のことを思えばなおさらである。これからも『清明集』は歴史史料としてさらに読み込まれ研究に活用されてゆくであろう。そしてその成果はつづく明清時代の判牘史料の活用にも役立つと確信する。昨年度末までの三年間、私は北海道大学大学院の三木聰教授を代表とする科学研究費プロジェクトの一員として清朝以前の判牘史料の調査と収集に携わったが、まずはその量の多さに一驚した（基盤研究（B）研究成果報告書・研究代表者三木聰『伝統中国の訴訟・裁判史料に関する調査研究』（二〇〇七年三月）所収『伝統中国判牘資料目録稿（明清篇）』を参照）。判牘史料はあたかも金太郎飴のごとくで、地域と時代を問わない相似性・画一性が確かにあるけれども、なぜそうなのかということの理解も含めて、判牘史料の活用を通じた中国史理解の可能性は小さくないと思われる。特に若い研究者にはそれを期待したいし、私自身ももうしばらく判牘とつきあってゆこうと思っている。

なお明刊本『清明集』に関しては、次のような事情も読者に告げておかなければならない。『清明集』の明刊本（北平図書館蔵本）の所蔵・所在に関し、最初に文字にして紹介したのは『国立北京大学社会科学季刊』第六巻第一期（一九三六年）に載せた李祖蔭氏の文章だが、一九八五年か八六年ころにこの紹介記事を名古屋大学図書館で発見し私に教示してくれたのは現熊本大学文学部教員の伊藤正彦氏（当時名古屋大学大学院生）であった。当時はこういうものがあったのかと驚いたことを記憶している。李氏の文章を私が引用・紹介したのはそれから数年後のことで（滋賀秀三編『中国法制史――基本資料の研究――』東京大学出版会、一九九三年、所収の『清明集』の解題）、そこでは伊藤正彦氏のお名前を挙げなかったが、やはり第一発見者のプライオリティーに対しては敬意を表さねばならないであろう。迂闊にもそれを欠いた非礼を詫び、併せて伊藤氏の功績を明らかにしておきたい。

末尾ながら、本書の出版にあたり北海道大学出版会の今中智佳子氏と円子幸男氏には、編集やレイアウトから表記・校正に至るまで多くのご援助を賜った。記して感謝申し上げたい。

（二〇〇八年一月十五日）

索　引

あ 行

案　60
安原(源)寺　217
案吏　60
一命　27
一命の士　27
五日京兆　79
引　21
印紙　57
蔭補　74, 108
于公　76
右司　66
右司理参軍　66
右司郎中　66
于定国　76
運幹　199
穎考叔　86
永州　214
穎秀(郷)　219
永春県　44
永新(県)　145
袁州　126
塩銭　98
王安石　238
横山寨　136
押司　57, 157
王遂(王実斎)　248
枉法贓　178
押馬賞　136
押録　157
屋宇　185
恩蔭　108

か 行

解印　87
解印綬　87
解元　162
界限　243
解事　111
外舎　167
回避の法　67
家業銭　44
嶽　119
楽史　217
岳州　125
革織　53
嶽廟　119
学諭　238
鵝黄　61
瓦子　108
瓦市　108
瓦肆　108
瓦舎　108
鵝酒　61
夏秋税管額帳　164
夏秋税租簿　164
牙人　64
夏税　43
夏税産銭　44
下石　87
関　45
監押　156
官妓　67, 114
換給　136
甘結　93
勘錮　173
含沙　130
鴈汊(鎮)　62
管蔡　119
関宰瑁　199
贛州　178
管叔鮮　119
簡書　61
諫書　61

関嶠　199
関瑁　199
監税　53
監鎮　44
監鎮官　44
監追　56
観燈　44, 166
関文　45
監務　63
期会　171
羈管　44
義居　214
詭挾　195
貴渓(県)　159
寄産　195
徽州　98, 173
蘄春(県)　191
妓女　67, 114
義倉米　184
耆長　156
耆保　156
櫃坊　111
義米　184
詭名挾戸　195
脚色　57
脚色籍　146
徽猷　206
宮観　173
歙県　164
弓手　21
九州　66
九章　238
牛頭阿旁　101
牛頭馬面　101
九命　27
九旒　238
及令　211
鞏県　116
郷司　164, 204
暁示　44
郷書手　44, 164, 204
龔遂　185
駏蛩　130
玉山県　93
玉雪之操　27
挙留　160
鈐轄　147
鈐幹　199
銀魚袋　238
禁軍　78
筠州　216
銀緋　238
虞候　146
軍　198
軍期船　44
郡主　197
恵安県　44
慶遠軍　219
慶元府　49
掲牓　248
権　67, 230
建康府　47
言侍　52
県主　157
元宵節　166
権摂　61, 67, 132
兼僉　52
限田免役法(限田法)　199
元徳秀　89
権発遣　67
権簿　67
限棒　176
元僚　107
県令　58
権六曹侍郎　230
牛阿旁　101
胡安国　238
校尉　80
黄栄　216
考課　230
黄榦　159
侯官県　206
行戸　21
后行　86
黄岡　146
合江県　111
公罪　125
広済(県)　197
貢士　162
洪咨夔　243
洪州　128
衡州　146

江州　145
寇恂　104
高祖　246
洪端明平斎　243
洪都　128
黄堂　132
黄覇　185
黄軺　159
胡穎(胡石壁)　73, 115, 187, 246
呉淵　49
獄　21
獄級　136
黒匣　58
克絲　53
獄子　152
獄司　192
国子監正　240
獄子節級　136
国正　240
告勅　206
斛面米　166
錮身　174
呉勢卿(呉雨巌)　68, 123
戸長　94
戸等　156
五等戸　43
胡文定　238

さ　行

蔡杭(蔡久軒)　47, 49, 51, 66, 133, 173, 198, 241
財産評価額　→産銭
蔡叔度　119
采石(鎮)　63
斎長　51
斎諭　51
三舎法　167
産銭　43, 199
山長　241
絲　53
指揮　43
私罪　125
指使　126
刺字　44
士人　162
死節　132
四知　27
七色非泛　126
七色補官　126
侍読　47
司馬光　238
史弥堅(史滄州)　104
舍　146
錫匣　58
借補　130
錫類　86
沙浦　146
州院　146
重役軍　44
秋夏之簿　164
従義郎　221
秀才　162
周の武王　119
秋苗　43
朱熹　159, 237, 238, 239
叔斉　184, 242
守闕進勇副尉　136
朱子学　237
修職　71
修職郎　71
出身文字　128
主典　57
朱文公　238
巡轄　80
巡検　61
遵稟状　93
鈔　21, 138
廂　42, 174
湘陰県　91
廂官　42, 174
将虞候　146
廂軍　44, 78
少卿　119
掌計　234
松渓県　114
省元　162
上元　44
葉憲宰　71
上元節　44
葉宰　176
鐘山寺　217

訟師　73
小使臣　83
上舎　167
上舎生　167
饒州　47, 173
常州　230
尚書　232
承信郎　43
承宣使　219
章大醇　49
杖直　93
商の紂王　119
葉莫　176
招馬賞　136
廂房　174
邵陽(県)　246
承吏　60
職役　44
職田　234
女戸　197
書三考　230
処州　206
徐州　71
胥吏頭　→都吏
司理　64
司理院　64, 146
司理参軍　64
市利銭　166
市令司　21
司隷従事　116
市例銭　166
侍郎　132
申　45
尋医　108
尋医侍養　108
新化(県)　187
進義校尉　79
人境　209
晋江県　43
進士　162
親随　64
真徳秀(真西山)　20
申屠蟠　116
進納　126
進武校尉　79
申文　45
信豊県　178
申明　43
申明指揮　43
進勇副尉　136
推獄　152
推司　57, 60
推手　60
推吏　56, 60, 152
崇安(県)　114
崇仁(県)　217
西尉　53
青州　104
正将　234
聖節錫宴　44
税銭　44
税租鈔　21
税租等第産業簿　164
制置使　50
制置大使　50
制置大使司　83
税長　217
成丁　211
成都府　206
制府　83
清廉潔白に過ごす　→玉雪之操
正郎　216
世禄入官　108
政和県　114
石井監鎮　44
石仏(寨)　61, 194
節級　136, 181
折杖法　99
浙西塩事所　98
宣教　156, 157
宣教郎　156
前行　86
簽書判官庁公事　50
専人　44
専斛　181
僉判　50
璪　238
贓　86
宋鈐　43
曹彦約　51
曹公先生　51
贓罪　86, 89

倉子　43
宋慈(宋自牧)　145
宗女　197
倉斟　43
贓罰　242
贓物　86
疎決　159
疏決　159
蘇軾　71
存照　123

た　行

対移　56
対易　56
大参　132
大使行府　147
大使臣　83
太常寺少卿　119
大制閫　50
大秤　64
大保　43
大保長　43
代理執職　→権摂
拆号　248
拆断　64
端　53
断獄　21
潭州　187
知委　93
知委状　93
知院大使行府　147
知県　58
著家　60
著家知管　60
茶食人　73
中瓦　108
注授　159
駐泊都監　78
忠翊　63
忠翊郎　63
帖　45
牒　45
趙葵　49
庁子　56
貼司　66, 168
張劭　116
張燈　166
張燈節　166
帖文　45
牒文　45
趙抃　89
庁吏　64
直院　71
直集賢院　71
滁州　50
陳韡　146
陳塏　49
砧基簿　204
陳師道　71
陳襄　20
陳増　114
陳漕増　114
通州　153
帝乙　119
提刑寺丞　80
呈験　219
邸店　104
迪功　184
迪功郎　184
典押　57
伝都　172
典吏　181
都　43
峒　145
東尉　53
東行　86
東西行　86
動使　55
頭子銭　63
峒主　145
投鼠忌器　121
東南会子　243
搭攬　181
統領官　145
東林寺　217
都運台　206
斟級　181
読講　52
督賛　47
土軍　21
斗子　43, 181

都巡　83
都巡検使　83
土兵　21
都保　43
都吏　66

な　行

内舎　167
南安軍　71
南京　71
南京応天府　71
南康(軍)　69, 173, 198
二税　43
乳香　125
寧国(県)　149

は　行

把　53
倍　193
倍役法　191
配軍　44
倍法　191
牌坊(牌楼)　43
配吏　94
伯夷　184, 242
白脚　191
白鹿書院　239
白鹿洞書院　239
馬光祖(馬裕斎)　111
罰俸　176
范応鈴(范西堂)　130, 145, 191, 228
反坐　139
范式　116
判府　49, 239
判部尚書　47
緋色の服　238
比較之法　176
飛虎寨　147
批書　57, 206
秘書　239
百里　58
百里父母　58
氷檗之規　27
賓州上林県　136
封案　64
封伝　116
撫幹　199
副保正　43
誣告反坐　139
不刺字　44
仏寨　61
物力　191
父母官　59
扶友嵩　145
武翼郎　220
文引　21
文学出身　230
分水県　111
兵馬監押　156
別駕　81
別之傑　132
別乗　81
編管　44
編配　44
冕服　238
保　43
坊　43
榜　45
方岳(方秋崖)　181
暴家岐　130
放燈　44
榜文　45
保義　123
保義郎　123
保司　44
浦城県　114
保正　43
保長　43
本城軍　44

ま・や行

身を厳しく戒める　→氷檗之規
明州　49
屋根付き橋　185
游義斎　51
攸県　146
弋陽県　67
預借　54

ら・わ行

落権　230
羅世伝　145
攬戸　139
陸学　237
陸九淵　237
陸文安公　237
李元礪　145
理折　54
吏貼　168
吏部　239
李冕　114
劉安世　71
劉克荘(劉後村)　74,171
留司　52
柳都寨　93
両易　56
綾紙　123
両税法　43
緑匣　58
呂祖倹　52
呂祖謙　52
臨川(県)　214
囹圄　21
牢　21
廊橋　185
牢城軍　44
路岐　108
録事　57,157
路分兵馬鈐轄　147
和糴　173

高橋芳郎(たかはし　よしろう)

1949年生まれ　東北大学大学院文学研究科修士課程修了

現　在　北海道大学大学院文学研究科教授　博士（文学）

著　書　宋-清身分法の研究（北海道大学図書刊行会　2001年）

宋代中国の法制と社会（汲古書院　2002年）

訳注『名公書判清明集』戸婚門（創文社　2006年）

北海道大学大学院文学研究科　研究叢書 12

訳注『名公書判清明集』官吏門・賦役門・文事門

2008年5月25日　第1刷発行

著　者　高橋芳郎

発行者　吉田克己

発行所　北海道大学出版会

札幌市北区北9条西8丁目　北海道大学構内(〒060-0809)

Tel. 011(747)2308・Fax. 011(736)8605・http://www.hup.gr.jp/

アイワード/石田製本

ISBN978-4-8329-6699-4

北海道大学大学院文学研究科
研究叢書

1 ピンダロス研究 ——詩人と祝勝歌の話者—— 安西　眞著 A5・三〇六頁 定価八五〇〇円

2 万葉歌人大伴家持 ——作品とその方法—— 廣川晶輝著 A5・三三〇頁 定価五〇〇〇円

3 藝術解釈学 ——ポール・リクールの主題による変奏—— 北村清彦著 A5・三一〇頁 定価六〇〇〇円

4 海音と近松 ——その表現と趣向—— 冨田康之著 A5・二九四頁 定価六〇〇〇円

5 19世紀パリ社会史 ——労働・家族・文化—— 赤司道和著 A5・二六六頁 定価四五〇〇円

6 環オホーツク海古代文化の研究 菊池俊彦著 A5・三〇〇頁 定価四七〇〇円

7 人麻呂の方法 ——時間・空間・「語り手」—— 身﨑　壽著 A5・二九八頁 定価四七〇〇円

8 東北タイの開発と文化再編 櫻井義秀著 A5・三一四頁 定価五五〇〇円

9 Nitobe Inazo ——From *Bushido* to the League of Nations—— 長尾輝彦編著 A5・二四〇頁 定価一〇〇〇〇円

10 ティリッヒの宗教芸術論 石川明人著 A5・二三四頁 定価四八〇〇円

11 北魏胡族体制論 松下憲一著 A5・二五〇頁 定価五〇〇〇円

〈定価は消費税含まず〉

北海道大学出版会刊

郵便はがき

料金受取人払郵便

札幌支店
承認

1514

差出有効期間
H21年10月14日
まで

060-8788

札幌市北区北九条西八丁目

北海道大学構内

北海道大学出版会 行

ご氏名（ふりがな）		年齢　　歳	男・女
ご住所	〒		
ご職業	①会社員　②公務員　③教職員　④農林漁業 ⑤自営業　⑥自由業　⑦学生　⑧主婦　⑨無職 ⑩学校・団体・図書館施設　⑪その他（　　　）		
お買上書店名	市・町　　　　書店		
ご購読新聞・雑誌名			

書　名

本書についてのご感想・ご意見

今後の企画についてのご意見

ご購入の動機

1 書店でみて　2 新刊案内をみて　3 友人知人の紹介
4 書評を読んで　5 新聞広告をみて　6 DMをみて
7 ホームページをみて　8 その他（　　　　）

値段・装幀について

A 値　段（安　い　　普　通　　高　い）
B 装　幀（良　い　　普　通　　良くない）